汽车销售实务

主　编： 陈　斌　杨　雪　张　贺
副主编： 纪　烨　张海南　邢学鹏

北京理工大学出版社
BEIJING INSTITUTE OF TECHNOLOGY PRESS

版权专有 侵权必究

图书在版编目（CIP）数据

汽车销售实务 / 陈斌，杨雪，张贺主编 . —北京：北京理工大学出版社，2021.8 重印

ISBN 978 - 7 - 5682 - 0973 - 1

Ⅰ. ①汽⋯ Ⅱ. ①陈⋯②杨⋯③张⋯ Ⅲ. ①汽车 – 销售 – 高等职业教育 – 教材 Ⅳ. ①F766

中国版本图书馆 CIP 数据核字（2015）第 192617 号

出版发行 / 北京理工大学出版社有限责任公司
社　　址 / 北京市海淀区中关村南大街 5 号
邮　　编 / 100081
电　　话 /（010）68914775（总编室）
　　　　　（010）82562903（教材售后服务热线）
　　　　　（010）68948351（其他图书服务热线）
网　　址 / http：//www.bitpress.com.cn
经　　销 / 全国各地新华书店
印　　刷 / 三河市华骏印务包装有限公司
开　　本 / 787 毫米 × 1092 毫米　1/16
印　　张 / 14　　　　　　　　　　　　　　　　　责任编辑 / 王俊洁
字　　数 / 370 千字　　　　　　　　　　　　　　文案编辑 / 王俊洁
版　　次 / 2021 年 8 月第 1 版第 4 次印刷　　　　责任校对 / 周瑞红
定　　价 / 36.00 元　　　　　　　　　　　　　　责任印制 / 马振武

图书出现印装质量问题，请拨打售后服务热线，本社负责调换

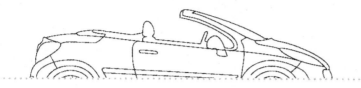 

前言

《国家中长期教育改革和发展规划纲要（2010—2020年）》明确指出，要把提高质量作为教育改革发展的核心任务。树立科学的教育质量观，把促进人的全面发展、适应社会需要作为衡量教育质量的根本标准。树立以提高质量为核心的教育发展观。提高汽车技术服务与营销专业的教学质量，需要深化产教融合、校企合作、工学结合，推动专业设置与产业需求对接、课程内容与职业标准对接、教学过程与生产过程对接、毕业证书与职业资格证书对接、职业教育与终身学习对接，提高人才培养质量，强化职业教育的技术技能积累作用。

汽车作为大综合产业，对人才的需求一直都保持高位状态。在中国，汽车人才的缺口一直位居各供需职位前列，一边是中国汽车市场的高速发展，市场前景广阔；另一边却是各厂家求贤若渴，千方百计找人。随着行业的快速发展，对汽车销售人才的需求也大大增加。为满足日益增长的汽车销售人才需求以及推进职业教育改革与发展的需要，紧密结合目前汽车行业的实际需求，我们编写了《汽车销售实务》这本书。

本书根据高等职业教育的特点，在"工学结合"人才培养模式下，按照基于工作过程的课程开发要求，结合汽车销售业务的实际编写而成，主要包括潜在客户开发、店内接待、顾客需求分析、汽车产品介绍、试乘试驾、报价与成交、交车服务、售后跟踪服务、汽车销售延伸服务以及汽车专业术语解读等内容。在内容上凸显针对性和应用性，注重与汽车销售顾问岗位需求相匹配，力求与相应的职业资格标准衔接。在形式编排上采用任务驱动方式，融"教、学、做、评"于一体化教学，提供大量的各品牌经销商销售实际案例，力求把传授知识与能力培养有机地结合起来，同时注重能力的可持续发展，使读者在掌握理论知识的同时明确实践操作过程，提高实战能力。

本书在编写过程中，参考了汽车销售的书籍、论文，网络达人总结的汽车销售资料以及各品牌经销商提供的销售资料等文献，尤其感谢上海大众经销商提供的培训资料。在此，谨向原作者表示谢意。

本书既可以作为高职高专院校汽车技术服务与营销、汽车贸易、汽车运用技术等专业教学使用，也可以作为相关从业人员的参考用书。

由于编者水平以及掌握的资料有限，加之时间仓促，书中不足之处在所难免，在此恳请同行专家及读者指正。

编　者

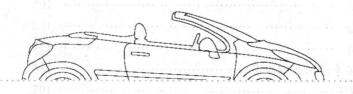

目 录
CONTENTS

项目一　潜在客户开发 ·· 001
　　任务 1-1　潜在客户评估 ·· 001
　　任务 1-2　寻找潜在客户 ·· 006
　　任务 1-3　潜在客户的拜访及管理 ································ 018

项目二　店内接待 ·· 029
　　任务 2-1　接待前准备 ·· 029
　　任务 2-2　展厅接待 ·· 036
　　任务 2-3　电话接待 ·· 043

项目三　顾客需求分析 ·· 050
　　任务 3-1　顾客购买动机分析 ······································ 050
　　任务 3-2　需求分析方法 ·· 060

项目四　汽车产品介绍 ·· 073
　　任务 4-1　六方位介绍 ·· 073
　　任务 4-2　FABE 法 ··· 078
　　任务 4-3　竞品分析 ·· 080
　　任务 4-4　汽车产品介绍技巧 ······································ 082

项目五　试乘试驾 ·· 088
　　任务 5-1　试乘试驾准备 ·· 088
　　任务 5-2　试乘试驾过程 ·· 096

项目六　报价与成交 ·· 105
　　任务 6-1　汽车报价 ·· 105
　　任务 6-2　顾客异议处理 ·· 113
　　任务 6-3　促成交易 ·· 121

项目七　交车服务 ·· 135
　　任务 7-1　交车前准备 ·· 135
　　任务 7-2　新车交付流程 ·· 141

项目八　售后跟踪服务 ·· 152
　　任务 8-1　汽车售后跟踪服务方法 ·································· 152

任务8-2　客户投诉处理 · 159
项目九　汽车销售延伸服务 · 168
　　任务9-1　汽车贷款 · 168
　　任务9-2　汽车保险 · 172
　　任务9-3　精品销售 · 179
　　任务9-4　汽车购买手续的代理服务 · 185
附录　汽车专业术语解读 · 197
参考文献 · 213

项目一
潜在客户开发

任务1-1 潜在客户评估

学习目标

1. 能够正确描述成为潜在客户的条件；
2. 能够正确描述潜在客户的分类；
3. 能够正确进行潜在客户评估。

任务分析

不断开发新客户是客户服务中的重要内容之一。在茫茫人海中，如何寻找企业的潜在客户呢？从广义上来说，每一个人都是客户。但谁又是真正的客户呢？

一、成为潜在客户的条件

1. 潜在客户的含义

潜在客户是指那些还没有使用，有购买某种产品或服务的需要，有购买能力，有购买决策权，对产品所提供的功能有所需求的那些客户。

【案例】

茫茫人海，何处寻找潜在客户

一名刚参加工作的营销人员，因为找不到顾客，心灰意冷，因此向主管提出辞职。

主管问他："为什么要辞职？"

他回答："找不到客户，没有业绩，只好不干了。"

主管拉着这位营销人员走到窗口，指着大街问他："你看到什么没有？"

"人啊！"

"除此之外呢？"

"除了人，就是大街。"

主管又问："你再看一看？"

"还是人啊!"

主管说:"在人群中,难道你没有看到许多潜在客户吗?"

营销人员若有所思,恍然大悟。

2. 潜在客户评估原则

MAN法则,即引导客户开发人员如何去发现潜在客户的支付能力、决策权力及需要。作为客户开发人员,可以从3个方面去判断某个人或组织是否为潜在客户。

(1)购买能力(M—Money)。

该潜在客户是否有购买资金(Money),即是否有钱,是否具有消费此产品或服务的经济能力,也就是有没有购买能力或筹措资金的能力。

顾客购买能力评价的目的,在于选择具有推销价值的目标顾客,那些不具有购买能力的顾客,对其推销毫无意义。如果说顾客的需求欲望和需求量还有一些弹性的话,而购买能力则是实实在在的,没钱就是没钱,丝毫虚假不了,销售顾问的一切努力都无济于事。购买能力评价可以有效防止坏账的损失,降低商业风险,从而提高推销工作的实际效果。

对购买能力的评价有以下方法:

①现有购买能力的评价。

对顾客现有购买能力的评价主要是通过对顾客现有收入水平、经营状况等进行调查研究,在此基础上作出估计和判断。这种调查可以从内部和外部两方面进行。内部调查是销售顾问深入客户内部了解客户的财务状况,或通过各种关系和途径摸清客户的支付能力;外部调查则是销售顾问通过对顾客表面现象的观察判断,然后作出估计。这两种方法中,内部调查比较困难,顾客的财务状况一般不向外披露;外部观察相对较易,但对销售顾问的观察判断能力有较高要求,要能够于细微之处判断出客户的经济状况。例如某销售顾问在与客户接触中"顺便"问起客户有什么业余爱好,客户回答喜欢打高尔夫球,昨天刚请朋友去某地玩了一场。销售顾问由此判断,顾客的经济状况应该不错。顾客的经济状况,或多或少会通过其行为表现出来,只要用心观察,还是可以发现的。

②潜在购买能力的评价。

在现实的推销活动中,有些顾客因处于发展过程之中,或因贷款未及时收回等原因,出现暂时支付困难,经过一段时间后,仍然可以支付的,称之为潜在购买能力。对于具有潜在购买能力的顾客应保留其准顾客的资格,销售顾问如果认为不存在什么风险,可以主动帮助解决支付困难的问题,如分期付款或延期付款;如果认为这样仍不保险,可以适当延缓一下推销行动,待顾客经济状况好转后再行推销,但要注意与顾客保持必要的联系。

(2)购买决策权(A—Authority)。

该潜在客户是否具有购买决策权(Authority),即你所极力说服的对象是否有购买决策权。在成功的销售过程中,能否准确地了解真正的购买决策人是销售的关键。

顾客购买权力评价:无论准顾客是一个人还是一个单位,最终与销售顾问洽谈购买的必定是一个具体的人,这个人必须拥有购买决定权。与一个没有购买权力的人谈判,无论怎样拉关系、讲交情,都无助于推销。对顾客购买权力评价的目的就在于缩小推销对象的范围,避免盲目性,进一步提高推销的效率。

顾客的购买权力因个人消费与集团消费而有所不同,评价时应区别对待。对于一个家庭来说，究竟谁是购买的决定者，一般来说是夫妻共商，有时是妻子做主，有时是丈夫做主，有时候是丈夫出面谈判，妻子幕后指挥，但也有时候奇兵难料，公公、婆婆、小叔、小姑也可能是幕后人物，所以要准确判断谁是购买决策的核心人物也不是一件容易的事。因此，在面对家庭顾客推销时，最好对任何人都客气礼貌，礼节周全终归不是坏事，这一做法对于集团消费者也同样有效。

对于集团消费者来说，购买权力评价相对容易一些，一般来讲，职位越高，权力越大，加上部门分工明确，弄清购买的决策权一般不困难。但在一些比较大的单位里，多实行分权管理，有些购买决策权会分散在中层或基层，这样就给评价带来一定的困难，对此可以采取两个办法：第一是问，即询问单位里的内部职工或知情者，此事由谁负责，一般会得到一个满意的答案；第二是碰，如果经询问仍不能确定，可以径直去找单位的最高领导人，即便此事领导人不具体负责，也会指给你一个负责的人，领导是不会讲出"不知道"或"不清楚"之类的话来的。当然，有些购买决策需要多人共同研究决定，有的还需要上级部门批示，这些情况都需要在评价时一一搞清，以便在推销时明确目标，避免浪费时间。

（3）购买需要（N—Need）。

该潜在客户是否有购买需要（Need），在这里还包括需求。需要是指人们内心对某种目标的渴求或欲望，它由内在的或外在的、精神的或物质的刺激所引发。另外，客户需求具有层次性、复杂性、无限性、多样性和动态性，它能够反复地激发每一次的购买决策，而且具有接收信息和重组客户需求结构，并修正下一次购买决策的功能。

顾客需求评价的目的在于确定顾客名单上的具体对象是否真正需要销售顾问所推销的商品。如果一个销售顾问向一位不需要自己产品的顾客进行推销，无论如何是难以成功的。因此，需求评价是进行顾客资格审查的首要内容，此项如果不能成立，其他方面的评价则没必要进行。

对顾客的需求评价一般从两方面进行：

①估计顾客需求的可能性。

顾客是否需要销售顾问所推销的商品，这一问题如何估计？应该说主要取决于销售顾问的判断，如果顾客明确表示他所需要的商品，这一问题当然简单，毫无疑问，他就是目标顾客。但现实中情况并非如此，销售顾问所接触的顾客中多数会表示他不需要所推销的商品，是否真是这样，就需要销售顾问作出判断。一般来说，顾客表示不需要的原因有以下几个方面：

a. 顾客确实不需要销售顾问所推销的商品。对这样的顾客，自然应该从顾客名单中划掉。

b. 顾客尚未认识到他对推销品有需求。比如在一个案例中曾经讲到，两个销售顾问同到一个岛上去推销鞋子，发现这个岛上的人从来就不穿鞋。其中一个销售顾问认为岛上的人对鞋子无需求，另一个推销员则认为需求量很大，最终推销成功。可以说，在销售顾问到来之前，岛上的人也未意识到自己有这种需求，销售顾问凭自己的判断并经过努力使这种待发掘的需求变成了现实。在推销过程中也有许多类似的情况，有的商家会告诉销售顾问："本店从来不卖你所推销的商品。"但过去不卖，不等于将来永远不卖，如果销售顾问认为只是顾客尚未认识到他对推销品有需求，则不要轻易将其划掉。

c. 顾客因某种原因暂时不需要。如顾客刚刚购进一批同样的商品，或因资金周转困难暂时无力购买等，这种情况只是暂时的，自然应该在名单中保留其准顾客资格。

d. 顾客因传统习惯的影响表示不需要。如顾客表示只使用某品牌的产品，认为"我们有固定的进货渠道，其他产品一律不进"，等等，对这样的顾客，不仅不能将其从名单中划掉，而且要作为重点顾客来对待。

②估计顾客的需求量。

在确定了顾客有需求之后，还要对其需求量作出评估，因为有些顾客虽有需求，但数量很少，对其推销是不合算的。推销的重点应该是那些需求量较大，又有长期需要的顾客。

在进行顾客需求量估计时，一方面要看顾客现实的需求量，另一方面还要看顾客将来的发展情况，尤其对后者不应忽视。有的小公司尽管目前需求量不大，但未必将来不会发展，有许多大公司就是由小公司发展起来的，怠慢小公司，只会堵了销售顾问的后路。

作为优秀的客户开发人员，必须对需求具有真正的认识：需求不仅可以满足，而且可以创造。事实上，普通的客户开发人员总是去满足客户的需求、适应客户的需求，而优秀的客户开发人员则是去发现客户的需求、创造客户的需求。

(4) 成为潜在客户的条件。

潜在客户至少具备的 3 个条件：有需求、有购买能力、有购买决策权。

M + A + N：有望客户，理想的销售对象。

M + A + n：可以接触，配上熟练的销售技术，有成功的希望。

M + a + N：可以接触，并设法找到具有决策权的人。

m + A + N：可以接触，需要调查其业务状况、信用条件等给予融资。

M + a + n：可以接触，应长期观察、培养，使之具备另一条件。

m + a + N：可以接触，应长期观察、培养，使之具备另一条件。

m + A + n：可以接触，应长期观察、培养，使之具备另一条件。

m + a + n：非客户，停止接触。

将潜在客户按照可能购买的时间可以分为 6 个级别，具体如表 1 - 1 所示。

表 1 - 1 潜在客户分类

级别	定义
O 级	当场签约或缴纳定金的客户
H 级	7 日内可能购车的客户
A 级	15 日内可能购车的客户
B 级	30 日内可能购车的客户
C 级	2~3 个月内可能购车的客户
N 级	购车时间暂时无法确定

二、潜在客户评估操作步骤

潜在客户评估步骤如下：

第一步：分析成为潜在客户的条件——"MAN"原则。

第二步：对潜在客户进行市场调查——设定"新客户开发日"、设定开发新客户的条件。

第三步：了解当前客户的信息。

第四步:开发重要客户。

重要客户开发流程如图 1-1 所示。

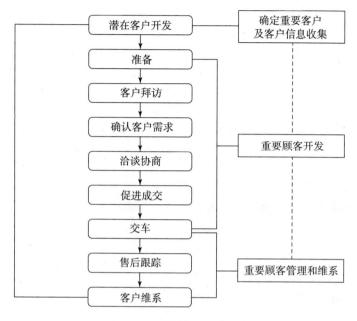

图 1-1 重要客户开发流程

任务实施与评价

班级学号		姓名	

任务描述:
客户姓名:金伟。
个人经历:大学本科毕业,在事业单位工作了 10 年,年薪 5 万,后下海经商。
任务 1-1:是不是潜在客户?
经商,目前从事软件开发工作,有自己的工作室,年薪百万。太太是小学英语老师,两人有一个儿子,刚上小学。现有座驾:本田雅阁;预购车辆:新迈腾。
根据上述资料做客户分析,该客户是否为大众潜在客户?
与本组同学讨论,确定客户类型,并为其设计一个销售方案。
小组总结。每组派一名代表汇报。
任务实施:
分析该客户是否为潜在客户:_____
客户类型:_____
销售方案:_____
其他解释说明:_____
自我评价(个人技能掌握程度):□非常熟练 □比较熟练 □一般熟练 □不熟练

教师评语:(包括任务实施态度、完成状况、可行性等方面,并按等级制给出成绩)

成绩_____分 教师签字:_____ ____年___月___日

任务 1-2 寻找潜在客户

1. 能够正确说明寻找潜在客户的必要性；
2. 能够正确说明寻找潜在客户的方法。

潜在客户是销售顾问的产品或服务确实存在需求并具有购买能力的个人或组织。潜在客户的寻找是从寻找销售线索开始的。所谓线索，就是某一个人或组织。通过对线索的资格审查，某一个人和组织才可能入选潜在的客户名单。那么开发客户有什么方法？在开发客户的过程中有何技巧？

相关知识

一、寻找潜在客户的方法

1. 寻找潜在客户的必要性

（1）寻找客户是维持和提高营业额的需要。

客户多，产品需求量就大，客户新，对产品的需求就复杂。因此，客户的不断增加，是销售顾问业务量经久不衰的有效保证，也是所推销产品更新换代、激起市场新需求的长久动力。要提高推销业绩，就要不断地、更多地去寻找新客户。

（2）寻找客户是保证基本客户队伍稳定的需要。

在各种因素的作用下，客户的流动性越来越大，维持与老客户的关系越来越困难。竞争、人口流动、新产品的不断出现、企业产品结构的改变、销售方式或方法的变化，使大多数企业都不可能保持住所有的老客户。老客户的流失是必然的，这就要求有大量新客户补充到客户队伍中来，一位大公司的经理曾精辟地指出：没有足够的客户资源，企业的生存与发展就无从谈起。

（3）寻找客户是提高推销成功率的保证。

寻找客户的过程，也就是收集客户资料，并进行详细分析的过程，通过分析，对客户进行选择。如果不经选择，盲目地去推销，只能浪费时间和精力。通过客户选择，销售顾问可以充分利用有限的时间和费用，集中精力说服那些有着强烈购买欲望和购买潜力大的客户，从而大大减少说服的盲目性，提高推销的效率。

销售顾问开始具体的业务活动，首先必须考虑的就是如何寻找他们心目中的顾客，刚从事推销工作的推销员常常会因此而感到无从着手，即使是经验丰富的销售顾问，也常常为自己掌握的顾客数量能否满足企业的推销需要而感到不安。因此，如何寻找顾客是每一个销售顾问必然面临的问题。根据国内外成功的销售顾问的经验，特介绍如下常见的寻找顾客的方法。

2. 寻找潜在顾客的方法

（1）资料查阅法。

资料查阅法，是指销售顾问通过收集情报和查阅资料以寻找顾客的方法。是销售顾问经常采用的一种方法。取得资料的途径大致分为两类：一类是企业内部资料，包括财务账目表、推销部门的推销记录、服务部门的维修记录等；另一类是企业外部资料，包括报刊资料、工商企业名录、商业广告、商标公告、产品目录、统计资料、年鉴、专业团体名单、市场简介、电话簿、地图册等。

①企业内部资料搜集的内容。

a. 财务部门的资料。

企业财务部门往往保存着大量的历史资料。从过去的账目中，可以找到不少企业过去的顾客，通过将这些顾客列入名单、重新整理，就形成一个新的潜在顾客群。在此基础上销售顾问分别进行访问，查明他们与企业中断往来的原因，并设法排除目前依然存在的不利于恢复往来的各种因素。请回一个过去的顾客，就等于发现了一个新客户。

b. 推销部门的资料。

企业一般都对以往的推销情况保留着记录，如出库报表、客户订购表、订货合同、退货记录等。销售顾问应对这些资料给予相当的重视，在分析研究的基础上，对影响顾客与企业交往的不利因素提出改进的措施，这样就能不断发现顾客，并巩固现有的顾客群。

c. 服务部门的资料。

服务部门的维修服务人员常常在售后服务中与顾客保持接触，因此可以为销售顾问提供极好的顾客线索。如家电行业的定期维修，维修人员在登门拜访顾客的过程中，能了解到许多有价值的情况。顾客在拥有的产品折旧到需要更新的时候，其购买行为或多或少都要受到维修人员的影响。

②企业外部资料搜集的内容。

a. 工商企业名录。

我国已出版了全国性的工商企业名录——《中国工商企业名录》，各地方、各部门也都编出了区域性、行业性的企业名录。销售顾问可以从这些名录中查询到自己所需要的潜在顾客。

b. 统计资料和各类年鉴。

销售顾问可以根据推销产品的行业、部门的性质，到统计部门了解统计资料。通过对统计资料的分析、比较、研究，找出新的顾客。各类经济年鉴中有着相当丰富的内容，销售顾问可以在图书馆查找，从中可以得到许多重要的情报。

c. 产品目录、样本。

各生产企业有自己编印的产品目录、产品样本，并向各界广为散发。这些产品目录、产品样本都是潜在顾客的极好来源。

d. 工商管理公告。

国家工商行政管理局和各地方工商行政管理局，每年都要发布各种类型的公告，如商标注册公告、企业登记注册公告等。这些公告中都有有关企业情况的简要说明。销售顾问可以到各工商行政管理部门找到这些公告。

e. 信息书报杂志。

随着市场经济的发展，人们对信息的重要性日益关注，各种信息书报杂志等刊物纷纷出版，如《市场信息报》、《经济信息》、《首都经济信息报》等。这些都是销售顾问可以利用的资料。这些资料可以订阅，也可以去图书馆借阅。

f. 专业团体会员名册。

我国有许多行业性的专业团体组织，如中国工商界联合会、各地方企业家协会等。这些团体组织一般都有会员名册，有的还编印了会员通信录。这些资料都可以为销售顾问提供一些有用的顾客。

g. 企业公告和广告。

许多企业常常在一些专业性的报纸或地方报纸上刊登企业广告；有些企业也常在报纸上刊登企业公告，内容有更改企业名称、企业搬迁、聘请某某为企业的法律顾问，等等。销售顾问可以从这些广告和公告中寻找自己的潜在顾客。

h. 电话簿、邮政编码等。

我国各大城市都有专用的公用电话簿，其中详细登载了本地区企事业单位的名称、地址、电话号码。因此，销售顾问可以从电话簿中寻找顾客，另外，我国出版的《中国邮政编码大全》（行业分卷），也是可以利用的资料。还有各种交通旅游图册也可利用。

总之，利用查阅资料的方法寻找潜在顾客，能够减少寻找工作的盲目性，节省寻找顾客的时间和费用，同时还可通过资料对潜在顾客进行了解，作好推销访问的准备。但是由于现代市场瞬息万变，各种资料的有效期限日渐缩短，加之有些资料难以得到，所以，这种方法具有一定的局限性。

（2）广告开拓法。

广告开拓法，是指销售顾问利用广告媒体来传播推销信息，寻找新的顾客的方法。通常这种方法采取如下形式：

①函询。

企业为促销产品，普遍采用广告与推销并举的推销策略。销售顾问可以利用本企业开展的广告宣传活动来促进自己的推销工作，因为有些潜在顾客受其广告宣传的启示，会主动函询产品价格和相关的资料。对于潜在顾客的函询，销售顾问应及时分析研究，对于那些需要强烈和自己有机会、有能力赢得的顾客，先按其要求回信答复，函邮有关资料，介绍本企业情况，有条件的还应做到亲自拜访。

②邮荐。

邮荐就是销售顾问以自己企业的名义直接将产品的有关资料寄给经过挑选的潜在顾客，如果邮寄的资料设计合适、文辞得当，而选择的潜在顾客又恰好有这种需求，那么邮荐也是推销的一种好方式。

③电话。

电话如同邮荐一样，是打开顾客大门不可缺少的一种手段。利用电话寻找顾客比函询和邮荐的方式速度更快，更加节省时间。销售顾问在拜访顾客之前给他们打电话，可以事先掌握他们急需什么产品，以利于做成买卖。

广告开拓法可以提高销售顾问的影响力和对顾客的说服力，节省大量推销费用和单位成本。这种方法有助于改变推销的被动局面。但是这种方法也有一定的局限性，如有的商品不宜做广告，或者不允许做广告，而且广告媒介的选择也并不容易，一旦失误，会造成巨大浪费。

（3）网络搜寻法。

网络搜寻法，是指销售顾问运用各种现代电子信息技术与互联网通信平台来搜寻潜在顾客的一种方法。近年来，随着国际互联网技术的不断发展与完善，各种形式的电子商务与网络推销也开始逐步盛行起来，市场交易双方都在利用互联网搜寻顾客、寻找产品。通过各种大型商业门户网站、行业网站、官方网站、企业网站和其他各种形式的市场信息网站，销售顾问可以搜寻到大量的潜在准顾客。这种现代化的搜寻方法，具有便捷、高效和经济的特点，具体可以将其优点归纳为以下几个方面：

①方便快捷。

网络的应用使当今社会信息的传播达到了空前的速度与密度。互联网上没有时间和空间的限制，它的触角可以延伸到世界每一个地方，从中可以发现和创造更多新的市场机会。销售顾问可以在相关商业网站，通过各种相关的市场关键词，来快速寻找目标准顾客，从而节省时间，提高工作效率，同时可以降低推销成本和市场风险。

②范围宽泛。

当前，网络已经成为许多人生活的重要组成部分。由于互联网的覆盖面宽泛，销售顾问利用网络，就会尽可能地搜索到相关顾客。

③易于沟通。通过网络可以进行"一对一"的沟通，具有双向交互反馈的功能。对于那些不善于与人打交道的销售顾问，网络可以使其免去与人直接面对面的尴尬，可通过网络间接交谈。促使销售顾问与目标顾客的沟通更加便利，更为有效。

但是，网络搜寻法也存在一些缺点，主要有以下几点：

a. 一些重要资料在网上并不能查到，包括目标准顾客及其相关资料和一些官方资料、企业内部资料等。

b. 由于网络世界是个虚拟的世界，销售顾问在网上查找顾客资料时，难免会遭到虚假情报的干扰，从而不能完全保证资料的真实性和可靠性。

c. 要求销售顾问具有很强的身份识别能力。因为互联网很容易掩盖客户的真实身份，这就需要销售顾问具有很强的鉴别能力。

随着信息化技术的不断进步与完善，网络搜寻法无疑是一种简捷高效的寻找顾客的方法。销售顾问要善于观察学习和利用新知识、新方法、新科技。

（4）市场咨询法。

市场咨询法，是指销售顾问利用社会上的各种技术、信息咨询公司的有偿服务和国家行政管理部门的咨询，来寻找顾客的方法。随着市场经济的发展，我国的咨询业越来越兴旺，信息类服务公司不断涌现，有综合性咨询、产业性咨询、法律咨询、技术咨询、广告咨询、经营管理咨询等各类咨询公司。销售顾问可以利用这些咨询公司来寻找顾客，只花少量的信息费，就可得到所需的宝贵资料。

除了专业的咨询公司外，销售顾问可以到有关的政府部门和科研机构去咨询，例如工商局、统计局、财政局、税务局、银行、大专院校、科研单位等。另外还有很多全国性的经济会议，销售顾问千万不可错过机会。如各种产品展销会、供货会、工商贸易洽谈会及各种含有商贸目的的节日，如旅游节、文化节等。凡与推销自己产品有关或无关的经济活动，销售顾问都应积极参加。在会议期间，销售顾问可充分与各阶层人士进行接触，以便发现更多的潜在顾客。

市场咨询法的优点是：方便迅速，费用低廉，信息可靠。专业咨询人员拥有丰富的经验和知识，能够提供较可靠的准客户名单，收取的咨询信息服务费比较低，与销售顾问自己寻找客户所需费用相比较，可以节省推销费用开支。此外，可以节省销售顾问的推销时间，使其全力以赴地进行实际推销。

当然，市场咨询法也有不足：

①销售顾问处于被动地位。若销售顾问过分依靠咨询人员提供信息，就会失去开拓精神，失掉许多推销机会。

②咨询人员所提供的信息具有间接性，其中有的信息是第二手资料，有许多主观片面的因素，甚至出现一些与实际情况大相径庭的错误信息。

③市场咨询法的适用范围有一定限制性，其主要适用于寻找某些特殊的潜在客户。

④有许多重要的市场信息是咨询人员无法提供的。

因此，对于这种方法，销售顾问需酌情选用。

（5）无限连锁介绍法。

无限连锁介绍法，是指通过老客户的介绍来寻找有可能购买该产品的其他客户的方法，又称为客户引荐法或无限连锁法。这是寻找新客户的有效方法，被称为黄金客户开发法。

这种方法要求销售顾问设法从自己的每一次面谈中，了解到其他更多的新客户的名单，为下一次推销拜访做形备。购买者之间有着相似的购买动机，各个客户之间也有着一定的联系和影响。连锁式介绍法就是据此依靠各位客户之间的社会联系，通过客户之间的连锁介绍来寻找新客户。客户和客户引荐人是未来推销的极佳来源。介绍内容一般为提供名单及简单情况。介绍方法有口头介绍、写信介绍、电话介绍、名片介绍等。销售顾问在得到现有客户的推荐时，可以直接请客户写一封正式的推荐信，将销售顾问的姓名、厂名、产品使用情况等简单写上，使被推销对象读后，对销售顾问所推销的产品有一个概括性的认识和印象，容易成为你的新客户。因此，了解和掌握每一个客户的背景情况会随时给你带来新的推销机会。运用这种方法可以不断地向纵深发展，使自己的客户群越来越大。

①操作方法。

此法的关键，是销售顾问能否赢得现有客户的信赖。

a. 你目前的客户向你介绍新客户。

这种方法具体操作如下：

在你目前的客户向你介绍新客户之前，应先打电话给他们，了解他们对提供的产品（服务）是如何评价的。千万不要在给客户打电话时试图卖掉什么，只需真诚地询问他们对你的印象如何。对于满意的客户，可以请他们为你写引荐信。获得客户回信的最简单的做法如下：

在电话中与客户商讨后，由你代替客户写引荐信。

得到允许后，由你代为提笔，他们誊抄，以节省对方的时间。

在封面上注明，他们可以在你的草稿上做调整。

b. 请不满意的客户介绍。

成功的销售顾问懂得向不满意的客户提要求。这些不满意的客户常会发现你的产品

（服务）要远远优于他们正在使用的产品（服务），并且从长期来，讲你们的价格更优惠。即使如此，他们也不会致电要求订购产品或预约服务。给这些人打电话联系并告诉他们，你非常惦念以前双方的良好关系，表达你重拾旧好的真诚。这样，不满意的客户就有可能重新考虑他最初的决定。回头客正是因为确信了你的产品（服务）质量和价格才回头的，因而他们也是重要的举荐人。人们都希望别人能倾听他们的意见，客户也是如此，他们希望自己的观点得到重视。如果你对他们关心的问题表现出应有的礼貌和专业水平，下次他们必然会再来找你。

c. 请新客户推荐。

不要忘了新客户是你最重要的推荐人，一旦他们决定购买你的产品（服务），会不断地向别人介绍和宣传你及你的产品（服务），以强调自己的决定是正确的。从新客户那里获得被推举人，最好是在推销完成的时候。当你与客户讨论产品或服务的价格时，首先，大致描述你的产品或服务的价格和支付条件，再告诉他们，如果在几个月之后他们对所购买产品或服务非常满意，就请他们推荐几位愿意购买产品的新客户。

d. 请那些拒买你产品的客户介绍。

拒绝过你的客户，心理上或多或少会有些愧疚，尤其是在你服务十分热情的时候。因此，你可以请他们告诉你有哪些人可能需要你的产品，他们或许知道谁需要你所推销的产品。

e. 请你的竞争对手介绍。

当某些与公司业务相近的大公司生意多得做不完时，即便你们是竞争对手，也应想办法从他们那儿接些生意过来。竞争对手往往就是生意的重要来源。与不具备你们的专业技术或无暇顾及某个项目的大公司签订这方面的合约，是可行的。

f. 请亲友介绍。

别人认识的人有很多你并不认识。每个人都会有一些关系网帮忙，你可能获得许多新客户。

g. 请同事介绍。

与自己共事的职员，也可能给你帮助。

h. 请你的推销商、供应商和专业咨询人士介绍。

你所在的机构中，有些人可能与你希望向其推销产品（服务）的某家公司中的决策者有关系。跟你的会计师、律师、中介公司代理人联系，请求他们推荐。

i. 请其他推销商介绍。

有时候，你可以从其他专业销售顾问那里获得推举或从他们那儿获取你正在寻找的新客户的有关信息。同时，了解他们寻找什么样的新客户，并持续不断地给他们介绍客户，为他们创造条件的同时，你也可以从中受益；在建立了自己的大型社交关系网之后，你就可以从其他专业推销人员或服务人员那里获得生意。

j. 请陌生人介绍。

在交际场合你总会遇到一些未曾结识的陌生人，与其谈话的最后，可能会谈到如何谋生这一主题上来。这些陌生人或许需要你的产品（服务），你要毫不犹豫地向他们介绍。所有这些人能做的大不了就是对你说"不"，或告诉你此刻想不起任何人。一旦他们能介绍几个人，或许这几个人就是使你职业生涯发生重大转折的人。

②运用无限连锁介绍法的注意事项。

使用无限连锁介绍法时,应注意以下几点:

a. 取得现有客户的信任。

只有通过诚恳的推销态度与诚挚的服务精神与工作上的配合,才能获得现有客户的信任和帮助。

b. 具体明白。

介绍具体明白,你才能赢得现有客户的信服。在请他人介绍新客户时,为了避免听到"我此时想不起任何人"之类的回答,必须将自己正寻找的人的类型尽可能准确而具体地告诉对方。这将有助于对方从其潜意识里找到符合要求的个人、企业或一些相关的大概情况。

c. 要评估新客户。

对现有的未来客户,销售顾问应进行详细的评估和必要的推销准备,多了解新客户的情况。

d. 感谢现有客户。

虽然不是所有的行业或产品都有对发现生意机会者付费或给予佣金的惯例,但在某些行业里,这一做法确实能极大地增加从引荐者处获得新客户的数量。付费额不必太大,但如果有可能找到新客户,必须及时向引荐者支付应付的费用。亲手书写的感谢信或便条也非常有意义,而且,不论被举荐的潜在对象是否真正能转化为新客户,对那些持续提供新客户的朋友,送一些表达感谢的小礼品,也有利于你们建立良好的关系。

③无限连锁介绍法的优点。

a. 可以避免销售顾问寻找客户的盲目性。

因为现有客户推荐的新客户大多是他们较为熟悉的单位或个人,甚至有着共同的利益,所以提供的信息准确、内容详细。同时由于各位客户之间的内在联系,使连锁介绍法具有一定的客观依据,可以取得新客户的信任。一般人会对不速之客存有戒心。但若经过熟人介绍,情况则不同。

b. 容易获得新客户的信任。

连锁介绍法既是寻找新客户的好方法,也是接近新客户的好方法。如果销售顾问赢得了现有客户的真正信任,那就有可能赢得现有客户所推荐的新客户的信任。

c. 成功率比较高。

现有客户所推荐的新客户与现有客户之间存在着某种联系通过这种联系来寻找客户,会取得较高的成功率。

④无限连锁介绍法的缺点。

a. 事先难以制订完整的推销访问计划。

通过现有客户寻找新客户,因销售顾问不知道现有客户可能介绍哪些新客户,事先就难以做出准备和安排,时常在中途改变访问路线,打乱整个访问计划。

b. 销售顾问常常处于被动地位。

既然现有客户没有进行连锁介绍的义务,现有客户是否介绍新客户给销售顾问,完全取决于现有客户。若销售顾问向现有客户推销失利,或者现有客户出于某种考虑不愿意介绍新客户,销售顾问便无可奈何。

（6）向导协助法。

所谓向导协助法，就是销售顾问利用其他人员寻找顾客的方法。用向导协助法寻找顾客，是销售顾问常常采用的方法。有些销售顾问，特别是干练的销售顾问，常花钱雇佣某些人充当向导；自己则集中精力从事具体的推销访问工作。这些向导们一般接触的人多，交际机会多，获悉的信息多，很有可能捕捉到销售顾问所需要的购买者。他们充当销售顾问的耳目，一旦发现有价值的目标，立即作为向导，向销售顾问报告，销售顾问则对他们的服务付给一定的报酬，这些接受雇佣，受委托来寻找顾客的人士，一般被称为"推销助手"，所以，这种方法也叫"委托助手法"。

现代社会生活节奏快，经济活动频繁，信息来源广。而作为销售顾问来说，不管他能力多么强，经验多么丰富，接触面多么广，面对整个市场，也会感到心有余而力不足。因此，利用向导来发掘潜在顾客，拓展市场，是极为有效的方法。例如，在全国各地与推销品有关的行业、部门、单位里招聘业余或兼职推销信息员，这些信息员可以是各类人员，如专家、学者、厂长、经理、工程技术人员、管理人员、采购人员，也可以是销售顾问的亲朋好友等。这些人分布广泛，他们对本地区、本行业的情况以及当地的市场行情、消费需求比较了解和熟悉，所以往往能找到大批的潜在顾客，提供有价值的市场信息，为企业开拓新的市场。目前，我国各地许多工商企业都相继利用这种方法，以各种形式招聘推销信息员。

向导协助法有其明显的优点。

①寻找顾客是一项既费时又费精力的工作，有时往往徒劳无益。因此，依靠助手去寻找顾客，可以优化销售顾问的时间配置，避免把宝贵的时间、精力牵扯在低效的访问上。

②利用向导协助的方法寻找顾客，有利于克服盲目性，增强推销的针对性，及时把握推销机会，掌握推销工作的主动权。

③随着向导、助手的增多，销售顾问的推销地区也可以不断增大，在保持原有推销成果的基础上，进一步开拓新的区域和范围，扩大推销面，提高推销绩效。

但是，销售顾问在利用向导、助手上难度较大，如果选择不好，便有可能影响推销的顺利开展，增加推销费用，降低推销效益。

（7）中心开花法。

中心开花法，是指销售顾问在一个地区或社区有目的地选择一批有一定影响力的中心人物，取得这些中心人物的帮助，使他们充分发挥影响力的核心的方法。这些人既可以是销售顾问的顾客，也可以是愿意合作的朋友。这些中心人物往往可以利用自己的地位去对拥有购买决策权的人施加影响，使他们购买你的商品。

在运用中心开花法时，销售顾问应注意以下两方面的问题：

①中心人物的选择。

推销人员选择的中心人物必须具备这样一些条件：在一定的范围内有较大的影响力和带动性；有着广泛的联系和较强的交际能力；信息灵通、与企业或销售顾问本人有着密切的联系，等等。有两类人员是销售顾问应作为重点选择的：一类是银行等金融机构的管理人员。这些人交际广，对企业界发展的一切了解得比较透彻，对投资行情也比较了解；另一类是某一行业的经理及其他高级管理人员。他们通常是该行业行情的最佳消息来源。销售顾问特别应注意与那些既了解情况又喜欢畅谈的经理交朋友。

②销售顾问必须与中心人物保持一种融洽的关系。

销售顾问除了经常征询这些中心人物对企业、产品和各种业务活动的意见外，还应该随时联络感情，给他们的服务以一定的报答。比如送节日礼物、周年纪念贺卡等，定期表示谢意。做这些工作有利于销售顾问与中心人物融洽关系，这是计划成功的基础。

（8）竞争替代法。

竞争替代法，是指销售顾问在寻找顾客的过程中，分析竞争对手的推销渠道，了解其产品的购买对象是哪些顾客，然后以挖墙脚的方式，把竞争对手的顾客拉过来的方法。这种以自己取代竞争对手与其顾客发生业务关系的方法又被形象地比喻为"第三者"插足法。在市场竞争中，谁能及时满足顾客不断变化的需求，谁就有资格争取到顾客。采用竞争替代法的前提是企业必须从各方面适应市场需求，强化自身的竞争实力。

同时，销售顾问必须细致地研究对手的产品性能、质量、价格、服务以及顾客的需求特点、购买习惯、同竞争对手的合作程度等。只有在自己的产品和推销条件优于竞争对手的条件下，才能有的放矢，运用适当的推销方法和技巧将对方的顾客拉过来，取得推销成果。运用这种方法时要注意正当的竞争是必要的，但不能违背基本的商业道德。

（9）个人观察法。

个人观察法，是指依据销售顾问个人的职业素质和观察能力，通过察言观色，用逻辑判断和推理来确定准客户的方法。这是一种古老且基本的方法。

利用个人观察法寻找准客户，关键在于培养销售顾问的职业素质。潜在的客户无处不在，有心的销售顾问随时随地都可找到自己的客户。例如，汽车销售顾问整天开着新汽车在住宅区街道上转来转去，寻找旧汽车。当他发现一辆旧汽车时，就通过电话和该汽车的主人交谈，并将旧汽车的主人看作一位准客户。在利用个人观察法寻找客户时，销售顾问要积极主动，既要用眼，又要用耳，更要用心。在观察的同时，运用逻辑推理。

①个人观察法的优点。

可以使销售顾问直接面对现实，面对市场，排除一些中间干扰；可以使销售顾问扩大视野，跳出原有推销区域，发现新客户，创造新的推销业绩；可以培养销售顾问的观察能力，积累推销经验，提高推销能力。

②个人观察法的缺点。

推销仅凭销售顾问的直觉、视觉和经验进行观察和判断，受销售顾问个人素质和能力的影响；由于事先完全不了解客户对象，失败率比较高。不同销售顾问的个人观察能力不同，使用的方法也有所不同。这里所讲的个人观察法，只能作为一种提示，帮助推销员培养自己的观察能力，确定适合自己使用的观察法，只要销售顾问时刻留心，细心观察，就会发现到处都有客户。

（10）全户走访法。

全户走访法也称普遍寻找法或者地毯式寻找法。这种方法的要点是，在业务员特定的市场区域范围内，针对特定的群体，用上门、邮件或者电话、电子邮件等方式对该范围内的组织、家庭或者个人无遗漏地进行寻找与确认的方法。比如，将某市某个居民新村的所有家庭作为普遍寻找对象，将上海地区所有的宾馆、饭店作为地毯式的寻找对象等。

①全户走访法的优势。

a. 地毯式的铺开不会遗漏任何有价值的客户。

b. 接触面广，信息量大，各种意见、需求、客户反应都可能收集到。

c. 可以使更多的人了解到自己的企业。

②全户走访法的缺点。

a. 成本高，费时费力。

b. 容易导致客户的抵触情绪。由于顾客没有思想上、心理上的准备，感觉突然，无所适从，进而对销售顾问产生冷漠感和戒心，这会加重销售顾问的精神负担和心理压力，从而影响推销工作的顺畅进行。

③使用全户走访法的注意事项。

普遍寻找法可以采用业务员亲自上门进行的方式展开。易对生活造成不良的干扰，一定要谨慎进行。发送邮件、打电话要与其他促销活动结合采用全户走访法，关键是要选择好一个目标地区，确定一个走访范围。然后在这一特定区域，逐一全部走访，从中找到想要商品的顾客。正是在特定范围内的全面出击，既能够通过对实际情况的了解寻找到顾客，又能在全面的含义下包含相当程度的选择性，减少盲目性。为了提高其使用效果，使用时要注意以下几个问题：

a. 减少盲目性。

销售顾问在上门访问前，应根据自己所推销产品的特性与使用范围等因素，进行必要的可行性研究，从而确定比较适当的行业范围或地区范围。

b. 提高有效性。

要在总结以前经验的基础上，多设计几种谈话的方案与策略，尤其是斟酌第一句话的说法与第一个动作的表现方法，提高上门访问的有效性。

c. 从熟人开始。

若要成为一个成功的销售顾问。并非一定要从最多的顾客开始访问，你应该从你认识的人开始，即彼此之间感觉"温暖"与轻松的人群开始，一般他们不会拒绝你，尤其当你推销的产品对他们有利时，他们会更加投入。

d. 锁定三英尺①。

有经验的销售顾问会自动将距离他们三英尺范围内的人划为潜在顾客。在你周围的人或不认识的陌生人身上稍作努力，将可能开发出一大批潜在顾客。当然，你需要做有心人，你不妨从电梯、走廊、社团便利店、发廊、俱乐部等地寻找潜在顾客。它是在销售顾问寻找顾客时，对某一地区内的推销对象不能确定或无法确定的情况下所采取的一种方法。这种方法，通过普遍地、逐一地访问特定地区内的所有住户和单位，从中最后确定自己的顾客，所以也称为"地毯式访问法"。

（11）停购顾客启动法。

在从事推销工作的过程中，销售顾问不断寻找到新的推销对象，结识新的顾客，同时也在不断失去一些老朋友、老顾客。那些原本由你提供产品的顾客不再到你这里买东西，这就是停购顾客。在寻找推销对象时，对停购顾客必须予以充分重视。因为他们往往有相当的购买潜力，由于你们曾经有过交往，除去不可能恢复关系的个别顾客外，与他们打交道比与新顾客要容易得多。停购顾客启动法，就是在寻找潜在顾客时要搞清楚哪些顾客已经停购，分

---

① 1英尺＝30.48厘米。

析停购原因，把具有重新购买可能的顾客列入潜在顾客名单，通过启动措施，使他们成为目标顾客。使用这种方法，一是要及时发现停购顾客；二是要主动拜访，弄清原因。如果是对你的服务不满意，你就该作出改进服务的保证；如果双方有误解，就该想办法清除。这不但可以启动停购的顾客，还可以防止竞争对手乘虚而入。

寻找顾客是维持和提高营业额的需要，是保证基本顾客队伍稳定的需要，同时也是提高推销成功率的保证。寻找顾客的过程，就是收集顾客资料，并进行详细分析的过程，通过分析对顾客进行选择。如果不经选择，盲目地去推销，只能浪费时间和精力。

3. 4S 店潜在客户开发的主要方式

4S 店潜在客户开发的主要方式包括9种，具体如图1-2所示。

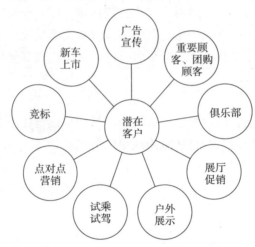

图1-2　4S店潜在客户开发的主要方式

（1）广告宣传。

在对顾客渠道信息来源、顾客来源进行分析后，有针对性地选择广告载体，达到宣传效果最大化，这也是提高销售服务中心知名度和增加潜在客户开发数量的方式之一。

（2）重要顾客、团购顾客。

针对辖区内企业及政府国营单位的车改信息进行收集，并定期派专人拜访。

（3）俱乐部活动。

销售服务中心通过组建顾客俱乐部，为老顾客提供超值服务，定期组织形式多样的俱乐部活动，如自驾游、顾客联谊活动等，以加强与顾客之间的沟通，增进销售服务中心与顾客的情感交流，达到提高顾客忠诚度、获取更多顾客推荐的目的。

（4）展厅促销活动。

主要指在节假日或者选定的时间，在销售服务中心展厅举办各种小型促销活动，通过展厅吸引、邀约更多的顾客。

（5）户外展示。

主要指在分析顾客背景特征后，在选定的区域长期定点举办小型展示活动，利用发放宣传资料、介绍产品优势等方式展示车辆，打造服务品牌，进而吸引更多顾客来展厅。

（6）试乘试驾。

主要指在对顾客进行需求分析后，对特定的顾客群体发出邀请，在选定的地点进行

"体验式"销售，让更多的顾客亲自感受产品的优越性能，产生购买欲望。

(7) 点对点营销。

比如电话营销、上门拜访、DM（直邮）等。

(8) 竞标。

参加相关用车行业公司、工厂及政府公开采购。

(9) 新车上市。

这是很好的宣传契机，经过事先活动的策划，邀请老顾客、对产品关注的顾客参加新车上市活动，提高潜在顾客开发量，增加其他车种的销售。

4. 销售顾问潜在客户来源渠道

销售顾问潜在客户来源渠道如图1-3所示。

图1-3　销售顾问潜在客户来源渠道

5. 寻找潜在客户的技巧

(1) 尽可能多打电话。

在寻找客户之前，永远不要忘记花时间准确定位你的目标市场。这样，在电话中与你交流的，就会是市场中最有可能成为你客户的人。如果你仅给最有可能成为客户的人打电话，那么每一个电话都应是高质量的，因为你联系到了最有可能大量购买你产品或服务的准客户。在一定的时间内尽可能多打电话，由于每一个电话都是高质量的，多打总比少打好。

(2) 电话要简短。

开发客户电话的目标是获得一次约会。客户开发人员不可能在电话上销售一种复杂的产品或服务，而且客户开发人员也不希望在电话中讨价还价。电话应该持续3分钟，而且应该专注于介绍自己企业的产品，大概了解一下对方的需求，以便你给出一个很好的理由让对方愿意花宝贵的时间和你交谈。最重要的是别忘了约定与对方见面。

(3) 在打电话之前准备一个名单。

正如做任何事一样，提前做好准备都会大大提高办事效率，打电话也一样。提前准备一个名单，可以使你有的放矢地找到客户。

(4) 专注工作。

正如任何重复性工作一样，在相邻的时间段里重复该项工作的次数越多，工作效率就会越高。

(5) 使用客户管理系统。

使用客户管理系统，使客户资料井井有条。

（6）要预见结果。

在客户开发工作开始之前先要预见结果。

【案例】

上海大众销售顾问邀约目标标准

销售顾问针对"本月销售目标"设定潜在客户目标。

销售顾问明确 RSE 卓越零售相关客户管理数据，若有不足，则分析原因，找到改善方向和方法。

销售顾问依据系统的提示，设定客户邀约计划，支持销售目标达成。

销售顾问了解上海大众、经销商当期的市场活动信息和自身的工作内容。

零售经理、销售主管对销售顾问的潜在客户接触计划应予以支持和辅导。

 任务实施与评价

潜在客户开发

班级学号		姓名	
任务描述： 通过在课堂上学到的开发潜在客户的方法，结识 5 名陌生人，要求获取对方的简单资料，如：姓名、性别、职业、学历、就读学校，要求必须有一种可以与对方持续保持联系的联络方式，与本组同学分享开发客户的情况，交流经验。 小组总结，每组派一名代表汇报。 任务实施： 客户 1 信息：_____ 来源：_____ 客户 2 信息：_____ 来源：_____ 客户 3 信息：_____ 来源：_____ 客户 4 信息：_____ 来源：_____ 客户 5 信息：_____ 来源：_____ 分享的经验_____ 自我评价（个人技能掌握程度）：□非常熟练　□比较熟练　□一般熟练　□不熟练			
教师评语：（包括任务实施态度、完成状况、可行性等方面，并按等级制给出成绩）			
成绩_____分　教师签字：_____　_____年___月___日			

任务 1-3　潜在客户的拜访及管理

1. 能够正确说明潜在客户的拜访；

2. 能够正确说明潜在客户的管理。

任务分析

邀约是接近客户的第一步。如果你根本无法见面预约，见不到合适的对象，再好的开场白、再好的形象、再好的策略都没有意义。

邀约是销售顾问征求顾客同意接近洽谈的过程。它既是准备工作的继续，也是接近顾客的开始。邀约虽然只是求得与顾客见面，但也不是一件容易的事，销售顾问要想全部取得约见成功，几乎是不可能的。约会遭到拒绝，如同家常便饭。倘若连顾客的面都见不到，汽车销售自是无从谈起，因此，邀约顾客也是一项很有技巧性的工作，是汽车销售过程中的一个重要环节。

相关知识

一、潜在客户的拜访

1. 拜访前的准备

与客户第一次面对面的沟通，有效地拜访顾客，是汽车销售拜访成功的第一步。只有在准备充分的情况下，拜访顾客才能取得成功。评定销售顾问成败的关键是看每个月开发出来多少个有效的新顾客，销售业绩提升了多少。那么，如何成功进行上门拜访呢？

（1）成功的拜访形象。

"只要肯干活，就能卖出去"的观念已经过时了，取而代之的是"周详计划，省时省力"。拜访时，其参与者只有顾客，要想取得进步，首先要以挑剔的眼光看待自己的努力，然后决定做什么。上门拜访顾客，尤其是第一次上门拜访顾客，难免互相存在一点戒心，不容易放松心情。因此，营销人员要特别重视自己留给客户的第一印象，成功的拜访形象可以在成功之路上助你一臂之力。

①外部形象。

服装、仪容、言谈举止乃至表情上都力求自然，就可以保持良好的形象。

②控制情绪。

不良的情绪是影响成功的大敌，我们要学会控制自己的情绪。

③投缘关系。

清除顾客心理障碍，建立投缘关系就架起了一座可以和顾客沟通的桥梁。

④态度诚恳。

"知之为知之，不知为不知"，这是古语告诉我们做人的基本道理，所以，销售人员应诚恳地对待顾客。

⑤自信心理。

信心来自心里，只有做到"相信公司、相信产品、相信自己"，才可以增强自信心。接触是促成交易的重要一步，对于会议营销来说，家访接触是奠基成功的基石。营销人员在拜访顾客之前，就要做好充分的准备，有充分的自信，为成功奠定良好的基础。

（2）计划准备。

①计划目的。

由于销售模式是具有连续性的，所以上门拜访的目的是推销自己和企业文化，而不仅是产品。

②计划任务。

营销人员的首要任务就是把自己"陌生之客"的立场在短时间内转化成"好友立场"。在脑海中,营销人员要清楚与顾客电话沟通时的情形,对顾客性格进行初步分析,选好沟通切入点,计划推销产品的数量,最好打电话、送函、沟通一条龙服务。

③计划路线。

制订合理的访问计划,按优秀的计划路线来进行拜访,今天的顾客是昨天顾客拜访的延续,又是明天顾客拜访的起点。销售人员要做好路线规划,统一安排好工作,合理利用时间,提高拜访效率。

④计划开场白。

"如何进门"是人们遇到的最大难题,好的开始是成功的一半,同时还可以掌握75%的先机。

(3) 外部准备。

仪表准备很重要,"人不可貌相"是用来告诫人的话,而"第一印象的好坏90%取决于仪表"。上门拜访要取得成功,就要选择与个性相适应的服装,以体现营销人员良好的专业形象。通过良好的个人形象向顾客展示品牌形象和企业形象。最好的方式是穿公司统一服装,让顾客觉得公司很正规,企业文化良好。

(4) 仪容仪表。

男士上身穿公司统一的上装,戴公司统一的领带,下身穿深色西裤,穿黑色平底皮鞋,不得留长发,不得染发,不佩戴任何饰品。女士上身穿公司统一的上装,戴公司统一的丝巾,下身穿深色西裤或裙子,穿黑色皮鞋,不得散发或染发,不佩戴任何饰品。

(5) 资料的准备。

古人云:"知己知彼,方能百战不殆。"要努力收集到客户资料,就要尽可能地了解客户的情况,并把所得到的信息加以整理,装入脑中,当做资料。你可以向别人请教,也可以参考有关资料。作为营销员,不仅要获得潜在客户的基本状况,如对方的性格、教育背景、生活水准、兴趣爱好、社交范围、习惯嗜好以及和他要好的朋友性格等,还要了解对方目前是得意还是苦恼,如乔迁新居、结婚、喜得贵子、子女考大学,或者工作紧张、经济紧张、充满压力、失眠、身体欠佳等。总之,对对方了解得越多,就越容易确定一种最佳的方式与顾客谈话。此外,还要努力掌握活动资料、公司资料、同行业资料。

(6) 工具准备。

"工欲善其事,必先利其器。"一位优秀的营销人员除了具备锲而不舍的精神外,还需要有一套完整的销售工具作为不可缺少的战斗武器。我国台湾企业界流传的一句话是"推销工具犹如侠士之剑",凡是能促进销售的资料,销售人员都要带上。调查表明,销售人员在拜访顾客时,利用销售工具,可以降低50%的劳动成本,提高10%的成功率,提高100%的销售质量。销售工具包括产品说明书、企业宣传资料、名片、计算器、笔记本、笔、价格表、宣传品等。

(7) 时间准备。

如提前与顾客约好时间,应准时到达,到得过早,会给顾客带来一定的压力;到得过晚,让顾客觉得你不尊重他,同时也会让顾客对你产生不信任感,最好是提前5~7分钟到达,做好进门前的准备。

(8) 内部准备。

①信心准备。

事实证明,营销人员的心理素质是决定成功与否的重要原因,突出自己最优越的个性,让自己人见人爱,同时还要保持积极乐观的心态。

②知识准备。

上门拜访是销售活动前的热身活动,这个阶段最重要的是创造机会,创造机会的方法就是提出对方关心的话题。

③拒绝准备。

大部分顾客是友善的,换个角度去想,通常在接触陌生人的初期,每个人都会本能地产生抗拒和保护自己的方法,只是找一个借口来敷衍你罢了,并不是真正地讨厌你。

④微笑准备。

管理方面讲究人性化,如果你希望别人怎样对待你,你首先就要怎样对待别人,所以,微笑对别人吧。

(9) 拜访10分钟原则。

①开始10分钟。

我们与从未见过面的顾客之间没有沟通过,但"见面三分情"。因此,开始的10分钟很关键。这10分钟主要是为了消除陌生感而进行的一种沟通。

②重点10分钟。

熟悉了解顾客需求后自然过渡到谈话重点,为了避免顾客起戒心,千万不要画蛇添足而且超过10分钟。这10分钟主要是以情感沟通来了解顾客是否是我们的目标。

③离开10分钟。

为了避免顾客反复,导致拜访失败,我们最好在重点交谈后10分钟内离开顾客。给顾客留下一些悬念,使其对拜访活动产生兴趣。

2. 拜访客户的方式

与一个现有的客户进行预约是很容易的,最难的是给一个新客户打第一个电话。一旦获得预约,可以用三种方法:当面约见、电讯约见、信函约见。

(1) 当面约见。

即销售顾问与客户当面约定访问事宜,主要运用于销售顾问与客户的偶遇或不便于洽谈业务的场合和地点,如途中见面、各种聚会、宴会见面等,你都可以礼貌而热情地向客户发出访问请求。

李彬是一家4S店的销售顾问。他热情、乐观、活跃、率真,信奉"多个朋友多条路"的格言,工作勤奋、认真。他经常在各种场合与聚在一起或偶然相识的客户相互交往,热情地同他们打招呼,在一起聊天,希望与他们交朋友,而分手时总是不忘自己的业务,真挚地提议。要选择适当的时间拜访对方,客户们大多是"好的,好的"或"行,行"地满满答应,而当小李满怀希望地前去拜访时,大多碰了一鼻子灰,甚至根本见不到对方。小李很苦恼:这是为什么呢?

这种方式是一种理想的约见方式。销售顾问可以当面观察到客户的态度、性格等,也有机会交流感情、表达思想、加深印象。一般情况下,客户都会礼貌地答应你的请求,但一旦拒绝你，就很难有回旋余地。而且，这种方式的成功率极低。往往是销售顾问依约去拜会客户时，他早已把你忘记了或没有赴约，或避而不见。

要想提高成功率，销售顾问必须认真观察、分析客户的个性特征，一方面以他易于接受的信息传递方式与其交往；另一方面要注意自身形象，力争给客户良好的第一印象。同时，你所推销的产品最好是客户急需的。

（2）电讯约见。

即销售顾问利用电话、互联网、传真等电讯手段约见客户的方法。现代通信业务的高速发展，电话、手机、互联网的普及，使得这类快捷方便的约见工具得到广泛的应用。

①电话拜访前的准备。

a. 确信自己能熟练介绍本产品的卖点，能讲清本产品将给客户带来的帮助。

b. 明确此次打电话的目的，知道你想通过电话交流得到什么。

c. 对预期达到目标的过程进行设计，应该准备一张问题列表，预想客户可能会问的问题，拟好答案，最好自然而然地回答客户。

d. 提前准备电话销售的必备工具，包括：客户名单、日历表、笔、电话记录表、工作日志、销售手册（产品知识）、电话讲稿等。

e. 调整好自己的心态，并注意保持专业的形象。无论对方的反应如何，自己的思想与举止都应满怀喜悦，让客户感到自己的热忱。

f. 选择一个安静的办公区域，东西摆好，坐好，微笑开始……

②电话拜访步骤。

a. 称呼对方的名字。

叫出对方的姓名及职称，因为每个人都喜欢自己的名字从别人的口中说出。

b. 自我介绍。

清晰地说出自己的名字和企业名称。

c. 感谢对方的接见。

诚恳地感谢对方能抽出时间接见自己。

d. 寒暄。

根据事前对客户的准备资料，表达对客户的赞美或能配合客户的状况，选一些对方容易谈论及感兴趣的话题。

e. 表达拜访的理由。

以自信的态度，清晰地表达出拜访的理由，让客户感觉你很专业，可以信赖。

f. 赞美并询问。

每一个人都希望被赞美，可在赞美后，接着以询问的方式，引导客户的注意、兴趣及需求。进行有效夸奖的手法有3个方式。夸奖对方所做的事及周围的事物。夸奖后紧接着询问。代第三者表达夸奖之意。从接触客户到切入主题的这段时间，你要注意打开潜在客户的"心防"。接近是从"未知的遭遇"开始，是和从未见过面的人接触。任何人碰到从未见过面的第三者，内心深处总是会有一些警戒心，相信你也不例外。当客户第一次接触你时，他是"主观的"，"主观的"含义很多，包括对个人穿着打扮、头发长短、品位，甚至高矮胖瘦等主观上的感受，而产生喜欢或不喜欢的直觉。他是"防卫的"，"防卫的"是指客户和销售人员之间有道捍卫的墙。因此，只有在你迅速地打开潜在客户的"心防"后，客户才能敞开心胸，客户才可能用心听你的谈话。打开客户"心防"的基本途径是先让客户产生信任感，接着引起客户的注意，然后引起客户的兴趣。

【案例】

案例1

开场："陈处长，您好，我姓李，叫李力，是××4S店的销售顾问！是您朋友×××介绍的，现在方便同您谈一分钟吗？"

分析：这段开场白把握了以下几个要点：

对客户用尊称：明确地叫出客户的职位、头衔，没有可喊"先生/小姐"。

简短介绍自己：先说姓，再道出名，能加深印象，也是肯定自己的方法。

强调公司名称：客户心理很怪，比较认同公司，认为公司人专业、认真。

巧借关系推荐：客户不好张口拒绝，也能证明业务员用了心、重视客户。

礼貌要求时间：先不说事，用商量语气强调只占用客户1分钟，尊重客户。

案例2

上海大众电话拜访标准如表1-2所示。

表1-2 上海大众电话拜访标准

销售顾问陌生电话准备技巧	打出电话程序
潜在客户的姓名、称谓	确认对方个人信息
想好打电话给潜在客户的理由	自报经销商及自己的姓名与职务
准备好要说的内容	告知致电原因，寒暄问候
想好潜在客户可能会提出的问题	商谈有关事项，记录客户信息
想好如何应付客户的拒绝	礼貌道别
以上各点最好能将重点写在便笺纸上	待客户挂断电话后再轻放电话

【提示】

针对不同客户的电话拜访时间：

会计师：最忙在月初和月末，这时不宜打电话。

医生：最忙是上午，下雨天比较空闲。

销售人员：最闲的日子是热天、雨天或冷天，或者上午9点前下午4点后。

行政人员：每天10点半到下午3点之间最忙，不宜打电话。

股票行业：最忙是开市的时间，不宜打电话。

银行人员：上午10点前下午4点后最忙，不宜打电话。

公务员：最适合打电话的时间是上班时间，但不要在午饭前后和下班前。

教师：最好是放学的时候与教师们打电话。

家庭主妇：最好是早上10点到11点给她们打电话。

忙碌的高层人士：最好是8点前打电话联络，即秘书上班之前。成功人士多数是提早上班，晚上也比较晚下班。

（3）信函约见。

即通过约见信函的寄出及反馈达到约见的目的。这类信函包括代收约见信和集体约见信，如个人书信、会议通知等。优点是不受时空限制，可以畅通无阻地进入目标客户的办公地点和居住地，而且费用较低。缺点是花费时间多，反馈率极低，易被忽视和拒绝，信函很可能连拆都没拆就被当做垃圾邮件处理掉。

①应对措施。

a. 不要使用单位信封，收件人应是客户名字。

b. 不要写"总经理收"。

c. 寄件人地址不要写公司名称。

d. 信封外观像私人信件。

e. 信封要手写，不要打印粘贴。

f. 要贴邮票，勿用"邮资已付"标志。

g. 信件内容最好是手写。

h. 内容尽量真实，适当修饰。

i. 书写工整，文笔流畅。

j. 发信后及时电话联系，提高反馈率。

②潜在客户的管理。

a. 按客户意向级别管理（如表1-3所示）。

表1-3 按客户意向级别管理

级别	定义	首次跟进时间	持续跟进频率
O级	当场签约或缴纳定金的客户		视情况而定
H级	7日内可能购车的客户		2天至少一次
A级	15日内可能购车的客户	24小时内第一次跟进，再次确认级别	3天至少一次
B级	30日内可能购车的客户		4天至少一次
C级	2~3个月内可能购车的客户		7天至少一次
N级	购车时间暂时无法确定		15天至少一次

配合工具：展厅流量登记表（如表1-4所示）、客户信息卡（如图1-4所示）、工具盒（如图1-5所示）。

表1-4 展厅流量登记表

序号	时间	顾客姓名	联系电话	人数	销售顾问	来访方式		来店次数		意向车型	商谈情况	级别	是否试驾	是否健卡	渠道
						来店	来电	首次	再次						
1															
2															
3															
4															
5															
6															

客流量登记表　　日期：　月　日

续表

序号	时间	顾客姓名	联系电话	人数	销售顾问	来访方式		来店次数		意向车型	商谈情况	级别	是否试驾	是否健卡	渠道
						来店	来电	首次	再次						
7															
8															
9															
10															
11															
12															
13															
14															
15															

渠道来源：

A. 报纸　B. 杂志　C. 广播　D. 电子邮件　E. 电视　F. 网页　G. 800 网页　H. 朋友推荐　I. 户外广告　J. 车展　K. 路过　L. 其他

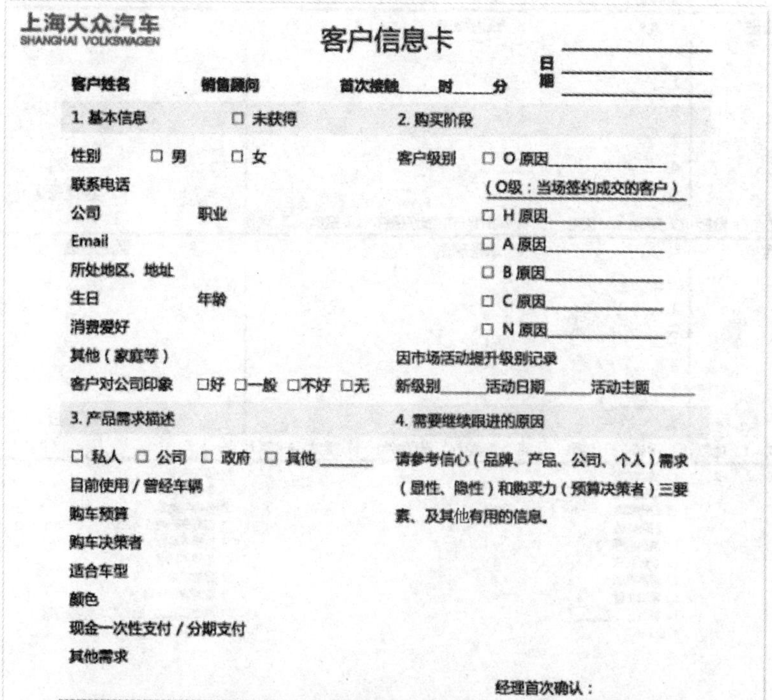
上海大众汽车
SHANGHAI VOLKSWAGEN
客户信息卡
日期
客户姓名　销售顾问　首次接触____时____分
1. 基本信息　□ 未获得
性别　□ 男　□ 女
联系电话
公司　职业
Email
所处地区、地址
生日　年龄
消费爱好
其他（家庭等）
客户对公司印象　□好 □一般 □不好 □无
2. 购买阶段
客户级别　□ O 原因____
（O级：当场签约成交的客户）
□ H 原因____
□ A 原因____
□ B 原因____
□ C 原因____
□ N 原因____
因市场活动提升级别记录
新级别____ 活动日期____ 活动主题____
3. 产品需求描述
□ 私人 □ 公司 □ 政府 □ 其他____
目前使用 / 曾经车辆
购车预算
购车决策者
适合车型
颜色
现金一次性支付 / 分期支付
其他需求
4. 需要继续跟进的原因
请参考信心（品牌、产品、公司、个人）需求（显性、隐性）和购买力（预算决策者）三要素、及其他有用的信息。
经理首次确认：
客户获得广告信息途径 □ 报纸 □ 杂志 □ 广播 □ 电子邮件 □ 电视 □ 网页 □ 400CRM □ 朋友推荐 □ 户外广告 □ 车展 □ 路过 □ 其他
电话　□ 首次电话联系　预约时间 □____　（请二选一）
进入展厅的客户来源　第几次来展厅 1 2 3　□ 市场活动　□ 电话预约　□ 随机进入　□ 再回展厅　□ 主动开拓　□ 内容介绍　□ 转入
活动主题____
活动日期____
销售阶段　□ 试乘试驾　□ 订单
售出　□ 交车

图 1－4　上海大众汽车客户信息卡

跟进回访　　客户姓名：

电话前准备

- 与零售经理或销售主管讨论并确认恰当的谈话内容。
- 预先填写跟进理由可以帮助你去开始这个对话，但是对于目前的存货状况、最新信息、折扣政策、忠诚度项目等信息也要作出充分准备。

第一次跟进	跟进理由	跟进结果
日期	1. 2. 3. 4. 5.	经理确认：
联络方式　□ 电话　□ 拜访　□ 信函　□ 电子邮件　□ 展厅接待　□ 短信　□ 其他		

第二次跟进	跟进理由	跟进结果
日期	1. 2. 3. 4. 5.	经理确认：
联络方式　□ 电话　□ 拜访　□ 信函　□ 电子邮件　□ 展厅接待　□ 短信　□ 其他		

第三次跟进	跟进理由	跟进结果
日期	1. 2. 3. 4. 5.	经理确认：
联络方式　□ 电话　□ 拜访　□ 信函　□ 电子邮件　□ 展厅接待　□ 短信　□ 其他		

第四次跟进	跟进理由	跟进结果
日期	1. 2. 3. 4. 5.	经理确认：
联络方式　□ 电话　□ 拜访　□ 信函　□ 电子邮件　□ 展厅接待　□ 短信　□ 其他		

结果分析			
	□ 成功销售 □ 车型满意 □ 公司满意 □ 服务到位 □ 亲朋推荐 □ 及时跟进 □ 价格合适 □ 稀缺车型 □ 其他______ 勾选1-2项	□ 销售失败 □ 车型不满意 □ 公司不满意 □ 资金不到位 □ 价格不满意 □ 亲朋不认可 □ 贷款失败 □ 取消购车计划 □ 其他______ 以上勾选1-2项	经理确认：

图 1-5　工具盒

b. 潜在客户信息管理。

潜在客户跟踪促进后，销售顾问应及时填写客户信息卡。

销售顾问按展厅排班顺序进行接待，接待完毕后，及时填写展厅流量登记表信息，并建立或更新客户信息卡。

针对到店和来电客户，前台接待，并及时将信息录入展厅流量登记表/系统。

汇总当日客户信息卡和展厅流量登记表信息，并输入系统。

零售经理/销售主管每日会对当日销售顾问的潜在客户信息管理进行检查、确认，并对销售顾问进行有针对性的辅导和指导。

任务实施与评价

拜访潜在客户

班级学号		姓名	

任务1描述：
每两人一组，分别扮演销售顾问和客户，做直接拜访潜在客户的情境演练，并互相评价，注意拜访目的的实现，讲究拜访礼仪。进行小组总结，每组派一名代表汇报了解目前汽车行业服务人才的能力要求。
任务1实施：
拜访目的：_____
拜访步骤：_____
拜访语言话术：_____
任务2描述：
与潜在客户进行电话沟通，注意沟通的目的、电话礼仪。进行小组总结，每组派一名代表汇报。
任务2实施：
电话拜访前的准备：_____
电话拜访的步骤：_____
电话拜访的话术：_____
自我评价（个人技能掌握程度）：□非常熟练　□比较熟练　□一般熟练　□不熟练
教师评语：（包括任务实施态度、完成状况、可行性等方面，并按等级制给出成绩）
成绩_____分　教师签字：_____　_____年___月___日

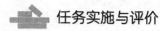

1. 思考题

(1) 简述潜在客户评估原则。

(2) 成为潜在客户的条件是什么？

(3) 潜在客户的开发方法有哪些？

(4) 如何对潜在客户进行管理？

(5) 寻找潜在客户的技巧有哪些？

(6) 对顾客的需求评价方法有哪些？

(7) 电话拜访的步骤是怎么样的？

2. 选择题

(1) 下列哪项属于4S店潜在客户开发的主要方式（　　）。

A. 广告宣传　　　　B. 俱乐部活动　　　　C. 展厅促销活动　　　D. 户外巡展

(2) 寻找潜在客户的技巧包括（　　）。

A. 尽可能多打电话
B. 电话要简短
C. 在打电话之前准备一个名单
D. 使用客户管理系统，使客户资料井井有条

(3) 下列选项中属于寻找潜在客户的必要性的是（   ）。
A. 和顾客交朋友，扩大自己的朋友圈
B. 寻找客户是维持和提高营业额的需要
C. 寻找客户是保证基本客户队伍稳定的需要
D. 寻找客户是提高推销成功率的保证

(4) 下列选项中，哪项不是顾客需求的评价方法（   ）。
A. 估计顾客需求的可能性　　　　　　B. 估计顾客需求量
C. 估计顾客需求方式　　　　　　　　D. 估计顾客需求原因

3. 判断题

(   ) (1) 具备 M + A + N 属于理想的销售对象。

(   ) (2) 作为优秀的客户开发人员，必须对需求具有真正的认识：需求不仅可以满足，而且可以创造。

(   ) (3) 与一个现有的客户进行预约是很容易的，最难的是给一个新客户打第一个电话。一旦获得预约，可以采用三种方法：当面约见、电讯约见、信函约见。

(   ) (4) 无限连锁介绍法的关键是：销售顾问能否赢得现有客户的信赖。

(   ) (5) 与客户看车之后不需要拜访客户。

项目二

店内接待

任务 2-1 接待前准备

1. 能够正确说明接待前的展厅准备;
2. 能够正确说明接待前的销售顾问准备;
3. 能够正确说明接待前的工具准备。

在客户来店前,销售顾问应做好充分的准备,包括展厅环境、车辆准备、销售顾问仪容仪表等。

一、展厅环境准备

1. 展厅整体

(1) 展厅内、外墙面、玻璃墙等保持干净整洁,应定期(1次/半年)清洁。

(2) 展厅内部相关标识的使用应符合各品牌公司有关 CI、VI 要求。

(3) 应按公司要求挂有标准的品牌汽车营业时间看牌。

(4) 展厅的地面、墙面、展台、灯具、空调、视听设备等保持干净整洁,墙面无乱贴的广告海报等。

(5) 展厅内摆设型录架,在型录架上整齐地放满与展示车辆相对应的各种型录。

(6) 展厅内保持适宜、舒适的温度。

(7) 展厅内的照明要求明亮,令人感觉舒适,依照标准,照度应在 800Lux 左右。

(8) 展厅内须有隐蔽式音响系统,在营业期间播放舒缓、优雅的轻音乐。

(9) 展厅内所有布置物应使用公司提供的标准布置物。

2. 车辆展示区

(1) 在每辆展车附近的规定位置(位于展车驾驶位的右前方)设有一个规格架,规格架上摆有与该展车一致的规格表。

（2）展厅车辆除库管人员外，其他人员无特殊情况不得随意摆放。

（3）新进展车进入展厅，原则上必须由库管人员负责。

（4）销售人员如发现展厅车辆损伤，应及时通知库管人员进行维护处理。

（5）当展厅有展位空闲时，库管人员应及时进行停放。

（6）新进展车清洁由销售部全体人员共同完成。

（7）展车清洁要求如下：车身漆面光亮完整，没有划痕；车辆各种装饰条、轮罩及车型标识、标牌齐全无残损；座椅上没有塑料罩；车身没有防护膜；音响系统处于解码状态；前后门、发动机盖、行李箱盖开关灵活，无干涉、反弹；前后牌照处粘贴车型牌；车轮必须使用轮胎保护剂进行维护；内饰、仪表板、门护板、座椅、地毯保持清洁，无破损现象；展车资料由前台接待负责准备齐全；展厅共分为5个展位，每个展位的展车清洁工作责任分配到个人，具体人员安排由前台接待负责。

3. 顾客休息区

（1）顾客休息区应保持整齐清洁，沙发、茶几等摆放整齐并保持清洁。

（2）顾客休息区的桌面上备有烟灰缸，烟灰缸内若有3个以上（含3个）烟蒂，应立即清理；每次在客人走后，立即把用过的烟灰缸清理干净。

（3）顾客休息区应设有杂志架、报纸架，各备有5种以上的杂志、报纸，其中含有汽车杂志、报纸，报纸应每天更新，杂志超过一个月以上需更换新版。

（4）顾客休息区应设有饮水机，并配备标准的杯托和纸杯。

（5）顾客休息区需摆放绿色植物盆栽，以保持生机盎然的氛围。

（6）顾客休息区需配备大屏幕彩色电视机（29英寸以上）、影碟机等视听设备，在营业时间内可播放汽车广告宣传片和专题片。

4. 业务洽谈区

业务洽谈区的桌椅摆放整齐有序，保持洁净，桌面上备有烟灰缸，烟灰缸内若有3个（含3个）以上烟蒂，应立即清理；每次在客人走后，立即把用过的烟灰缸清理干净。

5. 顾客接待台

（1）接待台保持干净，台面上不可放有任何物品，各种文件、名片、资料等整齐有序地摆放在台面下，不许放置与工作无关的报纸、杂志等杂物。

（2）接待台处的电话、电脑等设备保持良好的使用状态。

6. 卫生间

（1）卫生间应有明确、标准的标识牌指引，男女标识易于明确区分。客人和员工分离。客人在一楼，员工在二楼，由专人负责卫生清洁，并由专人负责检查与记录。

（2）卫生间的地面、墙面、洗手台、设备用具等各部分保持清洁，台面、地面不许有积水，大小便池不许有黄垢等脏物。

（3）卫生间内无异味，应采用自动喷洒香水的喷洒器来消除异味。

（4）卫生间内相应位置应备有充足的卫生纸，各隔间内设有衣帽钩，小便池所在的墙面上应悬挂赏心悦目的图画。

（5）适度布置一些绿色植物或鲜花予以点缀。

（6）卫生间洗手处须有洗手液、烘干机、擦手纸、绿色的盆栽等，洗手台上不可有积水或其他杂物。

（7）在营业期间播放舒缓、优雅的背景音乐。

7. 儿童游戏区

（1）儿童活动区应设在展厅的里端，位置应相对独立，有专人负责儿童活动时的看护工作（建议为女性），不宜离楼梯、展车、电视、型录架、规格架等距离太近，但能使展厅内的顾客看到儿童的活动情况。

（2）儿童游戏区要能够保证儿童的安全，所用的儿童玩具应符合国家有关的安全标准，应由相对柔软的材料制作而成，不许采用坚硬锐利的物品作为儿童玩具。

（3）儿童游戏区的玩具具有一定的新意、色调丰富，保证玩具对儿童有一定的吸引力。

二、销售人员准备

1. 销售人员的仪容仪表准备

汽车销售是与人打交道的工作。在销售过程中，汽车销售人员与汽车产品处于同等重要的位置。汽车销售人员的外在形象和言谈举止都会影响到客户对汽车的选择。相当一部分客户决定购买汽车是出于对销售人员的好感、信任和尊重。所以，汽车销售人员首先应该学会"推销"自己，让客户接纳自己，愿意与自己交往，喜欢听自己对汽车的介绍和讲解。只有这样，销售人员才能在与客户接触的过程中成功地卖出产品。

汽车销售人员要想塑造具有吸引力的好形象，应做到以下几点。

（1）适宜的礼仪。

在汽车销售中，礼仪既是"通行证"，又是"润滑剂"。汽车销售人员能否成功，礼仪是重要因素之一。客户都喜欢值得信赖、彬彬有礼的汽车销售人员。如果汽车销售人员不顾礼仪，就可能破坏与客户沟通的氛围，从而导致交易中断。所以，汽车销售人员应该在平时就养成诚恳、热情、友好、谦虚的美德，要自然地表现出礼貌，而不是刻意地修饰和做作。当要坐下来详细介绍汽车时，要先请客户坐下，主动为客户倒水沏茶，接待客户时要做到善始善终。

（2）端庄的仪容。

汽车销售人员的仪容是给客户留下的第一印象。仪容的好坏与销售的成败有着直接的关系。汽车销售人员的仪容主要包括头发、脸庞、眼睛、鼻子、嘴巴、耳朵等。在销售过程中，汽车销售人员应给客户留下大方、整洁、得体的印象，这样，不但会让自己更加自信并神采飞扬，同时，也会赢得客户的信任和好感。

修饰自己的仪容，改善和维护自己的形象，应做到洁净、健康、自然。尤其是女性汽车销售人员，还要适当化妆，注重化妆的礼仪，做好仪容保健工作。

（3）大方、整洁的着装。

汽车销售人员良好的着装可以满足客户视觉和心理方面的要求。汽车销售人员大方、整洁的着装能给客户留下良好而深刻的第一印象。汽车销售人员的服装既是一种社会符号，也是一种情感符号。在汽车销售过程中，汽车销售人员的着装占有很重要的地位。现在汽车销售公司一般都要求员工统一着装，这不仅能很好地体现企业文化，而且，销售人员统一的外在形象也提升了企业的整体形象。汽车销售人员着装要大方，要统一化，以便客户识别，在工作时间不要佩戴过多的饰物。当然，汽车销售人员的着装还要符合个人的性格、身份、年龄、性别、环境、风俗习惯等。

（4）优雅的举止。

在与客户的交往中，优雅的举止是汽车销售人员给客户的一张无形的名片。汽车销售人员应具有端正的坐姿、站姿，稳健、轻松的行姿，含蓄、高雅的手势，充满魅力的微笑，炯炯有神的目光。这既能体现汽车销售人员的自信、能力和修养，又能赢得客户的好感，更能使他人产生亲近感，从而使沟通更加顺利，给自己带来成功。

汽车销售人员良好的外在形象和表现可以给客户留下较好的第一印象，所以，汽车销售人员要特别注意自己的礼仪、仪容、服饰和形体。

2. 规范的语言

规范礼貌的语言也是塑造好形象的方式之一。汽车销售工作是通过语言来沟通各种信息的。接待客户靠语言，展示汽车靠语言，与客户进行洽谈也靠语言，甚至说服客户、达成交易的时候也靠语言。任何一个阶段，都必须通过语言的交流取得销售的成功。因此，汽车销售人员要塑造具有吸引力的好形象，还应注意语言礼仪。

（1）掌握交谈的基本技能。

在汽车销售的过程中，汽车销售人员应掌握基本的交谈技能。谈话时要做到表情自然、语言亲切、表达得体。说话时手势要适当，动作幅度不要过大，更不要手舞足蹈，谈话时切忌唾沫四溅。

参与谈话先打招呼，如果客人正和别人单独谈话，不要凑前旁听。如果有事需要和某人说话，应等别人说完。对第三者参与谈话，应以握手、点头或微笑表示欢迎。谈话中遇有急事需要处理或离开，应向谈话对方打招呼，表示歉意。

交谈时不涉及疾病、死亡等话题；不谈荒诞离奇、耸人听闻和黄色淫秽的话题，更不要随便议论宗教问题。不要询问女性客户的年龄、婚姻等状况，不应谈及对方胖瘦、身体壮弱、保养得好坏等。不直接询问对方的学历、工资收入、家庭财产、服饰价格等。谈话不批评长辈、身份高的人员。不讥笑、讽刺他人。

汽车销售人员应让话题感人，激起客户共鸣，先让自己为话题感动，再好的话题，汽车销售人员自己不为所动，必然无法感染客户；就地取材的话题比较容易引起共鸣；观念性话题更易于与客户交流沟通；独创、新颖、幽默的话题较受欢迎。

（2）营造愉悦和谐的谈话气氛。

汽车销售人员在与客户交谈时，应使交谈双方都能感到本次谈话的愉悦氛围。谈话时既不能使客户尴尬，也不能使自己窘迫。

要想营造愉悦和谐的沟通氛围，汽车销售人员应做到以下几点。

①在与客户交谈时，应使用表示疑问或商讨的语气，这样可以更好地满足客户的自尊心，从而营造出一种和谐愉悦的谈话气氛。

②汽车销售人员交谈的话题和方式应尽量符合客户的特点，应准确地把握客户的性格、心理、年龄、身份、知识面、习惯等。

③汽车销售人员在说话前应考虑好话题，对谈话涉及的内容和背景、客户的特点、交谈

的时间和场景等因素，都应给予重视。

④汽车销售人员应用简练的语言与客户交谈，应注意平稳轻柔的说话声音、适中的速度和清晰的层次。

⑤出言不逊、恶语中伤、斥责和讥讽对方，都是汽车销售人员应该杜绝的。常言道："利刀割体痕易合，恶语伤人恨难消。"而适当赞美客户会使客户感觉如春风拂面。赞美客户时，措辞应得当。在交谈中，如果客户有"无礼"的表现，要以宽容的态度对待。如果客户心不在焉，或者显示出焦急、烦躁的神情，汽车销售人员应考虑暂时中断交谈。

⑥汽车销售人员应控制好自己的情绪和举止。可用适度的手势配合谈话的效果，但也要得体。在人多的地方，不可以只和某一位客户交谈，而冷落旁人。

(3) 谈话时应保持谦虚、谨慎。

谦虚也是一种礼貌。在与客户初次见面时，汽车销售人员的自我介绍要适度，不可锋芒毕露，这样会给客户夸夸其谈、华而不实的感觉。如果为了表示谦虚和恭敬而自我贬低，也是不可取的。要想给客户留下诚恳坦率、可以信赖的印象，就必须做到自我评价时实事求是，恰如其分。

(4) 学会运用幽默的语言。

幽默这种机智和聪慧的产物可以用奇巧的方式来表达和感受。但是，毫无意义的插科打诨并不代表幽默。幽默既是一种素质，又是一种修养；既是一门艺术，又是一门学问。汽车销售人员如果能够巧妙运用幽默的语言，会使自己的工作轻松不少。

(5) 语言要注入感情。

汽车销售人员切忌用生硬、冰冷的语言来接待客户。在汽车销售过程中，不可忽视情感效应，它可以起到不可估量的作用。僵硬的语言会挫伤客户的购买信心，而充满关心的话语往往可以留住客户。

(6) 遵从接待客户的语言规范。

在汽车销售人员接待客户的过程中，还应注意语言规范。语言能传递汽车销售人员的素质和水平。对汽车销售人员来说，文明礼貌的用语是十分重要的。汽车销售人员在为客户服务时应注意以下礼貌用语。

①迎宾用语。

"您好，您想看什么样的车？"

"请进，欢迎光临我们的专卖店！"

"请坐，我给您介绍一下这个车型的优点。"

②友好询问用语。

"请问您怎么称呼？我能帮您做点什么？"

"请问您是第一次来吗？是随便看看，还是想买车？"

"我们刚推出一款新车型，您不妨看看。不耽误您的时间的话，我给您介绍一下好吗？"

"您是自己用吗？如果是的话，您不妨看看这辆车。"

"好的，没问题，我想听听您的意见行吗？"

③招待介绍用语。

"请喝茶，请您看看我们的资料。"

"关于这款车的性能和价格，有什么不明白的，请吩咐。"

④道歉用语。

"对不起，这种型号的车刚卖完了，不过一有货我马上通知您。"

"不好意思，您的话我还没有听明白。""请您稍等！""麻烦您了！""打扰您了！""有什么意见，请您多多指教。""介绍得不好，请多原谅。"

⑤恭维赞扬用语。

"像您这样的成功人士，选择这款车是最合适的。"

"先生（小姐）很有眼光，居然有如此高见，令我汗颜。"

"您是我见过的对汽车最熟悉的客户了。"

"真是快人快语。您给人的第一印象就是干脆利落。""先生（小姐）真是满腹经纶；您话不多，可真正算得上是字字珠玑啊！""您太太（先生）这么漂亮（英俊潇洒），好让人羡慕。"

⑥送客道别用语。

"请您慢走，多谢惠顾，欢迎下次再来！"

"有什么不明白的地方，请您随时给我打电话。"

"买不买车都没有关系，能认识您，我很高兴。"

总之，汽车销售人员的谈吐要得体规范，落落大方。在这一点上很难给汽车销售人员一个统一的模式。

通过总结，汽车销售人员在与客户交谈时，应注意运用以下语言技巧：

a. 汽车销售人员说话时要主题具体、精简，语速适中，保持微笑，根据对方的反应调整话题。

b. 汽车销售人员应间接地指出对方的错误，善用形容词增强说话效果，称呼客户的名字和头衔时要让客户感觉到亲切与受尊重。

c. 汽车销售人员应以对方关心的内容为话题，说话时应分辨易混淆字词，并注意说话礼貌，多说"请""谢谢"等礼貌词。

d. 汽车销售人员应避免说话滔滔不绝，不给客户说话的机会，要善于倾听，抓住客户谈话的重点。

e. 让客户了解有关信息，与他们保持合适的谈话距离，以自然姿势辅助说话，沟通时要保持谦恭的态度，认真重述并整理客户的语意。

【案例】

BYD（比亚迪）销售礼仪管理规范

在展厅销售礼仪上，我们必须引入星级酒店的销售礼仪。因为从客户进入展厅开始，就要让客户融入BYD汽车的全方位的展示当中，重要的、最难做到的是销售顾问的接待礼仪能否让客户轻松地、无比愉快地与你洽谈，在他离开展厅的时候，还会对我们的服务、企业文化回味无穷，这样，成交机会一定会大大提高。

1. 着装

销售顾问的着装应为标准的职业装；

在工作时间内必须穿工作服，不要戴多于三件的饰品；

销售顾问在绕车介绍时应避免戴戒指，要做好相应的保护，以免划伤车体。

女士在工作时间内穿皮鞋时，鞋跟不宜过高，不许穿裸跟凉鞋。

销售顾问在接待中要保持良好的形象与情绪，以愉悦的心情与客户进行交流。

头发保持干净、整洁，给人以清爽感，不宜留奇特少见的发型，上班时间不要浓妆艳抹，女士应以淡妆为主。

2. 仪表

销售顾问举止言行应大方自然、彬彬有礼，与客户的交谈要适合客户的性格、个性。

3. 接待礼仪与技巧

接待客户是一门艺术，应好好把握，销售顾问应主动、热情，处处替客户着想，进行换位思考。

销售顾问应佩戴标准的工作牌，随身携带标准的名片。

备好笔和工作日记簿，便于记录客户的信息。

客户进入展厅时，销售顾问应主动用礼貌的方式向客户问候，以示欢迎，并且主动递上名片，交谈时记录下联系方法，以便进一步联络。

向客户提问多采用开放式的问题，便于将客户引入感兴趣的话题，借此增进双方的了解与沟通。

就客户的需要对产品进行重点介绍，在客户提出反对意见或有异议时，不应与用户强行辩解，而应该了解真实原因，适时承认我们的不足后，列出我们的产品与竞争产品相比较的优势，以展示产品的卖点。

客户有需要时，应立即行动，当自己有困难或手头有急事时，应向客户说明，争取得到客户的谅解。

在客户离开时，送客户到电梯入口或门口处，并诚挚地对客户的光临表示感谢，目送客户离去。

在洽谈室应备好标准纸杯、烟灰缸等必需物品。

应随时随地保持展厅清洁、整齐。

三、销售工具准备

1. 名片

4S店需要为销售顾问印制个人名片，印制名片时，在自己的职务那一栏目不应夸大，乱挂不实的头衔，要实事求是。销售顾问不要忘记携带名片，名片应有专门的名片夹存放，名片夹最好放置在上衣胸口的袋子里，不能放在长裤的口袋里。交换名片时，销售顾问要有礼貌地主动递给对方，如果自己坐着，对方走过来时，应站起来表示尊重。

2. 工具夹

每名销售顾问在销售时应携带销售工具夹，工具夹内应存放的物品有以下几种：

（1）办公用品。

计算器、名片、笔、咨询笔记本等。

（2）销售表单。

试乘试驾文件、销售合同/订单、增值业务文件、上牌服务文件等。

（3）产品资料。

产品单页、软文剪辑、竞品对比、附件资料等。

销售工具夹要及时更新，以满足客户的需求。

任务实施与评价

4S 店顾客体验

班级学号		姓名	

任务描述：
任选一家 4S 店，到店内看看，观察销售顾问如何接待。与本组同学讨论，交流实地考察的感受，并对所接待销售顾问进行点评。进行小组总结，每组派一名代表汇报。

任务实施：
所选 4S 店名称：_____
地址：_____
接待你的人员的姓名与岗位：_____
对接待人员的评价：_____
自我评价（个人技能掌握程度）：□非常熟练 □比较熟练 □一般熟练 □不熟练

教师评语：（包括任务实施态度、完成状况、可行性等方面，并按等级制给出成绩）

成绩_____分   教师签字：_____   _____年___月___日

任务 2-2 展厅接待

学习目标

1. 能够正确说明展厅接待流程；
2. 能够正确说明展厅接待技巧。

任务分析

展厅是客户购车过程中与我们接触的主要场所，而且是"我"的地盘，销售顾问有责任做好展厅接待的"真实一刻"。

相关知识

一、展厅接待流程

1. 顾客进入展厅时

（1）第一顺位和第二顺位值班人员在展厅门口值班，观察到达的顾客。

（2）顾客进店（不限于购车客户，指所有进店客户，售后、销售及兄弟公司领导）时，主动问好，并热情迎接。

（3）询问顾客的来访目的。

如果是售后维修保养或理赔客户，指引、带领到售后前台；如果是精品部客户，则指引到精品超市，办理其他业务；如果是找指定人员、部门，则按客户需求指引，找公司领导或集团领导，如未预约的，则带领客户先到休息区等候，电话通知客户所找的领导，已有预约的，请按来访要求指引；如果是看车客户，则按要求接待客户。

（4）及时递上名片，简短地进行自我介绍，并请教顾客尊姓。

（5）与顾客同行人员一一打招呼。

（6）引导带领顾客看需求车型。

（7）第一顺位值班人员离开接待台时，第二顺位值班人员接替第一顺位值班，同时通知第三顺位派人到接待台。循环执行上述（1）~（6）程序。

2. 顾客自行看车

（1）按顾客意愿进行，请顾客随意参观。

（2）明确说明自己的服务意愿和等候的位置，让顾客知道销售人员在旁边随时恭候。

（3）保持一定距离（在视觉和听觉上都关注顾客的距离），在顾客目光所及的范围内关注顾客的动向和兴趣点。

（4）顾客表示有疑问时，销售人员主动趋前询问。

（5）扩大答疑范围，主动向客户介绍卖点和特性，旁引竞争车型，说明所推销汽车的优点。转入商品说明程序。

3. 展厅巡视接待

（1）指固定在展厅旁的销售顾问在展厅旁的巡视，接待非展厅门口进来的客户。

（2）第一顺位者（展厅巡视）巡视所辖展车，并检查展车，确保展车清洁及功能正常，并随时注意非展厅门口进入的顾客。

（3）执行上述顾客自行看车流程（1）~（5）程序。

（4）第一顺位者与顾客深入洽谈合同或试车时，则第一顺位者离开所辖展车区，通知第二顺位者接替，循环顺位执行上述（1）~（3）程序。

（5）在展厅巡视的值班人员应站在展厅的前部或中央，站立位置应距展车不超出1米，保证各科组负责的区域均有销售员在值班巡视。当无客户看车时，应至少每小时清洁展车一次，随时清洁车表车里，随时补充展示架资料。当有客户看车时，应积极主动招呼，并进一步接待介绍。站立时应将双手轻松置于身前，左手交握右手，挺胸抬头。

4. 顾客愿意交谈时

（1）先从礼貌寒暄开始，扩大说话面，给顾客机会，引导对话方向。

（2）回应顾客提出的话题，倾听，不打断顾客谈话。

（3）第一时间奉上免费饮料、茶水。请顾客入座，顾客入座后，销售员方可入座。

（4）争取适当时机请顾客留下其信息。

（5）主动邀请客户试乘试驾，转入试乘试驾流程标准。

（6）进入需求分析，促进成交，转入需求分析流程、签单流程。

(7) 未现场成交,试乘试驾后,转入 A 卡潜在用户跟进流程;未试乘试驾,则直接转入 A 卡潜在用户跟进流程。

5. 顾客离开时

(1) 放下手中其他事务,送顾客到展厅门外,再次递上名片,如遇雨天还要为客户打伞。

(2) 感谢顾客光临,并诚恳邀请再次惠顾。

(3) 目送顾客离开,直至顾客走出视线范围。

(4) 回到展厅门,销售员站立在顾客车辆后视镜范围内,让顾客体验到你在目送他。

(5) 登记来店顾客信息。

【案例】

上海大众销售顾问接待流程(如图 2-1 所示)。

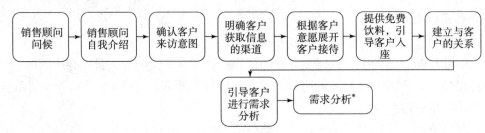

*注:按客户意愿展开销售过程

图 2-1 上海大众销售顾问接待流程

二、展厅接待话术

1. 顾客接待技巧

(1) 从客户看到展厅的时候,展厅接待就已经开始了。

(2) 接待人员态度要热情,语言要真诚。

(3) 销售顾问要保持自信、热情,与客户保持足够的距离,不要给客户压迫感。

(4) 善于利用破冰的语言,与客户进行寒暄。

(5) 对于第二次进店的客户,能熟练地说出客户的名字,对于客户来说是非常高兴的,他们会觉得自己受到了重视。

(6) 关注与客户同来的其他购买影响者。如果夫妇一起来看车,要充分照顾到两个人的需求。比如:男士可能关注动力性,女士则比较关注外观的时尚性;男士比较注重档次,女士比较在意价格等。因此,要找到两人的共同利益的最佳结合点,切记不能顾此失彼。

(7) 如有儿童一同来店,则需注意关注孩子对家长的影响。可以请同事协助带小朋友到儿童游乐区玩耍,这样就可以让家长专心地与销售顾问进行沟通。

【案例】

1. 破冰的语言

"看您开车过来的,开车多少年了?"

"今天外面可热了,来这儿有空调。"

"咱们先坐下来喝水休息一下,慢慢聊。"
"您平时有哪方面的兴趣爱好呀?"

2. 与顾客寒暄

顾客进店后立即问候致意。
带着笑容问候顾客。
即使正在做其他工作,也要向顾客问候致意。
从顾客身旁通过时也应向顾客问候致意。
如招待家里的客人那般邀请顾客进入展厅。

3. 接待情景话术

(1) 销售情景1。

客户进入展厅后四处张望。

要点:

目光注视并问候客户。
询问客户来店的目的:维修保养还是看新车。
为客户提供行动选择方向:逛逛、听讲解、休息。

范例:

您好,欢迎光临!
先生/女士,您是看车还是做维修保养?(维修引领至售后)
您是第一次到我们店吗?(如是第二次来店,转给初次接待的人员)这是我的名片,我叫××,叫我小×就行。
您看您是先逛逛还是我陪您边看边介绍?

(2) 销售情景2。

客户进入展厅后直接看车。

要点:

一句话拦截话术,第一时间激发客户的购买欲望。
您好,这是东风日产××车型,非常适合××××。

范例:

您好,先生/女士,看来您对东风日产有一定的了解。
这是第十代新阳光,它是日产在全球最畅销、最值得购买的一款车,在全球140多个国家已经累计销售了1 600万辆……

(3) 销售情景3。

客户提出"我自己随便看看"。

要点:

尊重客户选择,通过积极的语言安抚客户的紧张情绪。
保持适当距离,留意观察客户。
如果客户较快地拉开车门或打开引擎盖,说明客户对车辆较熟悉,购买可能性较大。
如果客户贴近车窗观看或专注地看车辆配置表,说明客户对车辆不熟悉,下一步需要详细地讲解和沟通。
当客户左右张望时,迅速上前为客户进行产品介绍。

范例：

CA：

好的，您先自己看看，买不买没关系，有需要就招呼我一声。

同时目光随时关注客户。

（4）销售情景4。

客户进入展厅看着一辆车就询问价格。

要点：

客户在初期接触中，直接问价是自然反应，心中并没有明确的具体车型及其价格。

报价时不要报单一车型价格或报整数。报价时语气要亲切自然。

范例：

您好，这是×××款新车，车价位从13.98万到21.98万，您想看2驱的还是4驱的，您想要1.6排量的还是2.0排量的。

（5）销售情景5。

客户爱理不理，提不起谈话的兴趣。

分析：

这类客户大部分对你的产品认识不够，在双方没有相互信任的前提下，害怕言多必失，遭受损失。

首先做感情投资，尽量不要直接谈产品，谈一些感觉轻松的话题，用巧妙的语言突破客户的心理防线，赢得客户的好感。

要点：

信任是最重要的敲门砖。

范例：

可以从客户的着装、手机、现在开的车辆、带来的宠物等聊起。而不是直截了当地谈车。如果客户是带儿童来的，可以带领儿童至游乐区玩耍。

（6）销售情景6。

客户喜欢，但其同伴觉得不是很好。

分析：

客户的同伴虽然没有决策权，但他们往往都充当"军师"的作用，对客户决策会起重要的影响作用。

我们需要做的是：

销售过程中，始终用目光关注客户的同伴，不要忽视他的存在。

赞美客户的同伴，让客户及其同伴都感受到尊重与重视。

诚恳地请教客户同伴的具体意见，给他一个表现的机会。

范例：

您这位朋友真细心。您的朋友是汽车方面的专业人士吧！您这位朋友真是行家！想请教您一下，您觉得它在哪些方面存在不足呢？您认为这里哪款车适合您朋友呢？

（7）销售情景7。

客户离开时不愿意留下详细资料。

分析：

客户不愿留下资料，主要是对销售顾问不够信任，怕日后被电话骚扰。

我们需要做的是：

让客户明确留下资料的具体用途，如促销活动通知、邮寄资料等。

用真诚打动客户，请其帮忙填写资料，且说明是公司的规定。

范例：

您还是留个电话吧，我做个登记。我们这里是有考核的，不留电话，我要罚款的。

我们不会经常打电话打扰您的，只在有优惠促销活动时才会通知您的。

【案例】

案例1

展厅接待开口5句话：

先生/女士您好（分时问候）！

欢迎光临荣威展厅！

我是这里的销售顾问×××，您叫我小×就可以了！

很高兴认识您！

请问有什么可以帮到您吗？

案例2

上海大众销售顾问接待标准

1. 客户进店接待标准

若遇雨雪天气，打伞引导客户进入展厅。展厅内配置雨伞套，保持展厅环境清洁。

客户到店，展厅迎宾迎出展厅（注：展厅迎宾为职能设定，可由销售顾问担任），点头微笑，眼神接触，用普通话热情问候客户。

若客户为预约到店客户，销售顾问提前在展厅等待，客户到店时，及时出门接待；若为非预约客户，由展厅迎宾按值班表安排销售顾问接待。

展厅入口接待处保持适量人员，不多于3人。

引导客户进入展厅。

引导客户选择到吸烟区或非吸烟区。

销售顾问第一时间递上名片，自我介绍，并请教客户的称谓。

以姓氏尊称客户，确认客户来访的意图。

若客户携同其他人员到店，销售顾问主动问候其他同行人员，避免冷落对方。

展厅其他人员接近到店客户时，点头微笑，眼神接触，主动问候"您好"。

若客户需要立即获得销售服务，销售顾问应在2分钟内主动提供服务或支持。

若客户表示想独自看车，销售顾问按客户意愿进行引导，在客户招呼所及范围内关注客户，随时提供服务，不要尾随其后；当观察到客户需要服务时，主动趋前询问。

销售顾问主动询问客户喜爱的饮品或告知可供选择的饮品种类（水和两种热饮、两种冷饮），并招呼服务人员及时提供饮料服务，注意续杯。

建议经销商根据区域特点提供特色饮料或休闲小食。

销售顾问主动询问客户了解经销商信息的渠道，寻找与客户的共同话题，建立关系。

销售顾问积极引导客户到客户休息区入座。

请客户入座时注意礼仪：客户座位朝向客户关注的车型或产品；帮助客户拉、推座椅。

销售顾问保持对客户的关注，若有紧急事项必须离开，则应征得客户的许可；避免让客户长时间等待（≤2分钟）及反复离开。

若有需要，客户短暂离开时，休息区洽谈桌设置指示桌牌，标明休息区洽谈桌的使用状况。

2. 递送名片礼仪

递送时将名片正面面向对方，双手奉上。眼睛应注视对方，面带微笑，并大方地说："这是我的名片，请多多关照。"

接受名片时应起身，面带微笑，注视对方。接过名片时应说："谢谢！"随后微笑着阅读名片，可将对方的姓名职衔念出声来，并抬头看看对方的脸，使对方产生一种受重视的满足感。

名片的存放。接过别人的名片切不可随意摆弄或扔在桌子上，也不要随便塞在口袋里或丢在包里。应放在西服左胸的内衣袋或名片夹里，以示尊重。

3. 与客户道别标准

在客户离开前，确认已提供客户所需的信息，并积极留取客户的信息。

销售顾问利用客户需求点，邀约客户再次来展厅观摩。

客户离开时，销售顾问送至展厅门外；若客户开车前来，则送至客户停车场。

感谢客户惠顾，目送客户离开并挥手道别（≥5秒钟）。

若客户有需要，协助客户安排出租车离开。

客户离去时，门卫须微笑、敬礼、道别。

若客户开车来访，离去时门卫应将客户引导到正常道路上。

4. 客户接待后标准

客户离开后，整理洽谈桌、展车，恢复原状。

销售顾问至前台接待处补充相关信息，维护系统。

客户离开半小时内，销售顾问给客户发送短信，感谢客户到店，留下自己的联络方式，邀约客户再次到店。

在客户信息卡、系统中记录客户信息，并设定下次跟进日期。

案例3

BYD接待口诀

微笑迎接问声好，
大哥大姐大声叫。
陪同朋友要关照，
需要介绍随时到。
站在客旁三米处，
三分过后水送到。
备好名片和资料，
热情主动销量高。

任务实施与评价

展厅接待流程模拟

班级学号		姓名	
任务描述： 选择一个品牌汽车 4S 店，假设你为其中一名汽车销售顾问； 选择一位搭档作为你的顾客； 设计一个接待对白； 模拟客户接待。 任务实施：店内接待话术： _____ _____ _____ _____			
自我评价（个人技能掌握程度）：□非常熟练　□比较熟练　□一般熟练　□不熟练			
教师评语：（包括任务实施态度、完成状况、可行性等方面，并按等级制给出成绩） _____ _____			
成绩_____分　　教师签字：_____　　_____年___月___日			

任务 2-3　电话接待

1. 能够正确说明电话接待礼仪；
2. 能够正确说明电话接待技巧。

电话接待是汽车销售顾问展厅接待的另外一项重要工作，由于电话接待具有不可视性，更需要销售顾问具备较强的接待能力。

相关知识

一、电话接待礼仪

1. 电话接待礼仪的重要性

接听电话这件事看起来很简单，但经常有人做得不规范。需要注意的是，接电话时应该用左手拿话筒。如果不注意这些礼仪，动作不规范，往往会带来意想不到的后果。

【案例】

国外某大型汽车公司为了储备人才，在大学生毕业之际举行了一次招聘会。前来应聘的几十位大学生都很优秀，他们分别参加了面试。招聘主考官在现场的一张桌子上放了一部电话，每个学员进来以后，电话就响了，然后这位招聘主考官示意应聘者去接电话，并把目的告诉了他：我们要看一看你怎么接。很多大学生都是用右手把电话拿起来，至于讲话的程序和内容都无可挑剔，但就是这个细节，让他们一个一个被淘汰了。

当时我很替他们惋惜，左手接电话虽然事情非常小，但它确确实实是一种规范，你必须用左手接电话，右手拿笔记录电话里的内容。在商务礼仪里边，这就是细节。在我们的销售和管理工作中，要举一反三，注重这些细节，这就是正规公司与其他公司不同的地方。

2. 接电话的礼仪

销售人员在接电话或从事商务工作的时候，应该注意哪些事项呢？

（1）电话铃响了，销售人员应该按照规范的动作去接，即左手拿话筒。

（2）一般情况下，在电话铃响三声之内，一定要把电话筒拿起来。

（3）电话筒拿起后要自报家门，一定要根据电话中的内容迅速给出准确的答案。

（4）要用右手拿笔，适当地做好记录。

（5）在回答客户问题的时候，一定要简短、准确，还要注意说话的语调，使用文明礼貌的敬语。

（6）在客户没有挂机之前，销售人员绝对不能先挂电话，这是细节、礼貌的问题，也是一种规范。

（7）如果是节假日，必须说节假日好。

（8）接完电话，要把谈话内容详细地记录下来。要专门备一张表格，叫做来店/电登记表（第一个店是指专营店的店，另外一个电是指电话的电）。销售人员必须把电话的内容详细地记录在这张表上面，以便有案可查、及时跟踪。然后还要感谢客户的来电。

3. 转电话的礼仪

在转接电话的时候，时间不能超过10秒，如图2-2所示。当接到一个客户的电话是找另外一个人时，你应请客户稍等，把这个电话转给他要找的那个人。如果那个人不在座位上，或者由于其他原因不能迅速接到电话，你必须在10秒钟之内把这个电话接回来，向客户说清楚，或者留下联络方法。

为什么把转接电话的时间定为10秒？心理学对这个问题进行过调查研究。人们在等待的时候，特别是接电话超过10秒，就容易心烦。出于对客户满意度角度的考虑，提出不要超过10秒。

图2-2　将转接电话的时间定为10秒的原因

4. 回答问题的礼仪

（1）让知道的人来回答。

如果碰到来电或者来访的客户问你一些汽车方面的问题，比如新车具备哪些新的功能、新的装备、外观如何，与老款车有什么区别，等等，如果你知道答案，就可直接回答；如果不知道答案，绝对不能勉强。一定要把电话转给了解该产品的人，这也是一种规范。

（2）区别标准装备和选装配置。

作为一款新车，出厂后都具备标准的装备，同时还会有一些选装件，这种情况在进口车当中比较多，有的选装件的配置高达几十种。销售人员要把这几十种选装件另外列一个清单，每加一个配件，都需额外增加费用，所以销售人员在回答客户问题时，必须了解这些清单里面的内容和车本身标准装备的价格。在回答客户价格、咨询的时候，必须分门别类，向客户解释清楚。

（3）销售与售后服务各司其职。

如果客户提出售后服务方面的问题，销售人员不应替售后服务人员去回答这些问题。因为每一个部门、每一个专业都有各自的分工。销售人员不可能承担售后服务的职能，而售后服务部门的人员比较清楚有关售后服务方面的问题，所以，凡是遇到客户咨询售后服务方面的问题，最好把问题转给售后服务部门，他们的回答比较专业，特别是一些技术上的问题。

（4）按照规定回答。

二手车业务在过去的汽车公司经营的不多，但从2004年开始，一些大型的汽车公司都陆陆续续地开展了二手车业务。开展二手车业务也需掌握二手车的专业知识，当客户问起二手车业务的时候，销售人员不能随心所欲，在自己一知半解的情况下去回答客户的问题。公司应制定一些规定，业务人员最好按照这些规定去回答客户。

【案例】

一位保有客户购买车辆半年多以后，突然打电话说："韩经理啊，我开车时听到车底盘下有咣啷咣啷的响声，怎么回事呀？我还能不能开？因为下个星期一我要去杭州。"韩经理当时就告诉他："这样吧，电话里说不清楚，如果有时间的话，您最好现在把车开到我们4S店里来，我们给您检查。"这位客户说："问题不大吧，要不，我星期六、星期天再过来？"韩经理当时坚持说："您最好尽快过来，而且不要开过快的车速，因为这个声音我现在无法判断。出于安全角度，您最好现在就过来。"这位客户最后听从了韩经理的建议，把车开过来了。汽车被举升机抬起来以后，他吓了一跳，因为固定方向轮的三个螺栓掉了一个，第二个螺栓已经出来一半了，第三个螺栓虽然在里边，但是已经松动了。结果他逢人就介绍，这个公司的韩经理做事情很值得信任，要不是他的话，可能会出事故。

大家知道，前轮是方向轮，一旦方向轮失控，就会非常危险。这个案例触目惊心，虽然没有发生事故，但是对于这位客户来讲，可以让他记一辈子。所以销售人员在为客户解决问题的时候，一定要从安全的角度替客户考虑。

二、电话接待技巧

应在电话铃响三声内接听电话，应答语言用规范用语，在对方挂机后方可挂机。

使用礼貌、热情的职业用语，如"您好，××销售服务店""欢迎光临我店""抱歉"

"对不起""请您稍等片刻""打搅您了"……

在电话交谈中多用和蔼、友好的语气,谈话的语速节奏应适应谈话者。

电话内容一定要记录。

通过电话,不要试图卖掉一辆车,但应该努力促成见面,邀请客户亲身感受汽车。

【案例】

案例1

上海大众4S店电话接待标准

来电咨询由专人接听,确保电话畅通。

铃响3声内接听电话,自报品牌、经销商、接听人姓名与职务;若经销商电话接听系统设有彩铃,在8秒钟之内接听电话。

确认对方姓名与致电目的,记录客户信息,注意电话礼仪,对话时面带微笑。

针对客户来电需求,向潜在客户迅速提供恰当的答案。

在与客户沟通的过程中,主动介绍当期市场活动信息,吸引客户前来展厅。

邀约潜在客户随时来访,如有可能,预约时间。

礼貌道别,待客户挂断电话后再轻放电话;如遇节假日,必须以"祝您××节愉快"或"周末愉快"结尾。

案例2

BYD电话接待准则如表2-1所示。

表2-1 BYD电话接待准则

环节	做什么	如何做
接听电话	在电话铃响三声之内接听电话,并感谢客户来电,清楚说明专营店名称和自己的姓名	比如:比亚迪××销售服务店××(自己的名字)很高兴为您服务。移动电话可以不报自己的名字。回答客户前先问:先生,您贵姓?或怎样称呼?必要时重复,以示尊敬并确认,以后的通话使用尊称
	询问客户怎样才能给他提供帮助	让客户充分表达需求,并询问是否有其他的问题
	若电话是找人,应妥当地为其转接电话或找到要找的人	告知客户电话将被转接,并向被转者说明客户需求,以节省客户时间,使客户不必重复所说的话。如被访者占线,询问客户是否愿意等10秒再和客户谈话。被访者不在或忙于其他事,可请客户留下电话、姓名,待有空回过去。不要让客户等待超过10秒。如有来访者在附近,必须用手遮住话筒,再请被访者接听电话。等对方先挂断电话
	及时明确地回复客户提出的关于产品的问题	回答问题要准确,切忌含糊。联系后要立即填写表卡。留下电话,避免在电话中谈价
	主动邀请客户来展厅看车或试乘试驾,介绍当期举行的店头活动	留下客户信息。务必邀请每一位来电客户到展厅试驾。视情况可以送车上门试驾
	将客户资料立即记录到来电/店客户登记表	记录准确(尤其是数字)、及时录入来店/来电客户登记表

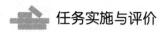 任务实施与评价

电话接待模拟

班级学号		姓名	

任务描述：
熟练掌握接听客户来电的要求；
打电话给4S店的销售热线，注意倾听销售人员是如何接听电话的；
设计接听来电对白；
两人一组，练习接听客户来电；
小组总结，每组派一名代表汇报；
同学互评，教师点评。
任务实施：
接听客户来电的要求是：＿＿＿＿＿＿＿＿＿＿＿＿＿＿＿＿＿＿＿＿＿＿
拨打的销售热线是：＿＿＿＿＿＿＿＿＿＿＿＿＿＿＿＿＿＿＿＿＿＿＿＿
对方接听电话的用语是：＿＿＿＿＿＿＿＿＿＿＿＿＿＿＿＿＿＿＿＿＿＿
我的接听来电对白：＿＿＿＿＿＿＿＿＿＿＿＿＿＿＿＿＿＿＿＿＿＿＿＿

自我评价（个人技能掌握程度）：□非常熟练　□比较熟练　□一般熟练　□不熟练

教师评语：（包括任务实施态度、完成状况、可行性等方面，并按等级制给出成绩）
＿＿＿＿＿＿＿＿＿＿＿＿＿＿＿＿＿＿＿＿＿＿＿＿＿＿＿＿＿＿＿＿＿＿
＿＿＿＿＿＿＿＿＿＿＿＿＿＿＿＿＿＿＿＿＿＿＿＿＿＿＿＿＿＿＿＿＿＿

成绩＿＿＿＿＿分　教师签字：＿＿＿＿＿＿＿＿　＿＿＿＿年＿＿月＿＿日

 思考与练习

1. 思考题

（1）简述接待前的准备。

（2）简述展厅接待流程。

（3）简述电话接待技巧。

2. 选择题

（1）对于车辆展示区的准备，下列正确的是（　　　）。

A. 每辆展车附近的规定位置（位于展车驾驶位的右前方）设有一个规格架，规格架上摆有与该展车一致的规格表

B. 展厅车辆除库管人员外，其他人员无特殊情况不得随意摆放

C. 新进展车进入展厅，原则上必须由库管人员负责

D. 销售人员如发现展厅车辆损伤，应及时通知库管人员进行维护处理

（2）顾客第一次走进展厅时，他的心情通常是（　　　）。

A. 很舒适　　　　B. 有些担心　　　　C. 十分焦虑　　　　D. 感到恐惧

（3）销售工具准备包括（　　　）。

A. 计算器 B. 销售表单
C. 销售合同 D. 计算器

（4）顾客刚进展厅，你应该选择让顾客进入什么样的状态？（　　）

A. 十分激动 B. 有点紧张的状态
C. 放松状态 D. 感到气氛严肃

（5）从接待阶段到下一个阶段过渡应该是（　　）。

A. 不匆忙，自然进入下一个阶段
B. 节奏快一些，尽量快点进入下一个阶段
C. 抓紧时机，不顾一切尽快转移
D. 不关心下一阶段，做好本阶段事情就可以了

（6）销售人员需要通过以下哪些方式建立起接待客户的信心？（　　）

A. 通过礼节建立起融洽的关系 B. 调整行为举止
C. 处理顾客的疑虑 D. 以上全是

（7）您认为以下哪项做法会干扰到客户进入舒适的状态？（　　）

A. 给予顾客良好的第一印象 B. 积极地消除顾客的戒备
C. 向顾客做概述 D. 询问客户的经济情况

（8）什么样的做法会令顾客在心理上处于安全领域？（　　）

A. 不断给客户介绍产品的好处
B. 让顾客感觉不知道接下来会发生什么、和什么人交谈
C. 让顾客感觉事情都在他的掌握之中
D. 随着接待工作的进行，客户安全领域将不会存在

（9）在接待阶段对产品进行介绍时，应该采用哪种介绍方式？（　　）

A. 就客户的需要对产品进行重点介绍 B. 对产品进行宽泛全面的介绍
C. 把产品的缺陷完全告诉客户 D. 把自己对产品的感受如实相告

（10）超过三声接起电话，我们应该怎么应答最为妥当？（　　）

A. 抓紧时间询问来电事由
B. 和正常接起电话一样对待
C. 要表示歉意："对不起，让您久等了！"
D. 以上做法都不对

3. 判断题

（　　）（1）销售工具夹要及时更新，以满足客户的需求。

（　　）（2）销售顾问应佩戴标准的工作牌，随身携带标准的名片。

（　　）（3）客户进入展厅时，销售顾问应主动用礼貌的方式向客户问候，以示欢迎，并且主动递上名片，交谈时记录下联系方式，以便进一步联络。

（　　）（4）销售顾问在绕车介绍时应避免戴戒指或做好相应的保护，以免划伤车体。

（　　）（5）在客户离开时送客户到门口处，并诚挚地对客户的光临表示感谢，之后便可离开。

（　　）（6）为了让客户对我们的产品有信心，可以夸大产品的性能和服务承诺。

（　　）（7）注意避免过早与客户讨论价格问题，在客户没有完全了解产品的价值前，价格商谈只会让我们处于不利的境地。

（　　）（8）来电联系后可以与客户在电话中谈价。

（　　）（9）客户离店前，向客户递上自己的名片，感谢客户来店，留下客户资料。

（　　）（10）多人来店时候应该重点关注买车客户，其他人可以暂时请他们到休息区休息即可。

项目三 顾客需求分析

任务 3-1 顾客购买动机分析

学习目标

1. 能够正确描述顾客购买动机;
2. 能够正确说明客户类型。

任务分析

动机是一种推动人们为达成特定目标而采取行动的迫切需求,是行为的直接原因。当人们的这种需求必须通过购买行为才能满足时,就产生了对商品的购买动机。它是直接驱使消费者实行某种购买活动的一种自身动力,恰如其分地反映了消费者在心理上、感情上和精神上的需求,实质上也是为了满足某种需求而采取购买行为的动力。

相关知识

一、顾客购车动机

动机是驱动人们行动的根本原因。在这里主要是通过了解人们采购汽车的本质原因来更加有效地取得客户的订单。正如人们购买手机会有多种不同的动机一样,购买汽车有显性的动机,当然也会有隐性的动机。作为热门消费商品——汽车已成为国内城市家庭的消费时尚,成为日常话题的载体。汽车出现在我们身边,已经不仅是一种交通工具,而且体现了一种文化和价值取向。一直以来,探讨购车选择时,往往把一些实际因素作为主要标准,比如价格、品牌、安全性、外观、油耗、售后服务、动力性能、颜色、内部空间、配置、销售服务、车内静音效果、内饰、操控性能等。

"我究竟买什么车好?"事实上,当所有购车人面对这个问题时,先要看看你有哪种需求,这种需求又有哪种特性,然后才能具体地付诸实施。

1. 需求特征细分显著的表现

(1) 据心理需要伸缩。

消费需求的伸缩性表现在消费者对心理需要追求的层次高低、内容多寡和程度强弱上。有的准车主以最高级的心理需求为目标,抱有"宁缺毋滥"的心态。这部分消费者多数把目标锁定在如捷豹、VOLVO、阿尔法、罗密欧,或是林肯、陆虎、绅宝等品牌车型上。开着这些平时在街上难得一见的车型，显出一种不凡个性。当然，随大流选择是需求的最主要构成。出于一般心理需要的满足，喜欢大众化的品牌，例如奥迪 A6、帕萨特、君威、雅阁乃至桑塔纳、捷达等。人们认为这些车拥有量高，配件齐全，保养、维修便利，给予车主一种信心。同时，也有一部分准车主要求自己的某项或多项心理需要得到满足。有的准车主消费心理极其强烈或不明显。一般来说，消费者对于装饰品（如音响、真皮座椅、天窗、合金轮毂等）的需要伸缩性比较小，而对于车型的需要伸缩性比较大。

（2）因个人观念而异。

不同的消费者由于个人信仰、生活方式、经济条件、个性观念等方面的差异，造成了价值观念与审美角度的不同，各个消费者按照自己的标准选择和购买以及评述，由此出现多种见解及消费方式。人们往往看到有人为了某某品牌、某个车型争得面红耳赤，唇枪舌剑间引经据典，听起来还真对汽车产品有一定程度的认知。你说帕萨特好，我说君威稳重；你说 POLO 底盘扎实、做工精细，我说飞度省油、操控性佳、性价比高；等等，时不时还有这样那样的"专家"来做一番评述。其实，买车是相当个性化的行为，有时争执这些内容实在是盲目。本来人们之间就存在不同的审美观、经济实力、价值观念，因此，心仪的汽车品牌和型号也会五花八门。即使在上述条件标准基本相当时，各人选购车型时的主要决定条件也会有主次之分，有人以审美价值作为第一重要条件，有人则以经济、实用作为首选目标。真是"萝卜青菜，各有所爱"。老实说，有人问多少钱买什么样的车好，真要负责地作出很具体、有目标的答复，实在勉强。

（3）随经济条件发展。

我们正处于汽车消费的快速发展阶段，一方面有大批的新车族涌现，另一方面原有的老车族正向新目标前进。这种需求层次的发展变化，在国内汽车消费过程中表现得非常明显。绝大多数旧车换新车的消费者，车子肯定是越换越好，这正体现了较低层次的需求得到满足之后，逐渐向较高层次推进的阶梯式发展趋势。如今车主们的换车步伐，相对以前，已经不可同日而语。如果你有机会到二手车市逛逛，POLO、新雅阁、君威、马自达等近两年才面世的车型并非罕见，消费者求新求异的意识日趋明显。前几年开着夏利成为有车族的车主，现在可能升级换了宝来，以前开着 6 代雅阁或帕萨特、老款别克的车主，则把座驾升级为奥迪、宝马或大奔。

（4）受环境影响转变。

消费者需求的形成与变化从某种意义上讲是受社会环境作用影响的结果。因此，大到社会经济的变革、生活和工作环境的迁移，小至社交圈内的信息、厂家和经销商广告宣传的诱导等，都有可能影响并改变人们的购车消费需求。以前，如果想让普通消费者接受两厢车作为家用轿车，除了低价诱导外别无它招。于是，车型落伍、配置简陋、质量差、内部空间紧张、选择余地小成为相当长久的两厢车观念。不过，随着家庭购车成为主流，大量款式新颖、质量上乘、做工精致的两厢轿车终于打开销路，正确的家用轿车选购理念逐渐渗入了人们的头脑，尤其在一些大中城市的中高学历人群中得到体现。同样，20 世纪 90 年代初，进口轿车基本是以日系品牌为主，日本轿车成为人们心目中高档豪华轿车的代名词，而现在，这个地位已被欧系轿车取代。这些例子说明了消费的需求不是一成不变的。

2. 购买动机决定车型选择

动机是一种推动人们为达成特定目标而采取行动的迫切需求，是行为的直接原因。当人们的这种需求必须通过购买行为才能满足时，就产生了对商品的购买动机。它是直接驱使消费者实行某种购买活动的一种自身动力，恰如其分地反映了消费者在心理上、感情上和精神上的需求，实质上也是为了满足某种需求而采取购买行为的动力。按心理分析模式可归纳为感情购买动机与理智购买动机两种。

（1）感情购买动机。

准车主的购买需求是否得到满足，直接影响他们对所选车型及厂商的态度，并伴随着他们肯定或否定的情绪，而这些又会在不同人身上表现出不同的购买动机，具体表现如下。

①求名动机。

具有这种动机的人是娱乐圈的红人或者是在商界叱咤风云、成绩显赫的名人，俗称"成功人士"，他们所追求的车型以能够彰显自己的地位和财富为主要目标，其购买动机核心是显"成就"与"炫富"，用来撑门抵户。具体表现为追捧豪华、名贵车型，如奔驰S系、宝马7系和雷克萨斯或劳斯莱斯、宾利等。

在发达国家，汽车更多地被认同为交通工具，而在发展中国家，汽车更多地被认同为炫耀性产品，是"挣面子工具"。

②求美动机。

这是指消费者以追求独特创意，彰显出众品质及欣赏价值和艺术价值为主要的购买动机，其核心是注重所选取车型要具备"科技与艺术的完美结合"这一要素。与求名动机有着明显区别，他们"不求最贵，但求最美"。

具体表现为重视车辆造型、流线及尊贵典雅风范。而"美"就是这部分人最重要的苛求。存在这种动机的消费者，多为高学历人群，特别是一些设计师或城市白领，年龄35岁以下为多数。他们的目标集中于奔驰C、E系列，宝马3、5、Z4系列或雷诺风景等。

③求新动机。

具有这种动机的人是追求日新月异的换车一族或准车主，他们所渴望的是车型的新颖和引领潮流，其核心是"新来乍到"上市不久。抱有这种动机的消费者，他们大都是年富力强、精神抖擞的年轻人。他们喜欢追逐潮流，对于广告宣传易于接受，具有求新动机的消费者对于别出心裁、标新立异的车型都跃跃欲试。这部分人的目光都停留在凯迪拉克CTS、天籁等，宁愿排队购车，甚至价格高些都无所谓。

④攀比动机。

具有这种动机的消费者买车是为了向他人看齐，出于一种攀比心理，多以血气方刚的青年或略有成就的小企业主为多。其核心是"超越他人"，具有这类动机的消费者在购车时并非为了迫在眉睫的需求，而是因为力争上游、不甘落后的心理因素。在某种程度上，买车是为了别人而买。出于这种动机所引发的购买行为，往往是一种欠缺深思熟虑的冲动，具备一定的偶然性，带有浓厚的感情色彩。

（2）理智购买动机。

理智动机是准车主们通过对各种需要、不同车型满足需要的效果与价格进行认真思考以后产生的动机。

①便宜动机。

这部分准车主是以追求车型物美价廉为主要目的的购买动机，车纯粹作为代步工具，其核心是突出"经济"二字。相信这是大多数人的想法，属于真正意义上的持币等购一族。

这类消费者对于价格的反应相当敏感，时时关注厂家降价、经销商让利等市场动作，而对于车型的时髦、新颖性则关注较少。

具备这种购买动机的朋友，多是经济收入不高的一类人，但也不乏有一些收入较高而节俭成习的人。这类消费者所考虑的车型多是经济型轿车，买得经济，用得经济。

②实用动机。

在具备一定经济实力的前提下，以追求车型的实用性为主要目的的消费者，其核心是实用。这种动机的准车主特别注重车辆的质量、功能与实用价值，要求车辆的功能操作方便、经久耐用。

不会过于强调所选取车型的外观、造型及华而不实的豪华装置，属于求真务实的一类人，这种购买动机多因为收入水平和支付能力有限。这种动机的购买者其目光锁定的车型如普桑、捷达、富康、赛欧等，这类车零配件普及，油耗低。

③偏爱动机。

这是一种以满足个人特殊偏好为目的的购买动机，其核心是"情有独钟"。这部分消费者基于生活习惯、社会背景、文化涵养，而特别钟情于某某品牌或某种车型。例如，有些朋友喜欢四驱车，它的多功能性已被越来越多的人认识，但油耗过大也是这类车型难以克服的毛病。对于一般家庭而言，在买车时首要考虑的是其使用中的经济性，对于目前持续攀升的燃油价格，会使一部分钟情SUV的朋友望而却步、敬而远之，不得不忍痛割爱。不过，经济条件宽裕的消费者则例外，毕竟其能体现男子汉阳刚的一面，跋山涉水，视线广阔。有些消费者心仪MPV这一类型的车子，有七座空间，周末可以带着老少一家外出郊游，偶尔要装些东西，它都能够胜任。

还有一部分消费者是那类喜欢驾车追求个性的消费者，他们非跑车莫属，体验极速所带来的快感。

④信赖动机。

这是一种以追求某一品牌的信誉为主要目标的助买动机，其核心是"忠实信赖"。准车主们产生这种心理的因素颇多，有的品牌做工精细、底盘扎实；有的品牌动力强、能源省、效率高；而有的品牌则自始至终都给人一种气宇不凡、雍容华贵的姿态，让人感到凛然不可侵犯。

20世纪90年代初，进口的老皇冠2.8、3.0以及雅阁2.0（第四代）、公爵王、小霸王等，在马路上驰骋穿梭，给国人留下经久耐用的印象，有口皆碑。而国产的捷达、普桑同样在多数人心中也具备"皮实"省油、配件低廉、维修便利的美誉。具备这种购买动机的消费者，多数是在潜意识支配下采取行动。

3. 客户购买动机分析

分析潜在客户的动机应该有4个重要的方面：弄清来意、购买车型、购买角色、购买重点。

（1）弄清来意。

首先，他们到底是来干什么的？顺路的，特意的？有可能。开开眼界的？也有可能。毕竟，这类客户大约占走进4S店的总人数的65%。如果顾客开始仔细地看某一种确定的车型，那么有一些购买的诚意，销售人员要推断其喜欢这个车型的可能原因，无论是他们愿意承认的原因，还是他们不愿意承认的原因，都应该知道。

（2）购买车型。

汽车的种类很多，即便是乘用车，也分很多种。只有了解客户购买的车型才能对症下药，给顾客合理的建议。

汽车是一个种类繁多的大家族，各种汽车有各自不同的用途。因此人们要将它们划分为不同的类型，按使用功能分为轿车、客车、货车、越野车、专用车、自卸车和牵引车等，在此基础上还要根据车型细分，按照我国原国家标准规定，轿车按照发动机排量划分有微型轿车（1升以下）、轻级轿车（1~1.6升）、中级轿车（1.6~2.5升）、中高级轿车（2.5~4升）、高级轿车（4升以上）。

（3）购买角色。

购买角色也是要留心观察的，一起来的三四个人，只有一个才是真正有决策权的人，那么，其他的人是什么角色？是参谋、行家？是司机、秘书，还是朋友？这些都有必要分析。

影响消费者购买的角色可以分为5种：消费的倡导者、决策者、影响者、购买者和使用者。

①消费倡导者，即本人有消费需要或消费意愿，或者认为他人有消费的必要，或者认为其他人进行了某种消费之后可以产生所希望的消费效果，他要倡导别人进行这种形式的消费，这种人即属于消费的倡导者。

②消费决策者，即有权单独或在消费中与其他成员共同作出决策的人。

③消费影响者，即以各种形式影响消费过程的一类人，包括家庭成员、邻居与同事、购物场所的售货员、广告中的模特、消费者所崇拜的名人明星等，甚至素昧平生、萍水相逢的过路人。

④购买决策者，即作出最终购买决定的人。

⑤购买者，即直接购买商品的人。

⑥使用者，即最终使用、消费该商品并得到商品使用价值的人，有时称为"最终消费者""终端消费者""消费体验者"。

（4）购买重点。

购买重点，其实就是每一个客户所不同的那些隐性动机。购买重点还是影响客户作出最终采购决定的重要因素，如果客户的购买重点只是价格，那么车的任何领先的技术对客户来说都没有什么作用；如果客户的购买重点是地位，那么你谈任何优惠的价格等因素对客户也不构成诱惑。所以，了解客户的购买重点是在与其初步建立了信任，通过了第一个阶段的沟通之后的首要目标。

你为什么现在要换手机？因为有微信。也许是的，可能主要是因为最好的朋友都换了，而微信是主要诱因，所以有微信手机的多数用户，其购买重点都是因为周围朋友在使用微信。那么对于购车，也是如此。

一个潜在客户为什么会走进一家专卖越野车的4S店呢？这种客户的购买重点是什么呢？他为什么不买轿车，而买一个越野车？为了搞清楚这些原因，就必须把他的购买重点找出来，问他周围的人买的是什么车，或者是他最好的朋友开什么车。所以，你在介绍你的产品之前要搞明白你的客户对什么车最了解，这对你做销售是非常有用的。如在欧洲市场，三菱"帕杰罗"在打进这个市场的时候，专门针对那些目前驾驶着欧洲豪华车的用户进行分析，

"帕杰罗"通过突出其造型新颖和安全性来赢得潜在客户的关注,所以专门针对那些开奥迪车开了四五年的人,他们的购买重点是想换换新的面貌,所以把这类人的购买重点挖掘出来,表达出这样一种观念:你们开奥迪这么长时间了,奥迪5年前是一款好车,真不错,可是它这么多年没有变过,外形是不是陈旧了呢?再看"帕杰罗"越野车,轿车的感觉是什么?座位比较低吧,那你现在试试"帕杰罗",所有开惯轿车的人坐到越野车上,最明显的感觉就是视野抬高了,一下就觉得视野开阔了。所以体验新鲜感,这是那些对越野车感兴趣的一类客户的购买重点。

真实的购买重点是从哪里发掘出来的呢?下面来看一个例子。

在澳大利亚,一个客户说要买福特车,福特车全都是自动挡的,这个客户来买车时却点名要手排挡的。销售顾问当时询问客户选择手排挡的车是不是因为价格比自动挡的车便宜,他却说钱不是问题,只要把手排挡的车找来,他按自动挡的价格付款。销售顾问当时就很奇怪,这是为什么呀?是不是喜欢加速性能呢?如果不能搞明白客户为什么必须要手排挡的车,销售顾问注定会丢掉这个客户的。是什么原因促使他一定要追求手排挡的车呢?真实的购买重点是需要你问出来的,客户有的时候是不会主动说的。销售顾问问客户:您是专业司机,所以您要手排挡?要加速感觉,要动力性?客户在回答销售顾问的问题时就把真正的目的说出来了。注意,为什么他会说出真正的目的,说"您是专业司机",要注意这一句话很重要,这一句话是让别人向你打开心胸的一句很关键的话。你只说你注重动力性,不足以让他打开自己的内心跟你说,你只有说他很专业,是一个专业司机时,他才会感到很受用。这是在给他尊重,而且表明一个态度,我想向你学东西。你是专业司机,你是不是觉得加速性特别好?客户对销售顾问说:"我不要这个加速性,那都是年轻小伙子追求的,最近一段时间我工作变了,要用车跑很多路,而且都是盘山公路。"销售顾问接着就问,对于盘山公路,用手动车怎么会帮你,是不是上坡有用呀?"上坡是一个方面,但是我更看中的是下坡的时候,万一这个刹车系统失灵了,我可以用手排挡把速度降下来。"他强调说:"对,强制往下降速,就是用手排挡降速,刹车失灵时手排挡可以帮你降速。"例子中的销售顾问当时不知道,一般人也不会想到,一个人要买手排挡的车就冲这个买,而他确实就为了这个原因买。在我们国家的东北地区,也会有客户就喜欢买手排挡车,原因与此类似,因为冬天冰雪路面,自动挡的车子很容易打滑,因此不能使劲踩刹车,最好的降速方法就是用手排挡降速,因此只有了解了客户的购买重点,才能找到合适的解决方案。

案例中的销售顾问面临的问题很棘手,他有两个解决方案:一个是不卖给他,因为在售车型没有手动挡的;另一个方案就是给他一个自动挡的,让他选择。这时候,分析客户的购买重点就很重要了。购买重点也已经出来了,就是他注重安全性,即刹车系统失灵以后的安全性。因此,销售顾问就针对安全性介绍福特车的自检功能,福特车的自检功能不仅检查气囊,检查ABS,还检查一般刹车油的渗漏情况。一旦发现客户有这种需要的时候,就要详细介绍这款车刹车的自检系统是多么完善。好到什么程度呢?好到只要刹车油在较短的时间内下降一毫米,系统就会警告你,就会告诉你刹车油的油压变化,这实际上还不足以满足客户的需求。所以说,抓住购买重点以后,再让客户亲自体验启动时自检的功能所包括的所有项目,然后从客户可以体会到的利益出发来详细地解释,并实际试验,从而打消他所有关于自动挡车的疑虑。

4. 顾客购车的心理模式

汽车产品属于一种特殊的商品，在消费过程中，顾客通过对汽车的调查比较，其心理也有一个变化过程。销售人员需要了解顾客购车的心理变化过程，目的就是能够充分了解和把握顾客的心理变化，针对不同的心理变化阶段，找到不同的应对方式，准确判断顾客处于哪一个阶段，才能把握住制胜的先机。

汽车产品消费心理发展的过程分为15个阶段，掌握并识别顾客处在何种阶段，对销售人员有针对性地调整销售行为会有很大帮助。

（1）无动于衷阶段。

在此阶段，顾客对汽车产品还没有需求。表现为不关心与汽车有关的事件和信息。

（2）心有所动阶段。

顾客由于受某种因素的影响，如周围人的意见，交通不便，造成对工作和生活的影响，提升自身形象和地位的要求，生意的因素等，从而感觉到自己需要一部汽车。所以，开始注意周围人买车用车的情况，包括品牌、车型、价格。

（3）想要购买。

在此阶段，顾客对汽车的占有欲增强，开始幻想拥有汽车后对工作、生活、事业、地位等方面带来的好处和帮助。表现为特别关注与汽车有关的信息。经常参加车展等活动，愿意听别人谈使用汽车的感受。

（4）确定初步投资金额范围。

顾客会根据自己的收入情况和支付能力确定汽车的投资金额范围，但这只是一个参考值。表现为特别关注在设定的投资金额范围内的汽车产品信息。

（5）收集资料。

在此阶段，顾客会对投资金额范围内的汽车产品有一个全面的了解。表现为上网查询或到专卖店了解有关品牌、车型、价格方面的情况，对销售人员的介绍特别留意，并会认真做好记录。

（6）分析比较。

这是购车决策前的一个很重要的步骤。此时，顾客需要对已经了解到的情况有一个明确的判断，缩小选择的范围。其表现为，主动与他们认可的"行家"或买过某款汽车产品的熟人联系，征求相关的意见。此时听到的意见对他们的最终决策影响很大。

（7）找出问题。

在此阶段，顾客通过比较，已经缩小了选择的范围，对汽车产品也有了较多的认识，同时找到了影响购买决策的问题，如产品品质、售后服务、价格等，其表现为，把问题记在产品说明书上或记在专门的记事本上。

（8）求证问题。

顾客通过对问题的求证来验证其判断正确与否，最大限度地降低投资风险，同时确定是否还需要作进一步调查。其表现为，再次回到专卖店或打电话与销售人员联系，了解自己关注的问题。

（9）再次确定投资目标范围。

顾客在充分调查评估的基础上，修正原有的投资目标和条件，进一步缩小投资的范围。

表现为顾客选择的产品目标已经缩小在价格相近、配置相差不大的3~5个品牌的车型上。

（10）再次求证。

顾客希望找出他们比较关注的品牌、车型、销售商与将被排除的品牌、车型、销售商之间的差异。其表现为，顾客所提出的问题已经具有品牌针对性，会较多地把销售人员介绍的品牌与其他品牌进行比较。

（11）确定选择标准。

顾客从最大限度地降低投资风险的角度出发，最终会确定选择品牌、车型、经销商的一个标准。其表现为，此时关注的焦点已经从产品转移到服务上，会特别留意销售商的综合能力。

（12）讨价还价。

顾客根据调查分析的结果，最终选定目标产品。设定最终的投资金额和可让步的底线。其表现为，顾客对价格的要求变得具体，但比较客观，会根据产品的供需状况适时做出调整。

（13）做出决策。

顾客根据销售人员的条件和自己的选择标准最终做出取舍。其表现为，顾客与销售人员签订购车合同，交付定金。

（14）满足。

这是顾客最幸福的时刻，占有欲得到了充分满足，满足感增强了。其表现为，喜欢开着车在熟人面前展示，希望得到别人的好评。

（15）恢复平和心境。

经过一段时间的喜悦后，占有欲望得到了完全满足，新鲜感已经退去，心态已经平和，对汽车产品的认识也逐渐开始变得客观。其表现为，开始对使用中出现的问题表示不满，甚至愤慨，但短时间内不会在其他人面前说这款车性能不好、有质量问题。

对于绝大多数顾客而言，从萌生购车的想法到最终掏钱买车，是一个心理渐进发展、占有欲望不断强化、购买目标逐步明确的过程。在这个过程中，顾客逐渐确定了符合他们购车目标的选车标准，即选什么样的品牌、选哪一款车、选什么样的销售商。这个过程从阶段（4）到阶段（11），需要经过8个阶段的心理变化与调整。可见，要获得一个顾客是很不容易的，培养一个忠诚的顾客就更难了，但是，丢掉一个顾客却是非常容易的事。所以，销售人员在销售的每一个阶段都不可掉以轻心。

二、客户类型

1. 理智稳健型客户

（1）特征。

①顾客严肃冷静，遇事沉着。

②独立思考，不愿别人介入。

③对导购员的讲解认真聆听。

④有时会提出问题和自己的看法。

⑤作出购买决定以对商品的了解为依据。

⑥善于比较挑选，不急于作决定。

（2）对策。

对这类客户，销售人员最好从熟悉产品特点着手，多方分析、比较、论证、提示，循循善诱。使客户全面了解产品利益所在，以期获得他们的支持。销售员的建议只有经过他们理智的分析思考，才有被接受的可能；反之，若拿不出有力的事实依据并耐心地说服讲解，推销是不会成功的。

2. 优柔寡断型客户

（1）特征。

①对是否购买犹豫不决。

②对产品性能、价格等反复比较，难以取舍。

③顾客外表温和，却总是瞻前顾后，举棋不定。

（2）对策。

对这类客户，销售人员要找出他们对自己的决定感到不安的原因，才能提出解决的对策，销售人员要取得对方的完全信任，就必须拿出证据。如关于厂家和产品的新闻报道、名人使用的事迹、照片、用户来信反馈、权威部门的认可报告等。而且销售人员要有足够的耐心与其周旋。同时可提出一些优惠条件供对方选择考虑。

3. 自我吹嘘型客户

（1）特征。

此类客户虚荣心很强，喜欢在别人面前炫耀自己见多识广，喜欢高谈阔论，不肯接受他人的劝告。例如，会说"我和你们经理很熟""我如何如何"等。

（2）对策。

与这类客户进行销售的秘诀是，从他自己熟悉的事物中寻找话题，适当利用请求的语气。在这种人面前，销售人员最好是当一个"忠实的听众"，津津有味地对对方称"好"道"是"，且表现出一种钦佩的神情，彻底满足对方的虚荣心。这样一来，对方则较难拒绝销售人员的建议。

4. 豪放果断型客户

（1）特征。

这类客户多半乐观开朗，不喜欢婆婆妈妈、拖泥带水的做法，决断力强，办事干脆豪放，说一不二，慷慨坦诚，但往往缺乏耐心，容易感情用事，有时会轻率马虎。

（2）对策。

与这类客户交往时，销售人员必须掌握火候，使对方懂得攀亲交友胜于买卖，介绍时干脆利落。简明扼要地讲清你的销售建议，让对方决定"买还是不买"，不必绕弯子。对方基于性格和所处的场合，肯定会干脆利落地答复。

5. 喋喋不休型客户

（1）特征。

这类客户喜欢凭借自己的经验和主观意志判断事物，不易接受别人的观点。一旦开口，便滔滔不绝，没完没了，口若悬河。

（2）对策。

对这类客户，销售人员要有足够的耐心和控制能力。在他叙述评论兴致正高时引入销售的话题，使之围绕销售建议而展开。当客户情绪激昂，高谈阔论时，要给予合理的时间，切不可在客户处于谈兴高潮时贸然制止，否则，会使对方产生怨意。越想急切地向对方说明，越会带来逆反作用。一旦双方的销售协议进入正题，销售人员就可任其发挥，直到对方接受你的建议为止。

应该充分了解到向客户问问题的好处。其实，通过沟通中的提问，可以掌握大量的客户信息，要对这些客户信息作有效充分的处理，才可能有效地利用这些信息。

6. 沉默寡言型客户

（1）特征。

此类客户金口难开，沉默寡言，性格内向，销售人员问他们问题，常常听而不答，不轻易说出自己的看法，销售人员难以知道其内心的想法和感受。

（2）对策。

对待这种客户，销售人员一定要表现出诚实和稳重，特别注意谈话的态度、方式和表情。争取给对方良好的第一印象。应避免讲得过多，尽量使对方有讲话的机会和体验的时间，着重以逻辑启发的方式劝说对方。详细说明产品的使用价值和利益所在，引起他们的购买欲望，加强他们的购买信心。

7. 吹毛求疵型客户

（1）特征。

这种客户疑心重，片面地认为销售人员只会夸张地介绍产品的优点，并且尽可能地掩饰产品的缺点和不足，因而担心上当受骗，喜欢"鸡蛋里挑骨头"，常常当面和销售人员争论一番。

（2）对策。

与这类客户打交道，销售人员一定要注意满足对方争强好胜的习惯，请其批评指教，让他发表自己的意见和看法。这类客户往往十分相信权威的东西，千万不可指责此类客户，要把握话题，介绍权威的东西。

8. 情感冲动型客户

（1）特征。

情感冲动型客户对事物的变化反应敏感，习惯于感情用事，情绪表现不够稳定，容易偏激，稍受外界刺激便为所欲为，对后果考虑不足，对自己的原有主张和承诺，都可能因一时的冲动而推翻。即使在临近成交时，也有可能突然变卦。

（2）对策。

对此类客户，销售人员应该提供有力的说服证据，强调给对方带来的利益和方便，不断督促对方作出购买决定。

9. 圆滑难缠型客户

（1）特征。

这种类型的客户好强且顽固，不易改变初衷，在与销售人员面谈时，先向你索要资料，继而找借口拖延，还会声称已有公司正与他洽谈，以观察销售人员的反应。倘若销售人员经验不足，因担心失去客户，往往会主动降价或提出更优惠的成交条件。

(2) 对策。

针对这类客户，销售人员要预先洞察客户的真实意图和购买动机，沟通时要强调购买的利益和产品优势，加以适当的引诱，由于这类客户对销售人员缺乏信任，不容易接近，有时会以自己的意志强加于人，容易为区区小事与销售人员争执不下。销售人员预先要有受冷遇的心理准备。在洽谈时，他们会毫不客气地指出产品的缺陷。所以销售人员必须预先准备好详细的证明和资料，另外，这类客户在成交时往往会提出额外的要求，因此销售人员事先必须准备好交易条件。

任务 3-2　需求分析方法

学习目标

1. 能够正确说明需求分析的内容；
2. 能够正确说明需求分析的方法。

任务分析

客户的需求是什么？走进4S店的潜在客户绝对不会首先跟你谈他们的问题，如果你无法顺利通过获得客户信任的阶段，你将无法准确分析出客户有没有车。或者目前驾驶的车所引发的问题、困惑、烦恼，那么，实际上你还是无法成功赢得客户。所有人的本能倾向是回避问题，不情愿承认自己有解决不了的问题和烦恼。中国有成语为证，"讳疾忌医"就是这个道理。回避问题并不等于问题得到了有效的解决。作为高超的销售顾问，是绝对不能立刻指出所看到的客户的问题的。因为，人们既然不喜欢自己承认有问题，就更不愿意别人为他们指出问题。因此，需要绝对高超的销售技能，既要显示你完全可以协助客户解决他们的困惑，又不能让他们知道你完全了解他们的困惑。需求分析就是需要的提问、倾听、反馈，为客户提供专业的解决方案。

相关知识

一、了解客户的需求

1. 为什么要进行需求分析

需求分析对于汽车销售而言，是非常重要的一个环节。可以说汽车销售的成败，决胜于需求分析。需求分析的目的是什么？绝不仅仅是发现顾客的需求，满足顾客的需求。而是要强化顾客的需求，强化、强化、再强化。让他的需求变得强烈起来。让他认为这个问题不能再拖了，一定要马上解决。让他觉得解决这个问题最好的方案就是你提供的这个产品。

今天的销售是以客户为中心的顾问式销售，是在市场竞争非常激烈的情况下进行的，所以，人们不能再像以前那样采取"黄瓜敲锣——一锤子买卖"的做法，而要给客户提供一款适合他的需要的车型，因此销售人员要了解客户的购买动机，对他的需求进行分析。

2. 冰山理论——显性和隐性

在汽车销售流程理论里有这么一种说法，把表面的现象称为显性的问题，也叫显性的动机；还有一种隐藏着的东西，叫做隐性的动机。人们在冰山理论里经常会提到显性和隐性的部分：一个是在水面以上的部分，还有一个是在水面以下的部分。水面以上的部分是显性的，就是客户自己知道的、能表达出来的那一部分；水面以下的是隐藏着的那一部分，就是有的客户连他自己的需求是什么都不清楚，例如，某客户打算花10万元钱买车，可是他不知道该买什么样的车，这个时候销售人员就要去帮助他解决这些问题。销售人员既要了解客户的显性需求，也要了解他的隐性需求，这样才能正确地分析客户的需求。

【案例】

案例1

个人爱好与实际需求

有一天，一位客户到某专营店来买车，他在展厅里仔细地看了一款多功能的SUV车，该公司的销售人员热情地接待了他，并且对这位客户所感兴趣的问题也做了详细的介绍，之后，这位客户很爽快地说马上就买。他接着还说，之所以想买这款SUV车，是因为他特别喜欢郊游，喜欢出去钓鱼。这是他的一个爱好，他很早以前就一直想这么做，但是因为工作忙，没时间，现在他自己开了一家公司，已经经营一段时间了，但总的来说还处于发展阶段，现在积累了一点钱，想改善一下。

当时客户和销售人员谈语的气氛比较融洽，要是按照以前的做法，销售人员不会多说，直接签合同、交定金，这个销售活动就结束了。但是这名销售人员没这么简单地下定论，他继续与这个客户聊，通过了解客户的行业，他发现了一个问题。

这位客户是做工程的，他业务的来源是他的一位客户。他的客户一到这个地方来，他就去接他，而跟他一起去接他的客户的还有他的一个竞争对手。这位客户过去没车，而他的竞争对手有一辆北京吉普——切诺基，人家开着车去接，而他只能找个干净一点的出租汽车去接。他的想法是，不管接到接不到，一定要表示自己的诚意。结果每次来接的时候，他的客户都上他这辆出租车，而没去坐那辆切诺基。这位客户并不知道其中的原因。但这名销售人员感觉到这里面肯定有问题，销售人员就帮助这位客户分析为什么他的客户总是上他的出租汽车，而不上竞争对手的切诺基呢？

销售人员问："是因为您的客户对你们两个人厚此薄彼吗？"

他说："不是的，有的时候，我的客户给竞争对手的工程比给我的还多；有的时候，给他的是肉，给我的是骨头。"

这名销售人员分析以后发现，他那位客户尽管是一视同仁，但实际上他有一种虚荣心，不喜欢坐吉普车而喜欢坐轿车，出租车毕竟是轿车。于是这位销售人员就把这种想法分析给这位客户听。

销售人员说："我认为，您现在买这辆SUV车不合适，您的客户来了以后，一辆切诺基，一辆SUV，上哪个车脸上都挂不住。以前一个是吉普，一个是出租，他会有这种感觉，毕竟出租车是轿车。到那个时候，万一您的客户自己打车走了，怎么办？"

这位客户想想有道理。然后这名销售人员又给他分析，说："我认为，根据您的这种情况,您现在还不能买SUV。您买SUV是在消费,因为您买这辆车只满足了您的个人爱好,对您的工作没有什么帮助。我建议您现在还是进行投资比较好,SUV的价格在18万元到20万元之间,在这种情况下,我建议您还是花同样多的钱去买一辆自用车,也就是我们常说的轿车,您用新买的轿车去接您的朋友和您的客户,那不是更好吗?"

这位客户越听越有道理,他说:"好吧,我听你的。"他之所以听从销售人员的建议,是因为从客户的角度来讲,销售人员不是眼睛只看着客户口袋里的钱,而是在为客户着想。他说:"我做了这么多年的业务了,都是人家骗我的钱,我还没遇到过一个我买车,他不卖给我,而给我介绍另外一款车的情况,还跟我说买这款车是投资,买那款车是消费,把利害关系分析给我听,这个买卖的决定权在我,我觉得你分析得有道理。确实是这种情况,按照我公司现在的水平,还不具备消费的那种水平。"于是他听从这名销售人员的建议,买了一款同等价位左右的轿车,很开心地把这个车开走了。

在开走之前,那位客户对销售人员说:"非常感谢你,我差点就买了一辆我不需要的车,差点白花了这20万元,还不起作用。"他连连道谢。

这名销售人员很会说话:"先生,您不用对我客气,您要是谢我的话,就多介绍几个朋友来我这儿买车,这就是对我最大的感谢。"

这位客户说:"你放心,我一定会帮你介绍的。"

果然,没过多长时间,他亲自开车带了一个朋友李某来找那位销售人员。经过介绍,大家一聊,销售人员不是问李某买什么车,而是问买什么样的车,买车做什么用,是从事哪个行业的,这几个问题一问,李某觉得这名销售人员很会为客户着想,于是就在这儿买了一辆车。

这位销售人员还是用同样的方法跟李某说:"您买了这辆车以后,如果觉得好,就给我在外边多宣传,多美言两句。"

李某说:"好,我们王兄就是在你这儿买的车,我就是他介绍来的。现在我也很满意,我也会给你介绍的。"下面肯定也会有这样的事情发生,因为李某也有他的朋友社交圈。

半年以后,第一位客户又来找这名销售人员。他说:"我找你,是来圆我的那个心愿的。"

这名销售人员一听就乐了,他是来买那辆SUV的。

以客户为中心的顾问式销售使这位销售人员在半年之内卖了三辆车。

如果汽车公司都像以前那样,只做一锤子买卖,客户可能当时购买了,回去以后发现不对,就再也不会上门购买了,也不会介绍他的朋友前来购买。所以,学习汽车销售的流程和规范,目的就是要解决这些问题,就是要把握客户的满意度,就是要与客户成为朋友,拉近与客户的距离,取得客户的信任,这样,客户再次买车的时候就会来找你。

案例2

老太太买水果

情景一:

一天早晨,一位老太太去市场买水果,其实她也不知道买什么,就到市场上先转转。看到合适的再说。老太太碰到第一个小贩A,小贩A很热情,看到老太太,老远就打招呼:"要不要买一些水果?"老太太动心了,蹲下来看看。

小贩A一看,就更热心了,"我的李子又大又甜又红,好看又好吃,不管自己吃还是送人都不错。"老太太拿了一个尝了尝，确实像小贩 A 自己说的那样。但是老太太却不满意，摇摇头走了。小贩很疑惑，因为自己的李子是人见人爱，更何况老太太自己还尝了一个呢。

情景二：

老太太没有买到称心的水果，继续在市场上转悠，遇到小贩 B，小贩 B 也很热情，"老人家买点什么水果回去吃？""我想买李子。"

"我这李子有好几种，有酸的、有甜的、有大的、有小的，您要哪一种？我帮您一起挑。"

"我要买酸一点的。"

"我这边都是酸的，看看合不合您的口味？"

老太太尝了一个，酸到眉头都皱起来了。但越是如此，她越高兴，她马上让小贩给称了一斤①。

情景三：

老太太没有马上回家，除了李子，她还想买一些其他水果回家。于是遇到了第三个小贩 C："阿姨，想买点什么水果呢？"

老太太想了一下，感觉一斤水果太少了，于是决定再买一些。"我想买李子。"

"您要什么样的李子呢？"

"我要酸李子。"

"咦，酸李子我这有。但是我很奇怪，别人都喜欢吃甜李子，您为什么要吃酸李子呢？"

"哦，是啊，我的儿媳妇怀孕了，想吃酸的，我就买酸李子给她吃。"

"阿姨，您对您儿媳妇真好。她想吃酸的，就说明她想给您生个孙子，您如果天天给她酸的吃，说不定真给您生个大胖孙子呢。"

老太太听了，满脸的皱纹都绽放了，笑得很开心。小贩继续说："我看过一些杂志，孕妇最需要维生素 C 了，您知道什么水果含有维生素 C 最多吗？"

"是什么啊？这是新科学，我们老人家不懂，您就告诉我吧！"

"是猕猴桃，猕猴桃含有维生素 C 在水果中是最高的。"

老太太听了很高兴，李子和猕猴桃各称了一斤。

案例 3

上海大众了解并判别顾客需求的标准

在接待过程中，销售顾问掌握客户的背景信息，寻找客户感兴趣的话题。

销售顾问进行有效提问，引导客户说明其购车需求，收集对自己有用的信息（如购车预算、对车辆的关注点等）。

询问客户的用车经验，若为换购客户，则介绍经销商二手车置换业务，探询客户的置换购车意向。

询问客户的购车预算，分析客户的收入水平，介绍经销商的信贷业务，探询客户使用消费信贷购车的意向。

---

① 1 斤 = 500 克。

二、提问

1. 提问的方式

根据提问的角度，可以简要地把问题分为两大类：开放式的问题和封闭式的问题。

（1）开放式的问题。

开放式的问题就是为引导对方能自由启口而选定的话题。如果你想多了解一些客户的需求，就要多提一些开放式的问题。能体现开放式的问题的疑问词有："什么""哪里""告诉""怎样""为什么""谈谈"等。

开放式询问的问题包括5W2H：

Who——购买者、决策者、影响人等。

When——购买的时间等。

Where——购买的地点、了解信息的渠道。

What——意向购买的车型或服务等，感兴趣的配备或特性。

Why——主要需求等，例如用途、使用方式。

How——购买的方式、付款的方式。

How much——客户的预算和支付能力。

（2）封闭式的问题。

封闭式的问题是指为引导谈话的主题，由提问者选定特定的话题，希望对方的回答在限定的范围内。封闭式的问题经常体现在"能不能""对吗""是不是""会不会""多久"等疑问词之间。

如果你想获得一些更加具体的资料和信息，就需要对客户提出封闭式的问题，这样才能让客户确认你是否理解了他的意思。但是在电话销售中，如果你问了很多封闭式的问题，这会给客户造成一种压力，同时也不利于你收集信息。所以在前期了解客户的需求时，应多问一些开放式的问题，以便让客户能够自由、毫无拘束地回答，这样才更有可能使你从中获得有用的信息，找到新的商机。

2. 问题的类型

在你跟客户交流时，需要提问客户一些问题，而这些问题可以分为以下8类。

（1）判断客户的资格。

根据自己的销售目标，向客户提出一些特定的问题，通过对方的回答来确定他究竟是不是符合你的目标。例如，可以提问这样的问题："买车是您自己开吗？"

（2）客户对系统或服务的需求。

根据客户表现的需求意向，用封闭式的提问来进一步明确客户的需求，并尽可能多地获得其他所需的信息。提问的问题可以是："安全、舒适和易操控，哪一点对您来讲最重要？"

（3）决策。

用委婉的口气提问，确定客户方的决策人是谁。要让客户乐于回答你的问题，直截了当地问客户"您决定买什么车？"显然，这并不是一种好的提问方式。如果您换一种方式问："除了您之外，还有谁参与这个决策呢？"客户觉得自己受到重视，事情的进展自然就会相对顺利一些。

（4）预算。

为了能成功地推销出自己的产品，你要了解客户方的预算。如果客户的预算较低，而你却向他推销高档产品，成功的概率相应地就会很低，反之亦然。这里可能有一些困难，因为客户一般都不愿意把他的预算告诉你，你可以从其他的项目谈起，逐步地诱导其透露一些预算的问题。

（5）竞争对手。

提问竞争对手信息的最佳时机是当客户提到竞争对手的时候，不要自己主动地提问有关竞争对手的信息。在客户提起时，注意了解竞争对手的信息，分析其优势和劣势。如果客户认为竞争对手的不足正是你的强项，下次谈时要突出竞争对手的不足正是你的强项，以此来吸引客户，成功的可能性就会很大。

（6）时间期限。

了解客户对需求的时间限制，有利于你进一步制定销售策略。假如对方以不确定来回答，那么很可能是他还没有真正决定要跟你合作。这时你要进一步去引导他，比如暗示他尽快做出购买决定的好处和延迟的不利影响，让客户尽快地作出合作的决定。

（7）成交。

也就是引导客户作出达成生意的决策。在恰当时，例如客户的满意度很高或情绪很好时，你可以主动地建议客户，完成签字手续，达成生意。

（8）向客户提供自己的信息。

3. 提问的技巧

用恰当的方式把有利于自己的信息传递给客户，让客户感到购买你的产品是一个正确的决定，提高客户的满意度，这些对你日后的销售工作可能会有很大的帮助。

提问的技巧具体分为以下4个方面。

（1）前奏。

前奏就是告诉客户，回答你的问题是必要的，或至少是没有坏处的。如果你要提出客户可能不愿回答的敏感问题，运用一个前奏就能有望改变客户的想法。例如提问客户的项目预算，一般的客户都是不愿意告诉你的。这时你可以加一个这样的前奏："为了给您推荐一个最适合的方案，我想知道这个项目大概的投资水平在怎样的范围内呢？"通过前奏就能有效地提醒客户，让我了解项目预算是必要的，客户就有正面回答的可能性。

（2）反问。

如果客户向你提出问题，而你却不知道怎样回答，这时你有两种方式可以选择：实事求是，切忌不懂装懂；反过来提问客户，让客户说出他是怎样看待这个问题的，这通常就是他希望得到的回答，你也就正好可以据此投其所好。

（3）沉默。

如果在通话过程中出现了长时间的沉默，这当然会造成很尴尬的局面。但是适当的沉默也是十分必要的。例如向客户提问后，保持一小段时间的沉默，正好能给客户提供必要的思考时间。

（4）同一时间只问一个问题。

通常你可能需要同时提出几个问题要对方回答，而他往往只会记得其中的一个，或觉得

无从谈起。所以同一时间只问一个问题才是最好的选择。

【案例】

上海大众需求分析技巧

以轻松交流、寒暄的方式来获取客户的需求信息,而非盘问式。

提问的技巧。

1. 开放式和封闭式交叉运用

方法:获取信息时多用开放式问题;确认信息时多用封闭式问题。

2. 肯定式的提问

范例:您是开桑塔纳来我们展厅的,是吗?

3. 启发式的提问

范例:您觉得是安全重要,还是省油重要?

4. 反问式的提问

范例:您为什么这样认为?

5. 刺激性的提问

范例:您是这方面的行家,您认为呢?

三、倾听

了解客户的需求是一种崭新的观念,是以客户为中心的基础,以这种观点和理念进行销售,你会取得更长远的、更好的效果。在与客户接触的时候,一方面是问,还有一方面就是听。可能有的人会说,听有什么难的?其实,听也有讲究。你会不会听,你自己没感觉,客户知道。如果你在很好地听他讲,客户认为你很尊重他;如果客户在讲,你三心二意,客户会认为你不尊重他。销售人员的目的是让客户尽快地购买,所以每一个环节你都要处理好,其中之一就是要会聆听。

1. 听的两种类型

(1) 主动地听。

客户要买车,他需要买什么样的车,有什么样的顾虑,有什么样的要求,他都想告诉销售人员,让销售人员给他参谋。可是他发现你没有仔细听他讲,那他就会心生不满,后果可想而知。

(2) 被动地听。

人们会主动去听与自己切身利益有关的信息,还有一种是被动地听,被动地听实际上是一种假象,例如很多单位领导在台上讲话,员工就在下面装听,这种听法就是被动地听。

【案例】

案例1

在生活中,人们遇到过这种情况。大家在一起谈业务,你在说时,对方跟着你说话的内容点头或说"是",这个时候你会感觉他在听。可是当你讲完的时候,他睁大眼睛问你:"你刚才说什么?"那就说明他心不在焉,他表面上装作在听,但是一旦让他表态的时候,他不知道你刚才说了什么。

案例2

有一位领导在台上做报告，时间一长，台下有打瞌睡的、聊天的，还有看报的、做私活的；等等，这个领导也知道，但是他没办法。他发现有一个小伙子埋头拿着本子在记，从头至尾就没说什么话。"啊！这个小伙子不错。"他心里这么想，而等这个报告做完了，大家都散会了。他想，这个小伙子在笔记本上到底记了什么啊，他要看一看，要把这个小伙子的这种行为告诉大家，让大家都向这个小伙子学习。这个小伙子刚离开座位没多远，他走过去，拍拍小伙子的肩膀："小伙子，你今天表现很好，来，让我看看你的笔记本。"那个小伙子一愣，没反应过来，笔记本已经被这位领导拿去了。小伙子的脸"刷"地一下子红了。打开本子一看，上面写着"王八蛋"，从第一页一直写到后面，这个领导气得脸都青了。

案例3

某汽车公司的销售人员小赵正在接待一位女客户，这位女客户与他谈得非常愉快，谈着谈着，就到了定金先付多少这个话题上了。这位客户说："我看看我包里带了多少钱，如果带得多，我就多付点，如果带得少，我就少付点，我凑凑看，能凑两万元，我就把两万元全付了。"

这位客户一边打开包整理钱，一边说话。因为这件事情基本上已经定下来了，她很开心，就把她家里的事情说出来了，主要是说她儿子考大学的事情。而这名销售人员在旁边一句也没听进去。

这时又过来一名销售人员，就问他，："小赵，昨天晚上的那场足球赛你看了没有？"

小赵也是个球迷，两个人就开始在那里聊起昨天晚上的那场足球赛了，把客户晾在了一边。这位女客户愣了一会儿，把拉链一拉，掉头走了。

小赵感觉不对劲，他说："这位女士，刚才您不是说要签合同的吗？"

这位女客户一边走一边说："我还要再考虑考虑。"

他说："那您大概什么时候过来啊？"

"大概下午吧。"他也没办法，只能看着她走了。

到了下午三点钟，这位客户还没来，他一个电话拨过去，接电话的人说："你要找我们总经理呀，你就是上午接待我们杨总的那位销售人员吧。"

销售人员说："是呀。她说好下午要来的。"

对方说："我是上午送杨总过去的驾驶员。你就别想了，我们老板不会在你那儿买车了。"

小赵问："为什么呀？"

对方说："为什么？你不知道啊，我坐在旁边都替你着急。我告诉你，我们杨总她儿子考上名牌大学了，她不仅在我们公司这么讲，只要一开心，她见谁跟谁说。而你在那边聊足球，把她晾到旁边了，你没发现这个问题吧？"

这名销售人员听了之后就傻了，"煮熟的鸭子"飞了。所以聆听是有很多学问在里边的。

2. 听的方法

销售人员在了解客户的需求、认真倾听的过程中还要注意一些方法。

（1）注意与客户的距离。

有的客户很敏感，人与人之间的距离也是很微妙的，那么，什么距离客户才会有安全感呢？当一个人的视线能够看到一个完完整整的人，上面能看到头部，下面能看到脚，这个时候，这个人感觉是安全的。

心理学里基本的安全感就出自这个角度。如果说你与客户谈话时，双方还没有取得信任，马上走得很近，对方会有一种自然的抗拒、抵触心理。在心理学里边曾经有过这样的案例，当一个人对另一个人反感的时候，他连对方身体散发出来的味道都讨厌；当这个人对对方有好感的时候，他觉得对方身体散发出来的味道是香味。所以，当客户觉得不讨厌你的时候，他会很乐于与你沟通，比如前面案例中的那个女客户，会把她家里私人的事情告诉别人，这是很正常的。

（2）注意与客户交流的技巧。

①认同对方的观点。

销售人员要认同对方的观点，不管对方是否正确，只要与买车没有什么原则上的冲突，就没有必要去否定他。你可以说："对，您说得有道理。"同时还要点头、微笑，还要说"是"。这样客户才会感觉到你和蔼可亲，特别是"那是啊"这三个字要经常挂在嘴边，这三个字说出来，能让对方在心理上感觉非常轻松，感觉到你很认同他。

【案例】

一天，某客户来店后一直在查看一辆车，看完以后，这位客户说："咦，这一款车的轮毂好像比其他的车要大一些。"

这个时候你就要抓住这个机会美言他了。因为现在轿车的发展方向都是大轮毂。大家从车展上可以看出，从2003年的广州车展、北京车展上都能看到，一些新推出来的车型都是大轮毂，轮胎与地面的接触距离很短，所以这是一种潮流、一种趋势。

销售人员可以说："哎呀，您观察得真是很仔细啊。"

这样一说，客户会很高兴。这个时候客户还会说："我听说大轮毂一般都是高档轿车，甚至是运动型的跑车才会配备。"

这时候，销售人员又可以美言几句了："哎呀，您真不愧是一个专家啊，我们有很多销售人员真的还不如您啊。"

通过这两次赞美，客户彻底消除了疑虑，这个时候就很容易拉近彼此间的距离，与客户越谈越融洽，就能顺利地进入销售的下一环节。

②善意应用心理学。

作为销售人员，掌握心理学是非常重要的。从心理学的角度上讲，两个人要想成为朋友，一个人会把自己心里的秘密告诉另一个人，达到这种熟悉程度需要多少时间呢？权威机构在世界范围内调查的结果是：最少需要一个月。

再看看销售人员的周围，销售人员都有第一次进入新公司的经历。作为新员工，和老员工交流、熟悉，即使天天在一起上班，能够达到互相之间把自己内心的一些秘密告诉对方所需要的时间可能还不止一个月。销售人员与客户之间的关系要想在客户到店里来的短短几十分钟里确立巩固，显然是很不容易的。在这种情况下，销售人员要赢得客户，不仅是技巧的问题，还应适当地掌握心理学的知识。

运用心理学进行销售时，销售人员要本着以客户为中心的顾问式销售的原则，本着对客户的需求进行分析的原则，本着对客户的购买负责任的态度，本着给客户提供一款适合客户需求的汽车的目的，绝不能运用心理学欺骗客户。

案例1

一个公司的老总来到某专营店，他想给主管销售的副总配一辆车。他看了一款车后觉得很不错，价格方面也没问题。这时销售人员说："既然你都满意了，那我们就可以办手续了。"

这位老板说："等一下，我还得回去，再征求一下别人的意见。"

这名销售人员就想："这个时候不能放他回去，一旦放他回去，什么事情都会发生，万一半路杀出个程咬金，就会把这个客户劫走了。怎么办？"

这名销售人员就开始问他："是不是我哪个地方没有说好，我哪个地方介绍得不够，还是我的服务不好？"这个地方他正是运用了心理学。

客户老总一听这位销售人员讲这样的话，就说："跟你没关系，你介绍得很好，主要是因为这个车不是我开，是给我的一个销售副总配的，我也不知道他喜欢不喜欢这个车。"

后来销售人员又深入了解了情况，发现那位销售副总刚拿驾照，驾车技术也不是太好，但是从事销售工作业务很多，电话也很多。所以他就跟这位老总说："我觉得给你推荐这款车很合适，这款车是自动挡的，在电话多的情况下不用换挡，接电话、遇红灯时，踩刹车就可以了，车也不会熄火。"

这位老总一听："真的吗？"其实，他也不会开车，销售人员到后面开出一辆自动挡车，让他坐上去亲身体验一下。

销售人员说："你看，前面有红灯了，你又在接电话，你踩刹车，看这辆车会不会熄火？"

他一踩刹车，车停下来了，没有熄火；刹车一松，车又继续往前走了。客户说："这辆车不错，我要的就是这款车。"

这就是帮助客户解决疑难问题，客户的问题解决了，交易也达成了。

案例2

上海大众明确并适当引导客户需求标准

根据需求分析清单询问具体的问题，确定客户的需要，站在客户需求和预算的立场考虑销售方案。

倾听客户表达的信息，注意细节，注意客户潜在的需求；征求客户的同意后记录客户的信息。

利用置换、信贷等增值服务，积极促进客户的购买意向，引导并提升其购买需求。

使用需求分析法，提供专业的购车咨询服务，并在整个过程中不断更新客户需求的相关信息。

需求分析结束之后要进行总结，比如："李先生，刚才跟您沟通了这么多，谢谢您的反馈。我总结一下，您现在想购买一款新车，主要是家庭用途，比较看重动力性和操控性。如果车型满意，也可以考虑置换现在手头的那辆桑塔纳。您看，还有什么遗漏的？"

案例 3

需求分析清单

需求分析清单如表 3-1 所示,应配合客户管理卡使用,在与客户接触商洽过程中,应不断完善和更新客户的信息和需求,并据此作出合理的判断,促进成交过程。

表 3-1 需求分析清单

有关现用车	（1）您目前开的是什么车？使用了多长时间？ （2）您想换一辆比你目前车辆大一些还是小一些的车？ （3）为什么您想更换车辆？ （4）您最喜欢您目前车辆的哪一点？ （5）您最不喜欢您目前车辆的哪一点？	□外观 □内饰 □空间 □动力 □操控 □安全 □经济 □舒适 □其他： □外观 □内饰 □空间 □动力 □操控 □安全 □经济 □舒适 □其他：
有关新购车	（6）您有特别中意的车吗？了解过哪些车型？ （7）您将购买的新车是商用还是个人使用？请说明您将如何使用新车。 （8）用车频率如何？什么时候需要？ （9）您认为新车应当具备什么特点？ （10）对于您的购买决定来说，有什么其他重要因素吗？	□商用 □公务 □个人 用车频率：□每日使用 □每周使用 □定期使用 □其他： 购车时间：
关于购车过程	（11）您是想留下目前的车，还是想以旧换新？ （12）您目前的车是全额现金购买的，还是租借的，或是贷款购买的？ （13）您买车是分期付款吗？金额是多少？ （14）您考虑的是哪个价格档次？ （15）您考虑的付款方式是哪种？	□10万元以下 □10万~15万元 □15万~20万元 □20万~25万元 □25万~30万元 □30万元以上
有关客户背景	（16）家庭情况_____。 （17）业余爱好_____。 （18）联系方式_____。 （19）与上海大众的接触经验_____。 （20）其他	

任务实施与评价

需求分析

班级学号		姓名	

任务描述：
每两名同学一组，模拟汽车销售，一名同学从已学习的客户类型中选择一种扮演，另一名同学扮演汽车销售顾问，对来店客户进行需求分析。
注重客户的类型；

续表

| 班级学号 | | 姓名 | |

提问的顺序和内容，倾听并认同客户；
总结客户需求；
小组总结，派一名代表汇报。
任务实施：
扮演的客户类型：
需求分析话术：
自我评价（个人技能掌握程度）：□非常熟练　□比较熟练　□一般熟练　□不熟练

教师评语：（包括任务实施态度、完成状况、可行性等方面，并按等级制给出成绩）

成绩＿＿＿＿分　　教师签字：＿＿＿＿＿　　＿＿＿＿年＿＿月＿＿日

思考与练习

1. 思考题

（1）理智稳健型客户的特征是什么？应采取哪些应对措施？
（2）需求分析提问的内容有哪些？
（3）需求分析倾听有哪些技巧？
（4）当你遇见优柔寡断型客户，你会如何应对？
（5）用恰当的方式把有利于自己的信息传递给客户，你觉得提问需要什么技巧？
（6）请说明5W2H都包括什么？
（7）简述购买重点。

2. 选择题

（1）消费者以追求独特创意、彰显出众品质及欣赏价值和艺术价值为主的购买动机是（　　）。

A. 求名动机　　　B. 求美动机　　　C. 求新动机　　　D. 攀比动机

（2）分析潜在客户的动机，以下哪个方面最重要（　　）。

A. 弄清来意　　　B. 购买车型　　　C. 购买角色　　　D. 购买重点

（3）影响消费者购买的角色可以分为以下哪几种（　　）。

A. 消费的倡导者　B. 决策者　　　　C. 影响者　　　　D. 购买者和使用者

（4）理智稳健型客户的特征（　　）。

A. 顾客严肃冷静，遇事沉着　　　　B. 独立思考，不愿别人介入
C. 对导购员的讲解认真聆听　　　　D. 有时会提出问题和自己的看法

（5）常见的客户类型有哪些（　　）。

A. 自我吹嘘型　　B. 喋喋不休型　　C. 自我解嘲型　　D. 豪放果断型

（6）每一个客户所不同的那些隐性动机是（　　）。

A. 购买角色　　　　B. 购买重点　　　　C. 购买车型　　　　D. 弄清来意

（7）需求特征细分显著的表现（　　）。

A. 据心理需要伸缩　B. 因个人观念而异　C. 随经济条件发展　D. 受环境影响转变

（8）购买动机分为（　　）。

A. 精神购买动机　　B. 理智购买动机　　C. 感情购买动机　　D. 心理购买动机

（9）理智购车动机是（　　）。

A. 便宜动机　　　　B. 实用动机　　　　C. 攀比动机　　　　D. 求新动机

（10）客户购买动机分析分为（　　）。

A. 弄清来意　　　　B. 购买车型　　　　C. 购买角色　　　　D. 购买重点

3. 判断题

（　）（1）购买重点，其实就是每一个客户所不同的那些隐性动机。购买重点还是影响客户作出最终采购决定的重要因素。

（　）（2）如果在通话过程中出现了长时间的沉默，这当然会造成很尴尬的局面。但是适当的沉默也是十分必要的。

（　）（3）在与客户接触的时候，一方面是问，还有一方面就是听。

（　）（4）情感冲动型客户对事物的变化反应敏感，习惯于感情用事，情绪表现不够稳定，容易偏激。

（　）（5）在面对吹毛求疵型客户时，我们要表现出诚实和稳重，特别注意谈话的态度、方式和表情，争取给对方良好的第一印象。

（　）（6）根据客户表现的需求意向，用封闭式的提问来进一步明确客户的需求。

（　）（7）准车主的购买需求是否得到满足，间接影响他们对所选车型及厂商的态度。

（　）（8）攀比动机其核心是新来乍到。

（　）（9）喜欢追逐潮流，对于广告宣传易于接受，具有求新动机的消费者对于别出心裁、标新立异的车型都跃跃欲试，这是求新动机的表现。

（　）（10）以满足个人特殊偏好为目的的购买动机，其核心是"情有独钟"，是偏爱动机的表现。

项目四 汽车产品介绍

任务 4-1 六方位介绍

学习目标

1. 能够正确说明汽车六方位介绍的内容；
2. 能够正确说明汽车六方位介绍的要领。

任务分析

所谓六方位，它不是一种技巧，它是一种记忆方式，因为客户不会照我们的方位来接受介绍，只是我们在学习过程中，用这种方式学习，能充分达到学习效果，最终达到销售目的——成交。当汽车销售人员与顾客同站在车旁，准备进行介绍时，规范且奏效的介绍方法是"环绕法"，或叫六方位介绍法。环绕法，即在介绍车辆特征时，销售人员首先引导顾客站在展车前部，然后按照顺时针的方向，依前部、发动机室、乘客一侧、后部、驾驶员一侧、内部六个方位顺序介绍车辆的方法。

相关知识

奔驰汽车公司是最先运用六方位绕车介绍法向客户销售汽车的。后来，日本丰田汽车公司的凌志汽车也采用了这种销售方法，并将之发扬光大。我国绝大多数汽车销售也采用了这种方法，并举办了一些六方位介绍技巧竞赛。环绕产品对汽车的六个部位进行介绍，有助于销售人员更容易、更有条理地记住介绍的具体内容，并且更容易向潜在客户介绍最主要的汽车特征和好处。在进行环绕介绍时，销售人员应明确客户的主要需求，并针对这些需求作讲解。销售人员针对客户介绍产品，进行车辆展示，以建立客户的信任感。销售人员必须通过传达直接针对客户需求和购买动机的相关产品特性，帮助客户了解一辆车是如何符合其需求的，只有这样，客户才会认识其价值。直至销售人员获得客户认可，所选择的车合他的心意，这一步骤才算完成。而六方位绕车介绍可以让客户更加全面地了解产品，如图4-1所示，这就是在车行展厅中展示汽车的一个标准流程。

一、第一方位：车前方45°的位置

第一方位：汽车的正前方是客户最感兴趣的地方，当汽车销售人员和客户并排站在汽车的正前方时，客户会注意到汽车的标志、保险杠、前车灯、前挡风玻璃、大型蝴蝶雨刷设

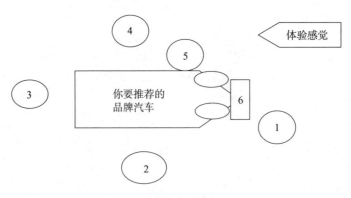

图 4-1 六方位介绍位置

备,还有汽车的高度、越野车的接近角等。汽车销售人员在这个时候要做的,就是让客户喜欢上这辆车。

例如,销售人员向客户介绍的是捷豹车系的车型,那么销售人员就可以邀请车主和自己并排站在捷豹轿车的正前方,然后说:"捷豹轿车一贯表现优雅而经典,周身流淌着高尚的贵族血统,耐人寻味。看,由车头灯引出的四条拱起的发动机盖线条、大型的镀铬进气栅格、四个圆形头灯都延续了 U 车系的传统,品质自然出众。车头看起来蛮精致、蛮漂亮的,是吧?"趁着这个大好时机,销售人员可以给客户讲讲关于捷豹轿车车标的故事,强调所销售的车子与众不同的地方,以便吸引顾客,让其产生购买的兴趣。

当客户接受你的建议,愿意观看你推荐的车款的时候,到底应该从哪里开始?图 4-1 中 1 的位置应该是你开始的位置,按照图中号码的流程,你要记住每一步骤需要向客户陈述的内容,在这个位置的介绍要记住汽车的几个要点:前车灯特性、车身高度、前挡风玻璃、通风散热装置、越野车车的接近角、大型蝴蝶雨刷设备、品牌特征、保险杠设计。

二、第二方位:车侧方

第二方位:汽车销售人员就要引领客户站在汽车的左侧,从而发掘客户的深层次需求。无论哪一类客户,看到汽车的第一眼就怦然心动的不多见,哪怕客户看起来与汽车很投缘,客户还是要进一步考察他们心仪已久的"梦中情人"是否像传说中那么出色、那么优秀,更何况是他们初次接触的、心动神摇的"漂亮女孩"或"潇洒男生"呢?因此,最重要的还在于气质的匹配程度。而车子的气质个性是否与购车者匹配,也很关键。走到一辆轿车的侧面,让客户听听钢板的厚实或轻薄的声音,看一看豪华舒适的汽车内饰,摸一摸做工精致的仪表盘,感受良好的出入特性以及侧面玻璃提供的开阔视野,体验一下宽敞明亮的内乘空间,客户就能将自身的需求与汽车的外在特性对接起来,再加上汽车销售人员的介绍和赞美,客户一定心神摇曳。

到达图 4-1 中 2 的位置时,客户的兴趣开始进入状态,根据你发现的客户的深切需求,有针对性地介绍车的这个侧面。按同样的要求,介绍汽车的要点:轮胎、轮毂、侧面的安全性、车的长度、侧面玻璃提供的开阔视野、防水槽或者支架、越野车的通过性、车体、防剑。

三、第三方位：车后方

第三方位：汽车销售人员陪着客户一起站在汽车的正后方，全面介绍，仔细回答。站在轿车的背后，距离约60厘米，从行李箱开始，依次介绍高位制动灯、后风窗加热装置、后组合尾灯、尾气排放、燃油系统。开启行李箱介绍，掀开备胎和工具箱外盖进行介绍。千万不要以为这一步骤多余，很多挑剔的客户不是抱怨车尾太短，就是抱怨车子不够大气，抱怨车子没有行李箱。由于客户刚刚走过汽车左方的时候过于关注体验，或许忽略了一些问题。

这时汽车销售人员要征求客户的意见，在给他们全面地介绍后仔细地答复。尽管汽车的正后方是一个过渡的位置，但是，汽车的许多附加功能可以在这里介绍，如后排座椅的易拆性、后门开启的方便性、存放物体的容积大小、汽车的尾翼、后视窗的雨刷、备用车胎的位置设计、尾灯的独特造型等，让客户进一步认识本车。

四、第四方位：左后方

第四方位：此时正是销售人员争取客户参与谈话的时刻，销售人员应该邀请客户打开车门、触摸车窗、观察轮胎，观察客户的反应，邀请客户坐到乘客的位置。注意观察客户喜欢触摸的东西，告诉客户车子的装备及其优点，客户会做一番审慎的衡量。认真回答客户的问题，不要让客户觉得被冷落，但是要恰到好处地保持沉默，不要给客户一种强加推销的感觉。汽车销售人员在汽车右侧向客户介绍车时，可以告诉客户们一些非正式的信息。但是要牢记，不要误导客户或混淆视听。在欧美国家，汽车销售人员用于非正式沟通的时间不到介绍产品时间的10%，在中国，汽车销售人员用于非正式沟通的时间占介绍产品时间的比例却高达50%以上。在奥迪A4上市之初，许多奥迪汽车的销售人员都会有这样的经历，那就是只要一说"第一批奥迪是德国原装的"，客户就会很快作出购买决定。如果你喜欢一些汽车的奇闻轶事，比如某国家元首或体育明星喜欢乘坐哪个品牌的汽车，那么你尽可告诉你的客人。在客户还缺乏相应的品牌忠诚度的时候，告诉客户一些非正式信息也是促成交易的好办法。带领客户钻进车里，对汽车的功能及操作做详细介绍。客户查看了汽车的外形，检查了汽车的内饰，对汽车的性能有了大致的了解，那么，接下来就是告诉客户驾驶的乐趣以及操作方法。

到达图4-1中4的位置时，争取客户参与你的介绍过程，邀请他们开门、触摸车窗、轮胎等。因为这个位置是一个过渡，要引导客户到车里体验一下感觉，如果客户本人就是未来这辆车的驾驶员，那么邀请他到驾驶座位上，如果不是驾驶员，也许你应该邀请他到其他的座位上体验车辆的奢华、设计的美妙等。此时，回答客户的一些提问，如果是关于发动机性能方面的，你可以告知客户，这一点到图4-1中6号位置时介绍，其他关于车辆的外形、安全、功能以及超值性等你都可以回答，并且根据需要引导客户到车内亲自体验。

五、第五方位：驾驶席

第五方位：汽车销售人员可以鼓励客户进入车内。先行打开车门，引导其入座。如果客户进入了车内乘客的位置，那么你应该告诉客户汽车的操控性能如何优异、乘坐多么舒适等；如果客户坐到了驾驶员的位置，那么你应该向客户详细解释操作方法，如雨刷器的使用、如何挂挡等。最好让客户进行实际操作，同时进行讲解和指导，介绍内容应包括座椅的多方位调控、方向盘的调控、开车时的视野、腿部空间的感觉、安全气囊、制动系统的表现、音响和空调、车门发动机盖。最后，引导客户到发动机盖前，根据实际情况向客户介绍发动机及油耗情况。

图4-1中5的位置是变化的，如果客户进入车内的乘客位置，你应该给予细致的解释，注意观察客户感兴趣的方面。如果客户要求到驾驶位置上，你应该采用蹲式的姿势向客户解释各种操作方法，包括雨刷器的操作、挂挡、仪表盘的介绍、座椅多方向调控介绍、气囊以及安全带、方向盘的调控、制动系统的介绍、视野、操作方便性、音响、腿部空间的感觉、车门的拉制等。

六、第六方位：发动机室

第六方位：汽车销售人员站在车头前缘偏右侧，打开发动机盖，固定机盖支撑，依次向客户介绍发动机舱盖的吸能性、降噪性、发动机布置形式、防护底板、发动机技术特点、发动机信号控制系统。合上舱盖，引导客户端详前脸的端庄造型，把客户的目光吸引到品牌的标识上。

所有的客户都会关注发动机。因此，汽车销售人员应把发动机的基本参数包括发动机缸数、汽缸的排列形式、气门、排量、最高输出功率、最大扭矩等给客户作详细的介绍。由于介绍发动机的技术参数时具有比较强的技术性，因此，在打开发动机前盖的时候，最好征求一下客户的意见，询问是否要介绍发动机。

如果客户是对汽车在行的朋友，客户会认为自己懂得比你多，因此不要说得过多。对于不懂的客户，太多的技术问题会让客户害怕，言多无益。作为汽车销售人员，要能说出发动机是由哪家汽车生产厂家生产的。

图4-1中6的位置是你开始介绍车的发动机动力的地点。介绍一个车的时候，发动机的动力表现是非常重要的一个方面。在图4-1中6的位置，将前盖示范地打开。根据客户的情况把握介绍的内容。而且，一定要征求客户的意见，是否要介绍发动机，包括发动机的布局、环保设计、排气的环节、添加机油等液体的容器、散热设备的设计与摆放、发动机悬挂避震设计、节油的方式等。

在运用六方位绕车介绍法向客户介绍汽车时，要熟悉在各个不同的位置应该阐述的、对应的汽车特征带给客户的利益，灵活利用一些非正式的沟通信息，展示出汽车独到的设计和领先的技术，从而将汽车的特点与客户的需求结合起来。

总之，六方位绕车介绍法是从车前方到发动机，刚好沿着整辆车绕了一圈，并且可以让汽车销售人员把车的配置状况作一个详细的说明和解释。这样的介绍方法很容易让客户对车型产生深刻的印象。

这样规范的汽车产品展示流程是由奔驰车首先启用的。但是，在启用的初期并不完善，后来被日本丰田公司的凌志汽车采用并发扬光大。经过调研，一个汽车消费者要在车上大约花费90分钟，其中有40分钟被用来做汽车展示。所以，这个六标准步骤的展示应该使用42分钟。每一个位置大约花费7分钟，有的位置花费的时间短一些，有的位置花费的时间长一些，比如，在位置4或者5的位置就比较耗费时间。六方位介绍重点如表4-1所示。

表 4-1 六方位介绍重点

部位	可强调的特征举例
前部	头灯、大灯清洁设备、前挡风玻璃、保险杠、散热器罩、轮胎、车身、颜色、车漆
发动机室	布置形式、发动机形式、电气系统、电脑控制系统、转向系统
乘客一侧	倒车镜、座椅、脚垫、空调出风口、储物盒、内饰、安全带、安全气囊
后部	天线、行李箱、备胎、备用电池、倒车雷达、随车工具、后挡除雾装置
驾驶员一侧	座椅、方向盘、仪表台、变速箱形式、音响、车载电话、安全带、安全气囊
内部	空间、天窗、显示屏、内部装饰、豪华配置、人性化设计

销售人员在介绍每一个部位的时候，要注意根据顾客所站的角度、视线范围和此时所能想到的疑问出发，强调该部位的特征和最佳卖点。对于有条件的销售店来说，如果遇到的是比较专业的顾客，可以考虑利用起升降机将车顶举，讲解底盘部分的构成等。

 任务实施与评价

六方位介绍

班级学号		姓名	

任务描述：
任选某一品牌的一款车型；
掌握其配置；
两人一组，一人扮演顾客，一人扮演销售顾问；
销售顾问运用六方位介绍法对新车进行推介。
任务实施：
所选车型：_____
六方位介绍词_____
_____
_____
_____
_____
_____
_____

自我评价（个人技能掌握程度）：□非常熟练　□比较熟练　□一般熟练　□不熟练

教师评语：（包括任务实施态度、完成状况、可行性等方面，并按等级制给出成绩）
_____
_____
_____

成绩_____分　教师签字：_____　____年____月____日

任务 4-2　FABE 法

学习目标

1. 能够正确说明 FABE 法；
2. 能够正确说明汽车 FABE 介绍的要领。

任务分析

在销售行业里，有句老话是"没有卖不出去的产品，只有卖不出产品的人。"汽车是零件以万计、产量以百万计、保有量以亿计的第一商品。汽车销售，属于高档耐用消费品的销售，作为一名汽车销售人员，如何将摆放在宽敞的展厅里的汽车转移到消费者的手中，是一个非常难的过程。熟知自己所要销售的车辆，根据顾客实际需求向顾客主动介绍车辆是汽车销售环节中的重要一步。FABE 法，能让顾客认同销售人员提供的车辆或服务能满足他的需求。

相关知识

一、FABE 法的定义

FABE 产品介绍法，也称四段论介绍法，就是将产品的特征和配置（feature）表述清楚，并加以解释、说明，从而引出它的优势和好处（advantage）以及可以带给顾客的利益（benefit），并适时地展示足以让顾客相信的证据（evidence），进而使顾客产生购买动机。

1. F 代表 feature（特征、特色、卖点）

这是指所销售车辆的独特设计、配置、性能特征，也可以是材料、颜色、规格等用眼睛可以观察到的事实状况。将特征详细地列出来，尤其要针对其属性，按性能、构造、易操作性、机能、耐用性、经济性、设计、价格等写出其具有的优势和特点，将这些特点列表比较。

2. A 代表 advantage（好处、优势）

将商品的特征与因为这些特征带来的好处进行详细的说明，必须考虑商品的优势、好处是否能真正带给顾客利益。例如，销售人员可以这样进行介绍："ABS 系统是利用装在车轮上的轮速感应装置在制动时对车轮进行点刹，防止车轮抱死的一套制动系统，它能够大大缩短车辆在湿滑路面上的制动距离，并能够在制动的同时，打动方向盘，实现对车辆的正常操控，绕开障碍物。"这样就能使顾客对 ABS 的优点有更深入的了解，更易于接受，但是优点必须转化为顾客愿意接受的利益，顾客才会愿意接受销售员人员的推荐，实现购买。

3. B 代表 benefit（利益）

就是指产品的特性和好处能带给顾客哪些方面的利益。通过销售人员的介绍，将顾客所关心的利益表达出来，从而引起顾客的共鸣。例如，销售人员可以这样进行介绍："这辆轿车配置了 ABS 防抱死刹车系统，能够利用装在车轮上的轮速感应装置在制动时对车轮进行点刹，防止车轮抱死。它能够大大缩短车辆在湿滑路面上的制动距离，并能够在制动的同时，打动方向盘，实现对车辆的正常操控，绕开障碍物。对您而言，能够大大提高您操控这辆车的信心，降低因为刹车而带来的乘坐不适，还能够减少轮胎的磨损，延长轮胎的使用寿命，降低使用成本。"

4. E 代表 evidence（证据）

也就是要找到能让顾客相信的证据。证据可以是证明书、照片，报纸、杂志的报道，其他顾客的证明、录音、录像等，通过这些方式，使顾客更加坚信销售员的介绍，从而促成销售。

FABE 产品介绍法就是通过产品特征和性能的介绍，让顾客了解这些特征带来的好处和优势，同时引申出对顾客而言所能带来的利益，以引起顾客的共鸣，接着展示足以让人相信的证据，从而坚定顾客购买的决心。这样顾客不仅不会产生抵触情绪，而且会觉得你完全站在他的角度，是为他着想，帮助他解决问题，从而让顾客很容易接受、认同。应用 FABE 产品介绍法，帮助汽车销售人员设计有力的销售台词，可以大大提高汽车销售人员的销售效率以及销售额。

二、FABE 法应用的注意事项

在应用 FABE 产品介绍法时应该注意：不要将所有的特征全部说明，而要根据顾客所关心的利益重点对有关特征加以强调；说明商品特征带来的好处时，应多用增加、提高、减少、降低等话语，来有效地表明商品特征带来的好处；在描述顾客利益时，一定要具体、生动、准确，用词要有丰富的感情色彩，以顾客的感觉为中心，充分调动顾客的情感；提出证据时一定要可靠、准确，多用数字化词语，要实事求是，切勿夸大其词。

FABE 产品介绍法也可以称为"寓教于售"的销售原则。顾客需要在由潜在顾客转变为真实车主的过程中不断学习，达到与所选择车辆的生产者、销售者对车辆认识的统一，而销售人员在整个介绍过程中，应让顾客感到其销售的不仅是一辆车，而且为顾客提供了一种崭新的观念、一个成熟的想法、一套合理的方案。

FABE 产品介绍法还有一种更为巨大的潜能，它可以引导顾客的消费方向，也可称为"使用价值导向"。运用 FABE 产品介绍法法则，使顾客更加了解车辆给他们带来的好处，从而激发顾客的购买欲望。

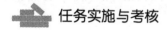 任务实施与考核

运用 FABE 法进行产品推荐

班级学号		姓名	
任务描述： 任选一款车型； 掌握其配置； 两人一组，一人扮演顾客，一人扮演销售顾问，进行产品推荐。 任务实施： 所选车型： F：			

续表

班级学号		姓名	

A：_____
B：_____
E：_____

自我评价（个人技能掌握程度）：□非常熟练　□比较熟练　□一般熟练　□不熟练

教师评语：（包括任务实施态度、完成状况、可行性等方面，并按等级制给出成绩）

_____
_____

成绩_____分　教师签字：_____　_____年___月___日

任务 4-3　竞品分析

学习目标

1. 能够正确说明竞品分析注意的要点；
2. 能够正确说明竞品分析方法。

竞品是竞争产品，是竞争对手的产品。竞品分析，顾名思义，是对竞争对手的产品进行比较分析。竞品分析的内容可以由两方面构成：客观和主观。即从竞争对手或市场的相关产品中，圈定一些需要考察的角度，得出真实的情况，此时，不需要加入任何个人的判断，应该用事实说话。

相关知识

一、竞品分析注意事项

竞品，顾名思义，就是竞争产品，是竞争对手的产品。产品在销售过程中，必然会遇到竞争，怎么能在竞争中赢得客户？就需要做竞品分析。

竞品分析时应注意以下几点：

（1）客观地说明车辆的配置。
（2）不夸大事实，不恶意贬低竞品。
（3）适当提及竞品，重点强调本企业产品。
（4）结合反问技术，了解客户为什么喜欢竞品的车型。
（5）善于利用转折法，先肯定对方，然后通过介绍突出自己产品的优势。

二、竞品分析方法——SWOT 分析法

任何一种产品都不会是十全十美的。在当今这个世界上的企业，也没有万能的产品。任

何产品都是既有优点也有缺点的,上市后既有机会也面临威胁,正如飞利浦倡导的理念:只有更好,没有最好。企业在制定下发产品培训资料前,要将某一竞争产品的销售要点一一分析清楚,找出其致命弱点,然后拿自己产品对应的优点对其进行有力攻击。如果你的竞争品牌不止一个,而是两个或三个,那就需要对竞争品牌逐个一一分析对比;如果同一竞争品牌有一系列主推产品,就要拿你的一系列的产品与其一一对比,各个击破。

SWOT 分析法,即产品的优势、劣势、机会、威胁分析,如表 4-2 所示。产品是一个笼统的概念。在实际运用过程中,企业要将这个抽象的产品分解为几十个销售要点,再拿这几十个要点与竞品的几十个要点进行对比,最终找出自身的产品优势和竞品的薄弱环节。要销售产品,仅教会销售人员做产品对比是不够的,你能做,竞争对手也一样能做。为了使顾客信服你的介绍,还必须拿出有力的证据,如获奖证书、专利证书、权威认证、顾客评价等。如果你的优势比较直观,完全可以通过现场开机或对比实验来证明自己的推荐有理有据。

表 4-2 SWOT 分析表

产品销售要点	优势	劣势	机会	威胁	证据或演示对比实物
设计、开发					
原料、材质					
技术、专利					
性能、用途					
安全、耐用					
操作、使用、保养					
经济性、价格、折扣					
色彩					
时尚、流行					
包装、商标、形象					
促销活动、赠品					
售后服务、品质保障					
归纳为本产品卖点					
对竞品的攻击点					

任务实施与考核

竞品分析

班级学号		姓名	

任务描述:
针对所选车型,找出 2~3 个主要竞品;
两人一组,分别扮演销售顾问与客户,进行竞品分析,注意与客户的互动。
任务实施:
竞品车型一话术:_____

续表

| 班级学号 | | 姓名 | |

竞品车型二话术：_____
竞品车型三话术：_____
自我评价（个人技能掌握程度）：□非常熟练　□比较熟练　□一般熟练　□不熟练

教师评语：（包括任务实施态度、完成状况、可行性等方面，并按等级制给出成绩）
_____
_____
_____

成绩_____分　教师签字：_____　　_____年___月___日

任务 4–4　汽车产品介绍技巧

学习目标

1. 能够正确说明汽车介绍的技巧；
2. 能够正确说明汽车介绍的要领。

汽车产品介绍是汽车销售的关键环节，销售人员在汽车产品介绍过程中应充分调动顾客购买的积极性，激发顾客的购买欲望，促成交易。

一、方法技巧

1. 构图讲解法

日本人曾做过一个实验：他们把一个死囚绑在病床上，蒙上眼睛，用刀背在死囚的手腕上象征性地划一刀，然后在他的耳朵边滴水，死囚的手腕其实并没有被划破，但是最后死囚居然死了。这个实验证明了心理作用对一个人有巨大的影响力。死囚以为自己的手腕被划破了，听到旁边的滴水声，于是给自己勾画了一幅手腕在流血的图画，然后越听越害怕，越想越觉得虚弱，最后竟然死了。可以说死囚是死在自己所勾勒的可怕的图画里。

顾客来买车时，其实在心中也有一幅图画，那就是他开上车之后的生活场景。顾客在决定购车的时候，会在潜意识里勾画出他拥有汽车之后会是一种什么样的场景，然后根据这一场景和图画来做判断。顾客会在他的潜意识中，描绘他理想中车辆的颜色、外形、内部装饰、空间等内容。因此，销售人员要想将车辆销售出去，就必须了解顾客心中的这幅图画，并且通过自己的介绍，描绘一幅更美丽的图画，以此来达到有效刺激顾客购买欲望的目的。

（1）采用构图讲解法的好处。

构图讲解法能给顾客留下深刻的印象；能增加顾客的参与感，引起顾客的共鸣；让顾客容易明白；吸引顾客的注意力，激发顾客的购买欲望。

（2）构图讲解法应用的时机。

①在叙述功能的时候。

销售人员在介绍SSC车载发烧音响系统时说："花冠车配备的这款发烧音响，不论高音还是低音，都能完美呈献，让您有一种亲临音乐会现场的感觉，当您在驾车途中遇到堵车，心烦的时候，打开音响，让轻柔的乐曲在心间流淌，让您的身心沐浴在动人的旋律之中。心中的烦恼再也找不到了……"

②在车辆使用过程中。

销售人员在介绍车载导航系统时，可以这样说："皇冠车配备了GPS导航系统，您只需设定目的地，导航系统就能通过语音进行引导，有了它，您再也不用在行车的过程中左顾又盼地寻找目的地，再也不用为去陌生的地方而翻看地图了，导航系统就像一个无所不知的贴身助理。您只需轻点屏幕，设定好目的地，导航系统就能带您到任何您想去的地方。"

2. 道具演示法

应用道具演示法应注意以下两点：

（1）道具的选择要巧妙，让顾客意想不到，最主要的是通过道具吸引顾客的注意力，唤起顾客的想象力，激发顾客的好奇心，给顾客留下深刻的印象。

（2）在具体实施的过程中，要注意语言、手势动作与道具的应用要协调，表情要自然、逼真，让顾客觉得真实可信；道具演示法一般是在顾客无法理解产品特性的情况下采用的方法，因此，要根据产品的特性，决定是否采用道具演示法和采用什么道具来进行演示。道具演示法不可滥用。

二、介绍要领和语言技巧

无论是车辆展示的开场白，还是进行实质性的车辆介绍，都要掌握要领，并且离不开语言表达，而语言表达不能随意，要讲究语言艺术。具有语言艺术的车辆介绍才具有魅力，才能吸引和打动顾客。下面从几个方面说明车辆介绍的语言艺术。

1. 有针对性地概括产品的特征

很多销售人员刚走上工作岗位，销售经理往往会让他们了解各种车型的技术参数和性能，销售人员在看完这些资料后，就会迫不及待地想投入销售工作中，他们认为只要知道产品的性能和参数就能卖车了，自认为对车已经非常了解了。但是在实际销售工作中，是否真的如此容易呢？

在现实销售过程中，销售人员往往存在两种现象：一种是销售人员在销售过程中处于被动状态，被顾客牵着鼻子走，顾客问什么，销售人员就回答什么；另一种是销售人员滔滔不绝地讲解，全然不顾顾客的感受和需求，从头到尾将车辆的性能毫无遗漏地说上一遍，自认为能力很强，但顾客却并不买账。那么，销售人员应如何利用技术参数和车辆性能知识进行产品介绍，引导顾客、打动顾客呢？

其实，顾客最关心的并不是车的技术到底如何领先，而是这些技术对他们来说能带来什么好处。因此，销售人员首先必须非常清楚，一辆汽车可以从哪几个大的方面概括地向顾客介绍。

汽车是一个非常复杂的产品，销售人员向顾客介绍汽车的时候，不应将该车的所有特点都事无巨细地一一介绍出来；而应该有针对性地将产品的各种特征概括为 6 个方面。

（1）外形设计。

（2）动力性与操控性。

（3）舒适实用性。

（4）安全性能。

（5）先进科技。

（6）性价比。

而且一定要努力让顾客接受这个理念，如果顾客比较关注安全方面的问题，那么，销售人员就可以先从安全方面来进行详细的陈述，其他 5 个方面可以简单说明。总之，一名优秀的汽车销售人员在车辆介绍过程中应该有针对性地概括产品的特征。并且能根据顾客和场景等各种不同情况灵活应对。

2. 让顾客有优越感

每个人都有虚荣心，而让人满足虚荣心的最好方法就是让对方产生优越感。绝大多数人都想尝试一下优越于别人的滋味。所以，让顾客有优越感，也成为车辆介绍的语言艺术。

例如：

（1）顾客穿着讲究，销售人员可以夸奖他（她）衣着得体。

（2）顾客是知名公司的员工，销售人员可以表示羡慕他在这么好的公司工作。

（3）顾客住在高档生活区，销售人员可以表示渴望将来有那样的居住环境。

（4）顾客对车辆熟悉，销售人员可以夸奖他是个行家。

（5）顾客是带着家人一起来的，销售人员可以夸奖他的家庭看起来一定非常和睦，孩子很可爱。

（6）顾客是白领女士，销售人员可以夸奖她很有品位，比较个性。

顾客的优越感被满足了，初次见面的戒备心也自然消失了，彼此的距离也越拉越近了。从而使顾客对销售人员的好感向前迈进了一大步。可以从三个方面让顾客产生好感——尊重、体谅、使别人快乐，只要能从这三个方面思考，就能够发现更多让顾客对销售人员产生好感的途径。

3. 考虑顾客的立场

在与潜在顾客见面前，销售人员是否能事先知道顾客面临哪些问题、有哪些因素困扰着他们。如果销售人员在介绍产品时能以关切的态度站在顾客的立场上表达对顾客的关心，让顾客感受到销售人员愿意与他共同解决问题，顾客必定会对销售人员产生好感。

销售人员在车辆介绍和销售的过程中切忌以下几点：

（1）说得过多，夸夸其谈。

（2）为了达到目的，夸大其词。

（3）顾客的疑问，无法得到正面的解答。

（4）一味地强调顾客不感兴趣的特征。

（5）在销售的过程中催促顾客。

（6）通过试车，强迫顾客作出购买决定。

4. 车辆介绍要尽快进入销售主题

当销售人员与顾客见面时，通过成功的接近技巧消除顾客初次见面的心理防线，并取得顾客对销售人员的了解和信任后，应该抓住时机，直接进入销售的主题。

进入销售主题前，虽然已采取了接近的技巧，但这个阶段销售人员还无法掌握顾客真正的购买动机。顾客的购买动机是非常复杂的。由于销售人员不知道顾客购买的真正动机，有时顾客自己也不太清楚他真正想要得到什么，因此销售人员在开场白之后，最好以能引起顾客的兴趣或注意的方式，陈述车辆将会带给顾客的一般性利益。在陈述一般性利益时，要注意观察顾客对哪些地方特别注意或特别感兴趣，尤其是汽车的最佳卖点，如这辆车配备有6个安全气囊、先进的导航系统等。

5. 将车辆性能特征与顾客的需求和爱好联系起来

顾客产生了购买欲望，是因为他有了需求，同样，一位想要买车的顾客，是因为他有了买车的需求才会作出购买的决定。这样，作为一名成功的汽车销售人员来说，了解顾客的需求点与爱好应是在做详尽而有针对性的介绍产品之前应做的工作。

大多数顾客来到展厅后，首先会拿一套自己想要买的车型的宣传资料，这个时候，按照销售店的要求，应该有销售人员来对这个顾客进行全程跟踪。那么销售人员可以利用这个机会站在顾客旁边，引导顾客将他的需求点与喜好说出来。有的时候，销售人员自己也可以根据顾客的着装、言谈、讲话的口音等方面初步对顾客进行定位。

顾客是为了满足自己的需求而购买商品的，正如美国一位著名推销专家所说："顾客在没有弄清产品能满足自己的需求之前，是不会下定购买决心的。"汽车销售人员只有了解了顾客的需求，找到需求点，才能有针对性地强调产品所能带给顾客的利益，从而诱导顾客购买。不同的顾客，他们的需求也是不同的。有时，尽管他们买同一种商品，也是出自不同的购买动机。汽车销售人员只有在把握顾客需求的基础上，有针对性地说服，才能打动顾客。为此，销售人员要通过询问、观察、分析，来了解顾客关注的焦点，了解顾客的真正需求，然后再针对这些需求向顾客介绍自己的产品，方可与顾客产生共鸣。

6. 车辆介绍要语言简洁

销售人员在车辆介绍时如果不顾及顾客的反应而滔滔不绝地讲述，会引起顾客的反感，顾客也不会反馈信息给销售人员。正确的做法应该是，把销售人员所要表达的话语浓缩，用简洁的语言做车辆介绍。

 任务实施与评价

汽车产品介绍综合模拟

班级学号		姓名	
任务描述： 任选一款车型； 运用六方位介绍法、FABE法； 结合竞品分析； 注意产品介绍技巧； 两人一组，一人扮演顾客，一人扮演销售顾问，进行产品推介。			

续表

| 班级学号 | | 姓名 | |

任务实施：

所选车型：_____

产品介绍话术：_____

自我评价（个人技能掌握程度）：□非常熟练　□比较熟练　□一般熟练　□不熟练

教师评语：（包括任务实施态度、完成状况、可行性等方面，并按等级制给出成绩）

_____

_____

_____

成绩_____分　教师签字：_____　_____年___月___日

1. **思考题**

（1）六方位介绍包括哪几个方位？

（2）简述 FABE 法。

（3）简述竞品分析的注意事项。

（4）销售人员在车辆介绍和销售过程切忌哪几点？

（5）介绍要领和语言技巧有哪些？

（6）简述汽车产品介绍方法技巧。

2. **选择题**

（1）车后方介绍的内容有下列哪些（　　　）。

A. 后门开启的方便性

B. 后排座椅的易拆性

C. 存放物体的容积大小、后视窗的雨刷

D. 汽车的扰流板（尾翼）、备胎的位置设计

（2）采用构图法讲解的好处有（　　　）。

A. 构图讲解法能给顾客留下深刻的印象

B. 能增加顾客的参与感，引起顾客的共鸣

C. 让顾客容易明白

D. 吸引顾客的注意力，激发顾客的购买欲望

（3）车辆介绍的第三方位是（　　　）。

A. 车正前方　　　　　　　　　　B. 驾驶席

C. 发动机　　　　　　　　　　　D. 车后方

（4）在第一方位里介绍哪些内容（　　　）。

A. 方向盘设计　　　　　　　　　B. 后备厢容积

C. 前车灯设计　　　　　　　　　D. 后排座椅

3. 判断题

（ ）（1）汽车的正前方是客户最感兴趣的地方，当汽车销售人员和客户并排站在汽车的正前方时，客户会注意到汽车的标志、保险杠、前车灯、前挡风玻璃、大型蝴蝶雨刷设备，还有汽车的高度、越野车的接近角等。

（ ）（2）汽车销售人员应把发动机的基本参数包括发动机缸数、汽缸的排列形式、气门、排量、最高输出功率、最大扭矩等给客户作详细的介绍。

项目五

试乘试驾

任务 5-1 试乘试驾准备

学习目标

1. 了解试乘试驾需要准备的内容；
2. 能做好试乘试驾前的准备。

任务分析

试乘试驾是汽车销售中很重要的一个流程，是提高客户满意度的重要方法之一。同时，试乘试驾也是动态的产品介绍，是打开僵局的突破口。通过试乘试驾活动，可以引导客户通过切身感受来寻找对产品的认同感，从而建立客户对产品的信心，以促进成交。

相关知识

一、资料准备

（1）车辆行驶证、保险单。
（2）试乘试驾协议书，如案例1所示。
（3）试乘试驾调查表，如案例2所示。
（4）试乘试驾管理制度，如案例3所示。
（5）对试乘试驾车的评价表如表5-1所示，试乘试驾记录表如表5-2所示。
（6）试乘试驾车辆检查表，如表5-3所示，也叫试乘试驾车辆点检表。

【案例】

案例1

<h4 style="text-align:center">××××汽车销售有限公司试乘试驾协议</h4>

甲方：北京××××汽车销售有限公司。

乙方：姓名_____联系电话_____。

联系地址_____。

为保证试乘试驾活动安全、有序、顺利地实施，甲乙双方本着相互支持、相互理解的原

则,就试乘试驾××汽车达成如下协议:

(1) 甲方在甲乙双方协商约定的时间内,向乙方提供××汽车的试驾服务。

(2) 试车前,乙方必须出示真实有效的身份证和驾驶证正本,实际驾龄必须两年以上。并留驾驶证复印件给甲方,每次试车,连同试驾者最多为两人。

(3) 乙方试车时,必须在甲方代表陪同下,按照甲方代表的指定路段进行,试驾过程中车速不得超过甲方要求的70公里①/小时。

(4) 乙方试车时,必须遵守国家规定的道路交通法规相关之规定。

(5) 如因试车者不遵守交通法规,发生交通违章,应由乙方及时到交通管理部门接受处理;如因试车者不遵守交通法规(试驾协议)而造成交通事故,应由试车者本人承担事故责任;如将试乘试驾车辆损坏,乙方应承担甲方为恢复试驾车辆完好状态所产生的一切费用。

(6) 甲方保留随时终止试车服务的权利。

(7) 驾驶证为A本或B本时,试驾者必须提供体检证明,否则,甲方可以拒绝乙方的试驾请求。

(8) 雨雪或大风等恶劣天气,甲方有权拒绝乙方的试驾请求。

(9) 试驾路线:_____。

试驾车资料由甲方代表_____填写。
车型_____车牌_____

案例2

试乘试驾调查表

敬爱的贵宾,在您试乘试驾××汽车后,如对商品及配备有任何意见,敬请填写下表告知我们,这定将成为我们追求完美的目标。

现使用车名称_____。
试乘试驾车型名称_____。
预备购买车型_____。

对试乘试驾车辆的评价如表5-1所示。

表5-1 对试乘试驾车的评价表

项目	满意	好	普通	不满意
外观	☐	☐	☐	☐
操控性	☐	☐	☐	☐
车内空间	☐	☐	☐	☐
加速性	☐	☐	☐	☐
配备	☐	☐	☐	☐
舒适性	☐	☐	☐	☐

---

① 1公里=1千米。

本试车活动最终解释权归北京××××汽车销售有限责任公司所有。

请问您对××××汽车及北京××××汽车销售有限公司的服务是否有其他建议，敬请您提供给我们，以作为改进参考。

_____

甲方：_____　　　　　　　乙方：_____

　　　　　　　　　　　　　　　____年____月____日

您的光临是我公司全体员工的荣幸，感谢您的试驾！

案例3

××××汽车销售服务有限公司试乘试驾管理制度

目的：

为规范试乘试驾工作流程，确保试乘试驾工作的顺利开展，特制定本管理制度。

适用范围：

本管理制度适用于本公司的试乘试驾工作。

内容：

1. 试乘试驾车辆准备

（1）试乘试驾车的选用必须符合厂家有关规定，并贴有符合厂家要求的标志。

（2）试乘试驾车的整理按照展车5S的要求进行。每日早8：30分整理完毕，停放在指定位置。

每日晚17：00前车辆管理员要检查当日试乘试驾车的外观状况，以确保试乘试驾车的车况完好。如有问题，及时向销售经理反馈情况。

2. 试乘试驾路书制定

根据厂家要求及销售车型的性能特点，制定标准试乘试驾路书，在路书中应标明试乘试驾路线、性能展示区域以及周边路况。

销售顾问在引导客户进行试乘试驾前，必须先要求客户填写试乘试驾保证书、试乘试驾登记表。

销售顾问将填好的试乘试驾保证书中的一份交车辆管理员存档，并领取钥匙，同时注明使用时间。

销售顾问必须按公司规定的试驾路线开展试驾工作，同时在试驾过程中要有意识地提醒客户按交通法规进行文明驾驶。

不按规定路线进行试驾，在试驾过程中因路线问题而发生的事故，一切责任由引导试驾的人员承担。

在试驾过程中如因违反交通规则而产生的处罚，由试驾引导人员承担相关费用。

试乘试驾结束后，应将车辆停放在指定位置，不得随意停放。

试乘试驾结束后,应请客户如实填写试乘试驾评估表,将评估表及车钥匙一并交车辆管理员处,并注明交还时间。

对以上规定如有违规,将对当事人给予50~100元的处罚,如因违规发生事故,事故损失由当事人承担。

表5-2 试乘试驾记录表

试乘试驾记录表

开销_____销售服务店   ____年____月____日

序号	销售人员	客户姓名	客户电话	欲购车型	客户级别 O/H/A/B	试车日期	试乘试驾情况报表	下次联系日期	备注
1									
2									
3									
4									
5									
6									
7									
8									
9									
10									
11									
12									
13									

销售经理:

表5-3 试乘试驾点检表

试乘试驾点检表
授权销售部服务中心名称:_____
日期:____年____月____日 星期____

车架号:		月 日		月 日		月 日		月 日		月 日		月 日		月 日	
		是	否	是	否	是	否	是	否	是	否	是	否	是	否
外观	整辆车身是否清洁														
	车身是否张贴试乘试驾标志														
	车身是否有划痕或碰撞														

续表

车架号：		月 日		月 日		月 日		月 日		月 日		月 日		月 日	
		是	否	是	否	是	否	是	否	是	否	是	否	是	否
外观	轮胎气压磨耗、受损等是否正常														
	大灯、方向灯、后照镜是否损伤														
	车牌是否污损														
座舱内	脚踏垫、烟灰缸、中央副手、置物槽等是否清洁														
	室内照后镜、门边后照镜角度是否清洁														
	刹车踏板状况是否正常														
	引擎启动状况是否正确														
	油箱存量是否一半以上														
	头灯、方向灯、座灯、刹车灯是否正常														
	雨刮器是否工作正常														
	驾驶座各项调整功能是否正常														
	CD 多种风格准备														
	空调是否工作正常														
发动机室	刹车油量是否正常														
	发动机油量是否正常														
	挡风玻璃的清洁剂是否正常														
	水箱冷却水量是否正常														
	发电机皮带是否有尖叫														
点检人签名：_____															

点检表说明：

①此表格使用频率：每天早上晨会后当班销售顾问在清洁完展厅车辆后，完成对试乘试驾车辆的点检。

②点检表放置位置：点检表用塑料透明文件袋封装后放在主驾驶座上，利于目视化，每次试乘试驾开始时，销售顾问可以向顾客介绍此表，以提示顾客，该车时刻保持最佳状态。

③除每日完成点检表外，车辆的外观清洁要每 2~3 个小时由展厅保洁员处理一次。

二、人员准备

（1）每位参与试乘试驾的销售顾问都应有驾驶执照，并能熟练驾驶汽车，试乘试驾前要熟悉客户资料。

(2) 如要参加试乘试驾的销售顾问还没有取得驾驶执照的话,可以请求别的销售顾问帮忙,自己跟随。

(3) 销售经理要安排好专人清洁试驾车,保持车辆的清洁;并且每天上班前将试驾车整齐放于试乘试驾区,下班后将试驾车收回车库。

三、车辆准备

1. 车辆准备

(1) 经销店必须有专门的试乘试驾车,并由专人负责清洁。

(2) 试乘试驾车的外观和内饰要保持干净,无异味;座椅要调到合适的位置,收音机的频率调到信号度最好的波段,有 CD 机的车辆,要备好试音碟。

(3) 试乘试驾车内最好准备一些资料,以便客户随时查阅。

(4) 试乘试驾车要有明显的标识,试乘试驾车要放于试乘试驾区,试乘试驾区也要有明显的标识。

2. 试乘试驾车辆的标准

(1) 车辆的清洁:试乘试驾车辆内外保持清洁,车内仪表盘、座椅、顶棚、方向盘等保持清洁。

(2) 车内装饰:车内装饰完整,无损害。

(3) 车内气味:保持清新、芳香。

(4) 车辆状态:车辆各项电子性能保持良好状态。

(5) 车辆的调整:座椅、头枕、安全带、方向盘都要调整到合适位置,收音机设定好预设频道。

(6) 车内物品:驾驶证、纸巾、不同风格的 CD 等物品,要求放置有序。

3. 试乘试驾车辆的维护

(1) 试乘试驾专员负责试乘试驾车的日常卫生保洁,标准同商品车的保洁流程。

(2) 试乘试驾车每 5 000 公里保养一次,试驾专员负责试驾车的保养。

(3) 试乘试驾车除外展、开拓及接送重要客户、展示品牌形象及试乘试驾外,不得用于其他途径,试驾专员有权拒绝他人使用试乘试驾车。

(4) 销售顾问使用试乘试驾车进行试驾工作时,须向客户详细解释安全事项,告知客户试驾路线和原则。

(5) 试驾开始前,复印客户试乘试驾协议书,并当场宣读,如客户只有不超过一年的驾龄,只建议客户试乘,并告知客户试驾车内禁止吸烟。

(6) 使用试驾车的人员在试乘试驾使用记录表上签字确认,方可领用试驾车钥匙,并将行驶里程和使用时间登记在册。

(7) 销售顾问试驾时如前台出现空岗人员紧缺的状况,前台接待应立即向销售经理寻求支援,销售经理安排销售助理和其他综合人员辅助接待,待销售顾问闲下来时交接客户。

(8) 如客户要求试驾的车型目前尚未配置试驾车,销售顾问和试驾专员应首先致歉客户,同时建议客户试驾有相近动力配置和悬架系统的车型;再由销售经理出面赠送小礼品,安抚客户。

（9）销售顾问在安排客户试驾结束后，最迟于次日对意向客户进行试驾回访。

四、路线和场地准备

（1）经销店要根据车辆的特点规划好有利于表现车辆特性的试乘试驾路线：根据各4S店实际路况、车型的需求选择路段。在路线选择时，如有可能，要考虑安排大直路、上下坡、高低速弯道、颠簸路段、安静路面段及适合紧急刹车的路段；尽量避免安排太多的恶劣路况路段；否则，顾客的舒适感会降低；请选择适合恶劣天气试乘试驾的路段，避免因视线不清、路面湿滑而产生事故；选择人流量较少的路段，避免在试乘试驾中发生车辆及人身伤害；凸显车辆的优势，如安静性、行驶舒适性、加速性、操控性、城市驾驶、高性能、驻车性能、防抱死制动性能、自动变速箱性能等。

（2）展厅内或展厅外对试乘试驾路线要有如图5-1所示的汽车试乘试驾参考路线图，在试乘试驾前要对客户先进行整个试乘试驾路线的讲解。

（3）展厅内或展厅外对试乘试驾路线要有如图5-2所示的试乘试驾路线图，在试乘试驾前要对客户先进行整个试乘试驾路线的讲解。

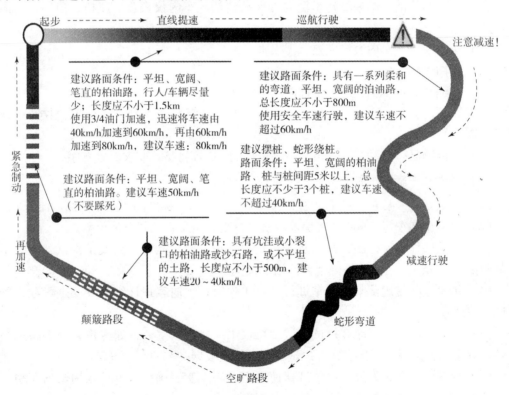

图5-1 汽车试乘试驾参考路线图

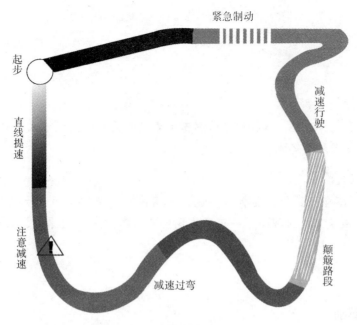

图 5-2 试乘试驾线路图

任务实施与评价

×××4S 店试乘试驾材料准备

班级学号		姓名	

任务描述： 　　以小组为单位，每组模拟某一 4S 店，组员分工协作，共同编制本组在 4S 店内使用的试乘试驾协议书、试乘试驾调查表、试乘试驾记录表、试乘试驾管理制度、试乘试驾车辆检查表及试乘试驾路线图。 　　每组派一名代表，最终以 PPT 形式总结汇报。 任务实施： 　　拟定 4S 店经营车型：_____ 　　收集查找文字材料：_____ 　　整理并制作 PPT：_____ 　　汇报说明：_____ 　　自我评价（个人技能掌握程度）：□非常熟练　□比较熟练　□一般熟练　□不熟练
教师评语：（包括任务实施态度、完成状况、可行性等方面，并按等级制给出成绩）
成绩_____分　教师签字：_____　_____年___月___日

项目五　试乘试驾

任务 5-2 试乘试驾过程

学习目标

1. 了解试乘试驾流程,掌握试乘试驾邀请客户的话术以及试乘试驾中的演示重点;
2. 能够完成试乘试驾环节。

任务分析

顾客最重视的不在于销售人员有多会说,介绍得有多全面,而在于对方是否"以客为尊"。因此,在试乘试驾的过程中,一定要体现出"顾客至上"的原则,给顾客更专业的试乘试驾服务。

相关知识

一、试乘试驾前

1. 试乘试驾前需要进行的工作

(1) 主动邀请客户试驾(包括网络、电话邀请)。
(2) 确认试乘试驾车辆可用(看板)。
(3) 向顾客做概述。
(4) 复印顾客的驾驶执照或身份证。
(5) 请顾客签署试乘试驾协议书。
(6) 确认和说明试乘试驾路线。
(7) 向顾客解释车辆操控装备和操作方法。
(8) 销售人员先驾驶之后,询问顾客是否愿意亲自驾驶,并提示顾客系好安全带。

2. 试乘试驾前话术准备的注意要点

(1) 了解自身车辆的弱势,并准备相应的话术。
(2) 了解竞争产品的特性,并准备相应的话术。
(3) 了解顾客的驾驶经历,并准备相应的话术。
(4) 降低顾客的期望值,并准备相应的话术。
(5) 预防是抗拒话术的主要目的。

3. 了解试乘试驾流程

试乘试驾流程如表 5-4 所示。

表 5-4 试乘试驾流程

负责单位	工作流程	工作内容说明	记录文件
车辆管理员	试乘试驾准备	按 5S 要求进行车辆整理,并确保车况良好,符合试乘试驾要求	

续表

负责单位	工作流程	工作内容说明	记录文件
销售顾问	填写试乘试驾协议书	核验客户身份证、驾驶证,请符合试驾要求的客户填写试乘试驾保证书,并经客户确认保证书相关内容后,请客户本人签字,同时留存身份证复印件及驾驶证复印件	试乘试驾协议书、客户身份证复印件、客户驾驶证复印件
销售顾问	领取车钥匙	将试乘试驾保证书、客户身份证复印件、驾驶证复印件一并交车辆管理员备档,同时填写试乘试驾车钥匙领取登记表,并注明时间,领取钥匙	试乘试驾车钥匙领取登记表
销售顾问	带领客户试乘试驾	在试乘试驾过程中必须严格遵守试乘试驾管理制度中的相关规定。同时应遵守先试乘后试驾的原则。对于驾驶技术较差的客户,应建议其只做试乘,避免发生意外	试乘试驾管理制度
销售顾问 车辆管理员	填写试乘试调查表	试乘试驾结束后,将试乘试驾车停放在指定位置。带领客户填写试乘试驾评估表,并将评估表及钥匙一并交给车辆管理员。同时,在钥匙领取登记表上填写返还时间	试乘试驾调查表

【案例】

案例 1

邀请客户试乘试驾话术范例

(1) 李先生,刚才我已经简单地向您介绍了车辆的性能和配备特点,不过,车只靠看和听就做决定是不够的,买车是一件大事情。因此,在您作决定之前,我建议您先做一个试乘试驾,亲身感受一下车开起来到底怎么样。

(2) 李先生,我们的车和其他车不一样,一定要开过以后才能体会到它的好处,如果您想真正了解这部车的话,我建议您做一次试乘试驾。如果您愿意的话,我马上就可以帮您安排。

(3) 买车子不仅要我们自己开得舒服,其他座位乘坐的感觉也很重要。

您的车一定会有朋友、家人坐吧?那我一定要建议您也替他们感觉感觉啊。您也不想买台车回去家人都坐得不舒服吧,正好您自己先试乘一下,那样才是最实际的,对不对,李先生?最关键的也是为了保证您的安全,让您能更放心地试车,我们会先开一遍,让您也熟悉一下整个路线。

(4) 李先生,通过刚才的介绍,想必您现在一定想亲自体验一下驾驶这辆车的乐趣了吧?正好,我们备有试乘试驾车,李先生,这边请……

案例 2

办理试乘试驾手续话术范例

先生(女士)您好,下面由我来带您试驾刚才展厅看过的 GL8,在试驾前,麻烦您填写一张试乘试驾表,请您出示一下驾驶执照好吗?(请客户仔细阅读试乘试驾协议)。

李先生,整个试车时间大概是20分钟。为了让您更好地熟悉车辆和试车路线,等会儿我给您介绍我们这边的试乘试驾专员。我们的试乘试驾专员受过专业的培训,配合我们特定的路线设计,一定能让您充分领略这辆车的特性。放心,我也会在车上,陪同您进行试车的。

先生(女士),这是上海通用别克GL8陆尊,是国内最畅销的MPV之一,很多企业单位都把它作为接待贵宾用车,彰显企业实力,提升企业形象。(用遥控钥匙开启车门,简要介绍PASS-KEY Ⅲ防盗系统,引导客户坐入驾驶座,并协助客户调节合适的座椅姿势和方向盘角度。询问客户是否感觉到位,提醒乘客系好安全带。销售顾问关好车门,坐入前排乘客座椅。)

案例3

确认试乘试驾路线话术范例

这是试乘试驾路线,您先看一下,就在展厅附近,从试乘试驾区出发,沿A路到B路,左转到C路,再左转到D路,直走到A路左转,最后回到展厅,一圈大概要10分钟。

您可能不太熟悉这附近的道路,没关系,我先开车,您试乘,熟悉一下路线;回来后第二圈您再试驾,这样能让您体验车型特性,也比较安全,您看如何?没什么问题的话,我们就出发了。

我们已经为您准备好了您所关注的试驾车型,现在我简单为您介绍一下我们要试驾的路线,全长大约为××公里,根据需求,您可以选择一条适合您的路线;等一下我们会先开一圈,以便您熟悉车辆的性能特点和路线;接下来,您就可以亲自驾驶这辆车了。

二、试乘试驾中

1. 试乘试驾中需要进行的工作

(1)由试驾员进行示范和讲解。

如顾客有多人参加试乘,请顾客坐到后排;请顾客坐安全、坐舒适;给顾客做示范驾驶;在不同的路段,动态地跟客户讲解车辆特性。

(2)展示车辆性能。

试驾员依车辆行驶路段进行说明,充分展示车辆动态特性;试驾员打开娱乐系统,并演示其功能,播放顾客喜爱的音乐,营造轻松氛围。

顾客试乘时要展示的项目:清晰的入挡手感(手动、三锥面同步器);智能换挡无顿挫感(自排、六挡位);液压离合器轻便省力;起步平顺方向轻(EPS);电子油门反应灵敏(E-Gas);加速性能好(1.8TSI/2.0发动机特性曲线);高速行驶方向盘手感重,车无发飘现象,驾驶有信心(EPS);蛇形行驶,转向反应精确,悬挂响应性能好;中速大半径转弯抗侧倾能力强(底盘和悬挂);紧急刹车制动稳定、距离短(四轮碟刹+多重主动安全系统);起步防滑效果好(MASR);舒适(座椅、空调、音响、视野、静音)。

(3)位置互换。

让顾客试驾,试驾员在顾客驾驶过程中简要提醒顾客体验的重点内容,以强调感受;提醒顾客注意安全，在顾客有危险或违章动作和行为时，果断采取措施，并请求顾客在安全地点停车；行驶一段距离，到达预定换乘处；选择安全的地方停车，并将发动机熄火；取下钥匙，由销售人员自己保管；帮助顾客就座，确保顾客乘坐舒适；提醒顾客调整后视镜、系好安全带；请顾客亲自熟悉车辆操作装备；销售顾问请顾客再次熟悉试车路线，再次提醒安全驾驶事项。

2. 试乘试驾中话术注意要点

客户在驾驶过程中，试驾员以精简交谈为原则，适当指引路线，点明试驾体验，以不分散客户的注意力、确保行车安全为原则，恰当称赞客户的驾驶技术，让客户体会到驾驶的乐趣。

（1）引导顾客体验车辆性能，强化动态优势。

（2）根据顾客的关注点，重点讲解与对手的差别和优势，引导顾客体验，并寻求顾客对性能优势差别的认同。

【案例】

案例1

客户试乘时话术范例

（1）×先生，您看现在我们的发动机处于怠速状态，它的运行非常稳定，噪声和震动也非常小。接下来我们来感受一下起步时的动力。

（2）优优发动机的最大功率达到了50千瓦，最大扭矩达到92牛·米，而且在很低的转速下就能达到很大的扭矩，起步时可以感受到推背感明显。

（3）×先生，前面是一段弯道，我们感受一下优优在过弯时的稳定性和操控性，优优采用了助力转向系统，您看转向时非常轻松平顺而且转向很精确；另外，您可以感受到在过弯时，由于我们的座椅的包裹性非常好，让我们有很强的安全感。

（4）×先生，下面是一段S弯，我们感受一下过弯时车辆的稳定性和灵活性，我们的前悬架采用了麦弗逊悬架，后悬架采用了钢板弹簧悬架，而且都采用了加强设计，兼顾了车辆的行驶舒适性和承载性，过弯时您可以感到车身非常灵活，而且车身的姿态保持得也非常好。

（5）×先生，接下来是一段路况非常好的路段，我们来感受一下优优的提速性能，我现在开始加油了，您坐稳了。您看，由于优优采用了ACTEC高效率发动机，再配以奇瑞自主的变速箱，匹配度非常好。所以优优提速性能很好，动力充沛，源源不断，而且提速时车辆很稳定，您看是吧？

（6）×先生，前面您可以感受一下优优的刹车性能，刹车时您会感觉到，虽然制动紧急，但车辆的可控性仍然非常好，我们的车辆配备了ABS和EBD刹车辅助系统，万一在紧急制动时，能最大限度地保证车辆和人员的安全。

（7）×先生，接下来是一段路况非常好的路段，咱们来感受一下优雅的提速性能！您看优雅的提速反应非常灵敏，中途再加速，性能也非常优秀，发动机的动力有一种源源不断的感觉；同时，由于优雅的前置前驱设计，不仅提速性能绝佳，同时车内仍然保持了良好的静谧性，您说是吗？

（8）Elantra悦动的发动机采用了现代先进的发动机芯片滚码防盗技术，如果不是原车钥匙，发动机是绝不会被非法启动的。现在启动发动机，您听发动机怠速的声音很轻，这表明，不仅是发动机技术很成熟，而且发动机舱的隔音、整车的密封效果也很好，有几次试乘，别的顾客还以为发动机没启动呢。（发动车辆，发动机怠速运转）

（9）现在我们要起步了，您可以感受一下起步时车辆的平顺性。（起步）

（10）前面是一条直路，车辆比较少，路况较好，我们来试一试直线加速，请您坐好了。Elantra悦动的动力系统经过全新匹配与调校，动力强劲，推背感很强；不仅如此，还很省油，1.6升和1.8升手动挡每百公里油耗只有6.7升和7.5升，所以Elantra悦动不仅动力充沛，而且经济省油。（直线提速）

（11）前面要过弯了，我们进弯会减速，出弯会加速，看看动力系统与全新底盘系统的配合，您注意抓紧了。您看Elantra悦动使用了全新的底盘，采用了加大尺寸的前通风盘，刹车效果非常好；不仅转向很精准，而且侧倾很小，也没有出现侧滑和甩尾，非常稳定、安全、舒适，同时，加速动力输出连贯平顺。（高速过弯）

（12）前面有几个小弯，感受一下Elantra悦动全新底盘的性能，主要是转向系统和悬架系统的性能。Elantra悦动采用了最新的拖曳臂扭力梁式后悬架，配合转向系统，转向循迹性非常好；连续过弯抗侧倾能力强，同时，前后排座椅都配有侧面腰部支撑，车辆摆动很小，乘坐非常舒适；而且轴距达到2 650mm，行驶更稳定，具有优秀的操控稳定性。虽然定位是家庭轿车，但依然能够满足您的驾驶乐趣；在行车过程中，变线、规避障碍物会很安全。（连续过弯）

（13）前面的路段有减速段，需要减速慢行，我们试一下Elantra悦动的减速行驶性能。Elantra悦动的刹车系统经过全新优化布置，制动管路大大缩短，配合加大加厚的前刹车盘，刹车轻轻一点就可以，反应相当灵敏。（减速行驶）

（14）现在的路面比较颠簸，我们来试试悬架的减震性能和乘坐的舒适性。Elantra悦动的全新悬架不仅在行驶过程中转向灵敏精准、侧倾小、稳定舒适；而且悬架采用了充气式液压减震器，车身过减速段上下跳动比较小，乘坐也很舒适。Elantra悦动的车身采用很多加强结构，而且整车不同部位都做过隔音或吸音处理，同时四轮都使用了绿色静音轮胎，行驶在各种路面上，车厢内都很安静。（颠簸路段）

（15）最后，来试一下急刹车，我会一脚把刹车踩到底，您注意抓好拉手了。Elantra悦动配备了全新8.0版本的ABS+EBD电子辅助刹车系统，刚才您在展厅也看到了，ABS+EBD移到发动机后面的前围板上，离刹车泵和车轮都很近，紧急刹车时，ABS+EBD会迅速工作，不仅方向性很好、很稳定，而且制动距离也很短。Elantra悦动制动距离在同级车中最短，从100km/h到0只有41.7米；座椅都经过防滑处理，不仅人的前冲比较小，还不会向下潜滑，非常安全。（紧急制动）

（16）Elantra悦动转弯半径比较小，后风挡和后视镜宽大，倒车视野很好；而且配备有倒车雷达，停车很方便。（停车）

（17）刚才您乘坐了一圈，线路和状况大概清楚了，下面一圈由您来开车，注意安全，给您钥匙。（试乘结束）

案例 2

客户试驾时话术范例

（1）×先生（女士），您现在可以发动车辆，开始体验陆尊的澎湃动力和宁静舒适。（陆尊的试驾主要让客户体验在驾驶过程中的行使平稳、V6 发动机的提速以及宁静。根据需要打开空调及音响，体验舒适性及高级音响的音效），您在驾驶过程中可以充分领略 GL8 陆尊的强劲动力，而且在加速过程中它的噪声是非常低的，高速行驶的平稳性也是其他车辆无可比拟的。这款车的视野也非常好，安全性达到美国国家高速公路交通安全委员会（NHTSA）五星级安全标准。

（2）给您钥匙，启动发动机，感受一下启动发动机与怠速时车内的静谧性。（发动车辆，发动机怠速运转）

（3）您看 Elantra 悦动的前风挡玻璃很宽大，视野很好，而且前风挡玻璃采用了低于 A 柱的凹陷式设计，如果是下雨天，刮下的雨水会沿着 A 柱向下流，不会飘到两边的车窗上，侧面视线也不会受到影响，开车更安全；而且这种设计，还有很好的导流作用，有利于减少风阻，配合整车造型，Elantra 悦动的风阻系数达到了跑车级的 0.29，不仅降低行驶的油耗，还可以减少风噪，提高了驾乘的舒适性。Elantra 悦动采用全新的变速箱，换挡非常平顺，既有驾驶乐趣，又有良好的节油性。Elantra 悦动自动变速箱采用阶梯形换挡布置方式，有效防止误挂挡位。现在可以起步了，您可以感受一下起步时车辆的平顺性。（起步）

（4）前面是一条直路，车辆比较少，路况较好，您可以试一试直线加速，感受一下油门踏板和发动机动力输出的响应，以及变速器换挡的平顺性。怎么样，反应很灵敏，换挡很轻，提速很快吧？（直线提速）

（5）前面要过弯了，您可以感受一下高速过弯时，Elantra 悦动动力系统与全新底盘的表现。刹车灵敏、转向精准、侧倾很小，又稳定，又舒服；动力输出也很连贯。（高速过弯）

（6）前面的路有几个连续弯道，您可以连续打方向，试试 Elantra 悦动的操控稳定性。Elantra 悦动拥有比较好的驾驶乐趣，速度感应式的助力转向，手感适中，转向精准稳定；悬架循迹性好、侧倾小，加上长轴距，行驶稳定舒适。（连续过弯）

（7）前面的路段有减速段，需要减速慢行，您试一下 Elantra 悦动的减速行驶性能。轻轻点刹车，反应相当灵敏吧。（减速行驶）

（8）现在的路面比较颠簸，您感受一下悬架的减震性能和乘坐的舒适性。您看车身在过减速段时上下跳动比较小，噪声也很小，乘坐又安静又舒服。（颠簸路段）

（9）最后来试一下急刹车，您只要轻握方向盘，一脚将刹车踩到底，其余的就交给 ABS + EBD 电脑来做好了……刹车踏板是不是有明显弹脚的感觉？那是 ABS + EBD 在工作，是正常的；刹车很灵敏、很稳定吧。（紧急制动）

（10）您可以试着把车停到试乘试驾区，我们的试乘试驾就结束了。（停车）

三、试乘试驾后

1. 试乘试驾后需要进行的工作

（1）销售顾问协助客户将车辆停放于指定区域，称赞顾客，并且提醒顾客带好随身物品，并引导客户回到洽谈桌旁；销售顾问应针对客户特别感兴趣的配备再次加以说明，并引导客户回忆美好的试驾体验。

（2）跟踪了解客户的感受，请客户填写试乘试驾调查表。

（3）针对客户试驾时产生的疑虑，应立即给予合理和客观的说明或解释，了解客户的购买意向并确认进入下阶段的可能性。

（4）信息整理。对暂时无意成交的客户，要利用留下的相关信息，与客户约定后续联系时间。

（5）与客户热情道别，并感谢其参与试乘试驾。

（6）客户离店后，销售顾问应填写试乘试驾记录表。

2. 试乘试驾后话术的注意要点

（1）坚决避免客户试驾后直接离店的情况发生，这样，试乘试驾的效果肯定很差，销售顾问就变得很被动，不能主动掌握客户的信息和需求。

（2）以客户需求为中心：确认车辆是否符合客户的需求；确认客户有足够的时间体验车辆及其特色；强调或突出产品的特色和好处，指出那些能够迅速激起客户兴趣的内部配备和特征；在试乘试驾过程中避免提及价格。

【案例】

客户试驾后话术范例

（1）销售顾问：×先生，您的驾驶技术真不错，驾龄一定很长了吧？

客户：没有啊，我驾龄才3年！/恩，我驾龄15年了，小伙子您眼光不错嘛！

销售顾问：是吗？那您在驾驶方面可真的很有天赋，看我的驾龄都6年了，技术还不如您呢！/果然如此，看您技术这么好，肯定是老驾驶员了，感觉就是不一样啊！

客户：谢谢啊。

（2）两圈下来，相信您对Elantra悦动又有了进一步的了解。有些顾客以为Elantra悦动只是外观和内饰变了，其他的和老伊兰特没多大差别，其实像动力匹配、操控、舒适等性能的不同，只有通过试乘试驾才能感受到，这些您应该有深刻的体会。我们在试乘试驾后会给您一份小纪念品，到展厅休息一下，喝点饮料，我去给您取。您看，这段时间来看车、参加试乘试驾的顾客很多，购车的可能会比较多，不知您打算什么时间订车，我好先给您准备，到时就方便了，看能不能提前一点。

（3）销售顾问：×先生（女士）您好，试驾过我们的GL8陆尊后，感觉怎样？（引导客户再次回展厅，做一些沟通）

（试驾结束后，带领客户回到展车旁，在车辆外形、尺寸、内部空间等优势上给客户进一步的冲击。）我想这部GL8陆尊非常适合您的要求，也希望您成为别克大家庭的一员，如果您对这部车感觉满意，我们可以马上为您办理手续（询问客户付款方式，适时推介GMAC贷款业务）。

（4）（客户离开展厅时）销售顾问：×先生（女士），感谢您的光临，期待您再次来到别克4S专卖店。（送客户至展厅外，并目送离去，挥手致意）

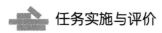 任务实施与评价

试乘试驾模拟

班级学号		姓名	

任务描述：
情境模拟，两人一组，分别扮演销售人员和顾客，根据顾客对不同性能的关注点，演练试乘试驾流程和话术技巧。
要求注意：试乘试驾前的概述（顾客邀请）；换承处换手流程细节的把握；在交流过程中寻求顾客认同的能力；针对顾客购买动机引导体验车辆性能的能力；适时促成交易的能力；对试乘试驾流程的整体把握。
任务实施：
确定 4S 店的名称：_____
两人自由组合演练：_____
情境模拟表演：_____
两人互换角色表演：_____
请观察的学生为演练的同学打分：总分 100 分。
概述（试乘试驾邀请）（10 分）；确认说明试乘试驾路线（10 分）；讲解车辆独特的操控装备（10 分）；车辆动态优势示范能力（15 分）；换乘换手流程细节把握（10 分）；引导体验优势性能能力（15 分）；在交流中寻求顾客认同（10 分）；促成交易的能力（10 分）；试乘试驾整体流程把握（10 分）。
自我学习评价：
自我评价（个人技能掌握程度）：□非常熟练　　□比较熟练　　□一般熟练　　□不熟练

教师评语：（包括任务实施态度、完成状况、可行性等方面，并按等级制给出成绩）
_____
_____
_____

成绩_____分　　教师签字：_____　　_____年___月___日

思考与练习

1. 思考题

（1）试乘试驾前应做好哪些准备？

（2）试乘试驾路线和场地选择应注意哪些事项？

（3）为什么销售人员先驾驶？

（4）顾客试乘时可以向他展示的项目有哪些？

（5）为什么将发动机熄火，自己先保管钥匙？

2. 选择题

（1）试乘试驾车辆的标准包括（　　）。

A. 车辆的清洁　　B. 车内装饰　　C. 车内气味　　D. 车辆状态

（2）试乘试驾前需要进行的工作有以下哪几个方面（　　）。

A. 主动邀请客户试驾（包括网络、电话邀请）

B. 向顾客做概述

C. 复印顾客的驾驶执照或身份证
D. 请顾客签署试乘试驾协议书

(3) 填写试乘试驾协议书的时候所需要记录的文件是（　　）。

A. 试乘试驾协议书　　　　　　　　B. 客户身份证复印件
C. 客户驾驶证复印件　　　　　　　D. 销售顾问身份证

(4) 下列哪一项不是试乘试驾车辆的标准（　　）。

A. 车辆的清洁　车内装饰　　　　　B. 车内气味　车辆状态
C. 车辆的调整　车内物品　　　　　D. 设计路线　预计时间

(5) 客户离店后，销售顾问应填写（　　）。

A. 试乘试驾记录表　　　　　　　　B. 试乘试驾协议书
C. 试乘试驾调查表　　　　　　　　D. 试乘试驾检查表

(6) 在客户驾驶过程中，以（　　）为原则，适当指引路线，点明试驾体验，以不分散客户的注意力、确保行车安全为原则，恰当称赞客户的驾驶技术，让客户体会驾驶的乐趣。

A. 尽量多地介绍车辆　　　　　　　B. 精简交谈
C. 自我介绍　　　　　　　　　　　D. 顾客提问

3. 判断题

（　　）(1) 试乘试驾前话术准备要了解自身车辆的弱势，并准备相应的应对话术。

（　　）(2) 在客户驾驶过程中，以精简交谈为原则，适当指引路线，点明试驾体验，以不分散客户的注意力、确保行车安全为原则，恰当称赞客户的驾驶技术，让客户体会驾驶的乐趣。

（　　）(3) 试乘试驾后销售顾问协助客户将车辆停放于指定区域，称赞顾客，并且提醒顾客带好随身物品，并引导客户回到洽谈桌旁；销售顾问应针对客户特别感兴趣的配备再次加以说明，并引导客户回忆美好的试驾体验。

（　　）(4) 试乘试驾是汽车销售中很重要的一个流程，是提高客户满意度的重要方法之一。

（　　）(5) 试乘试驾车每50 000公里保养一次，试驾专员负责试驾车的保养。

（　　）(6) 试乘试驾是动态的产品介绍，是打开僵局的突破口。通过试乘试驾活动，可以引导客户通过切身感受来寻找对产品的认同感，从而建立客户对产品的信心，促进成交。

（　　）(7) 试乘试驾前话术准备的注意要点包括：了解自身车辆的弱势，并准备相应的话术；了解竞争产品的特性，并准备相应的话术；了解顾客驾驶经历，并准备相应的话术；降低顾客期望值，并准备相应的话术；预防是抗拒话术的主要目的。

（　　）(8) 当客户试乘试驾后，应请客户填写试乘试驾调查表。

（　　）(9) 进行试乘试驾时，试驾员依车辆行驶路段进行说明，充分展示车辆动态特性；试驾员打开娱乐系统，并演示其功能，播放顾客喜爱的音乐，营造轻松氛围。

（　　）(10) 试乘试驾中话术要注意引导客户体验车辆性能、强化动态优势；根据客户关注点，重点讲解与竞争产品的差别和优势，引导客户体验，并寻求客户对性能优势差别的认同。

项目六
报价与成交

任务6-1 汽车报价

1. 能够正确说明汽车价格的构成；
2. 能够正确说明汽车报价的技巧；
3. 能够正确说明讨价还价的技巧。

汽车报价是对汽车的现行价值进行评估的行为。

【相关知识】

一、汽车价格的构成

汽车的价格主要由几部分组成：车厂利润＋经销商利润＋成本。其中成本既包括汽车的制造成本，也包括销售成本和物流运输成本。

汽车在4S店进行销售时，消费者通常接触的是标价和成交价。标价是汽车对外标明的价格，一般是厂家的市场指导价，所有的4S店都是统一的。厂家出台市场指导价是为了避免经销商之间互相压价、恶意竞争和窜货。随着车市的进一步发展，汽车市场由卖方向买方市场过渡，汽车厂家们的市场指导价开始被市场实际情况冲击，由此产生了汽车的实际成交价。

汽车在购买时需要的费用一般包括：车价、车辆购置税、车辆上牌费、车辆保险费、车辆装饰费用、车船使用税等。以上所说是指一次性付款购车的价格构成，如果是分期付款，需另外支付手续费以及保险公司的保险保证金，需在办理按揭手续时一次付清。

【案例】

包牌价的价格构成

所谓包牌价，是指汽车经销商为给买车的消费者提供便利、节省时间而形成的一种汽车销售价格。由于许多消费者不清楚上牌程序所需的相关手续，因而由经销商统一代办，增加消费者购车的便利性。一般来说，包牌价主要包括车辆的出厂价、运费、车辆购置税、车辆检测费、车辆上牌费用、车船使用税、车辆保险费等。

二、报价的技巧

报价是销售中最重要的环节之一，有许多刚做销售的朋友，由于对本行业情况的不熟悉或者急于求成，没有搞清楚客户的真实情况就报价，不知道要根据不同的客户情况报价。有的老销售员在报价时也掌握不好尺度。由于报价不准确，造成客户流失或者失去订单。因此，在学习过程中要注意掌握以下几个方面的环节。

1. 搞清楚询价者的情况再报价

大多数销售人员在客户无论是电话询价还是网上询价时，都易出现草率报价的问题。结果，许多询价者石沉大海，再没有消息，有的由于报价太轻率，还给对方留下了不规范的印象。实际上，真正的客户会先了解你产品的各项指标和规格后才会询价，这就要求销售人员在接到询价电话时，要问清楚对方的公司名称及所需的产品是自己使用还是帮其他客户采购，还要问清他所需产品的规格和技术指标。

2. 学会让客户报价

面对询价者，老练的销售人员会问：您需要哪个档次和规格的产品？或者，您想花多少钱来采购？一般有采购计划和目标的采购者，会把产品的性能、规格技术等说得很详细。价格也有一定的范围，还会关心发货及售后服务的情况，这类采购者一定是客户，对市场了解得也非常清楚。这时，你的报价一定要真实可靠，在介绍产品的卖点时也要清楚无误。当然，也有的客户根本不报价，因为他自己都不清楚，只是想以你的报价为依据，多问几家车的价格而已，对于这样的客户，你无论报多低的价格，都很难达成意向。资深销售人员的经验是不报价，但会说：对不起，我感觉您对我们的产品还不是很了解，您去问问我的同行好吗？只要您真的和我们公司合作，我肯定会给您一个满意的答复。

3. 学会模糊性报价

报价也是商业信息，也会被你的对手利用。这就要求销售人员在报价时，要有随机应变的本领。对于直问价格的客户，销售人员要学会反问，对于连你的产品都说不清楚的客户，要学会模糊性报价，模糊性报价的目的是为真正进入采购阶段的客户留下继续谈判的余地。

报价是一种学问，同是销售人员，由于报价技巧的不同，业绩也会出现很大的差距。从这点来说，每一个销售人员都要具备一定的销售心理学知识。

【案例】

1. 上海大众汽车价格洽谈方法——CPR（说明——复述——解决）方法

客户通常会在产品介绍、试乘试驾和合同谈判过程中提出大量异议，CPR是处理客户异议的最佳方法。

客户："我觉得朗逸的后备厢容量不够大！"

销售顾问："您觉得朗逸后备厢不够大，是因为……"

客户："因为我平时……（说明）"

销售顾问："如果我没理解错的话，您是担心朗逸的后备厢空间不够用（复述）。我理解您的担心，尽管朗逸的后备厢空间看起来稍小一些，但与其他车型相比，它的空间利用率更高，让我来演示一下可折叠的后排座椅（解决）。"

2. 上海大众4S店选择合适的时机报价成交标准

根据客户需求，销售顾问有针对性地介绍意向车型的各款发动机排量和配置等级差异，参考客户需求和预算重点推荐。

介绍附件配置选项，例如轮毂，询问客户对颜色的选择以及车身和内饰的颜色组合；积极引导客户签约成交。

告知客户最受欢迎的颜色组合以及颜色对残值的影响。

优先推荐经销商库存可以供货的车型，确认客户所需的车型交车时间。

若客户意向车型需要订单订货，预估可能的到货时间，告知客户时要留有余地。

【案例】

上海大众报价清单如表6-1所示。

表6-1 上海大众报价清单

报价清单		
购车基本信息	车辆型号	
	颜色	
报价项目	车价	
	车辆购置税	
	保险费	
	上牌杂费	
	装潢费	
	合计	
消费信贷	首付款	车价（____%）
		其他
		小计
	贷款年限	
	月付还款	
车险报价明细	交强险	
	车辆损失险	
	第三者责任险	
	车辆盗抢险	
	不计免赔特约险	
	其他	
	合计	

续表

报价清单		
附件报价明细	1.	
	2.	
	3.	
	4.	
	合计	
销售顾问：		联系方式：
经销商地址：		

4. 讨价还价的技巧

（1）议价方法。

①拖延法。

在客户没有购买意愿前，尽量避免与客户谈论价格问题，而应向其全面介绍产品的特点和价值。

【案例】

客户："这辆车看起来不错，多少钱？"

销售顾问："我还是先给您介绍一下吧，如果它的性能不能满足您的要求，那么多少钱也没意义啊！"

②比较法。

通过对比其他产品来说明自己产品物有所值。顾客购买产品一般都会采取货比三家的方式。这个时候销售顾问就要用自己产品的优势与同行的产品相比较，突出自己产品在设计、性能、声誉、服务等方面的优势。也就是用转移法化解顾客的价格异议。常言道："不怕不识货，就怕货比货。"由于价格在"明处"，顾客一目了然，而优势在"暗处"，不易被顾客识别，而不同生产厂家在同类产品价格上的差异往往与其某种"优势"有关，因此，销售顾问要把顾客的视线转移到产品的"优势"上。这就需要销售顾问不仅要熟悉自己销售的产品，也要对市面上竞争对手的产品有所了解，才能做到心中有数，"知己知彼，百战不殆"。通过贬低对方来抬高自己的方式只会让顾客产生反感，结果也会令销售顾问失去更多的销售机会。

【案例】

客户："真奇怪，我上次在北边的一家4S店里看，××的这个型号的车比你们这里便宜2万元呢！"

销售顾问："是的，先生，这款车型有高配版和标配版两种不同的型号，您说的那是标配版的价格，这2万元的差价在于高配版所配备的NAVI卫星导航系统、7英寸彩色多功能显示屏、倒车雷达等配置上。"

③分摊法。

把较大的数目分摊到每一个细化的单位中，尽量减少让客户感到突兀的感觉。

【案例】

客户:"12万元,有点贵了。"

销售顾问:"是的,1万元乍一看确实不少,但是,汽车和其他日常消费品不一样,它是一个耐用的消耗品。一辆车,如果保养得好,用上10年、8年是不成问题的,就算是8年吧,您一年只要花1.5万元,每天不过50元,就可以拥有一部属于自己的车,再算上油钱、保险什么的,一天1元也足够了。像您这样做生意的,每天打车的钱恐怕都不止这个数吧!"

④订金法。

利用让客户交订金的方式来让客户接受。

【案例】

客户:"那就这么定了,22.3万元,我周末过来签合同。"

销售顾问:"王总,这款车现在走得特别好,我怕您周末来就没有现车了,被别的客户先提走了。这样吧,您今天先付点定金,我把这车给您定下来,到时候周末您来了,可以直接开走。您看这样成吗?"

客户:"这样也好,那我先交1万元定金吧。"

⑤"三明治"法。

这是指在产品的价值上再添加其附加值,以此来说明自己的产品物有所值。销售人员在向顾客说明价格的过程中一定要注意,不能仅仅说明车辆的零售价,而要在报价的同时,说明车辆带给顾客的利益和产品的价值,具体做法是,总结出你认为最能激发出顾客热情的针对顾客的益处,这些益处应该能够满足顾客主要的购买动机。清楚地报出价格,如果客户还有异议,强调一些你相信能超过顾客期望值的针对顾客的益处,比如再赠送东西,或是在顾客感兴趣的配置之余还有超出客户想象的其他配置,让客户觉得物有所值,成交就更简单些。

【案例】

使用"三明治"报价法时可以这样说:"这辆车是我们今年的最新车型,开上它,您肯定会赢得不少回头率的,现在的报价是17.8万元,最近我们在搞店庆3周年活动,现在购买的话,还可以送您价位5 000的大礼包。""三明治"报价法就是不先急于报价,多宣传某个产品的价值,减轻顾客的敏感度。

5. 销售顾问在中期议价的策略

(1)要全面示弱,表示自己无权做主。

(2)要有持久的耐力,要告诉客户"我很想做成您这笔生意",保持焦灼的状态,做出为客户争取的姿态。

(3)堵住客户要你找有权力的人的嘴,尽量获得承诺再行动。坚守价格底线,不要一味迁就客户。销售顾问与客户议价策略如表6-2所示。

表 6-2　销售顾问与客户议价策略

措施	初期问价	中期问价	后期问价
问价内容	自动自发，出于对产品的需要	认真考虑购买的可能，对比不同产品的性价比	正式的问价、压价
问价动机	购买的惯性使然	理性比较	尽量以便宜的价格购得产品
问价目的	了解产品的价格范围，收集产品信息，为购买做准备	对比竞争产品，衡量选择最优产品	节省资金，尽量以最低的价格满足需求
客户策略	简单地收集产品信息	简单砍价，诱惑销售顾问做出让步	利用"立刻就签"来诱惑销售顾问降价
客户话术	"这款车的标配多少钱？高配呢？"	"××品牌给我的价格是13万元，你能给我多少？""你太没诚意了，比别人家贵那么多！"	"你要是再便宜1万元到5 000元，我现在就签。""钱我带着，就等你一句话了。"
销售策略	吸引客户，并引导后续销售	示弱并坚守底线	以让步为前提坚守三个防线： ● 带钱了吗？ ● 决策人？ ● 当时签约吗？
销售人员话术	"您问的这个型号现在挺热门的，价格比较高。"	"您说的这个数我真做不了主，我也不敢问我们经理，我怕他说我。"	"您今天就签约吗？""您可以自己决定吗？"

(4) 议价技巧。

汽车销售顾问经常会遇到顾客讨价还价的情况，现在的客户很精明，不会直接说出自己心中的期望值，只是不断地让销售人员去申请，然后是一次一次不满意，一次一次压价，直逼汽车销售人员内心的防线。如何和客户讨价还价，以下几点需注意。

①报价不能报底线。

汽车销售人员必须记住：无论你报价多低，客户还是会讨价还价的。所以，在报价时不能报得太低。例如：当客户问有什么优惠的时候，销售人员答：优惠40元，客户肯定会说，怎么优惠这么少？这个时候，作为销售人员，不能马上让步。应该先探清顾客的期望值是多少。如果销售顾问继续让步，那么客户也会得寸进尺。

另外，如果你急着要帮客户申请优惠，必须和客户说，这已经是总经理的指示了，不能再优惠了。如果你说是展厅经理给的优惠，那么，肯定是不能让客户满意的。他觉得还有讨价还价的空间。

②不要轻易让步。

客户多次要求降价时，一定要注意每次降价的幅度，必须依次下降，如第一次降10 000元，第二次降4 000元，第三次降1 000元，要从这里让客户感觉到你的价格已经基本到位了。

客户有时只是希望你象征性地降价，并不是真的对价格很在乎，特别是企业的领导人员。你给他降价，说明你给他面子；或者是部门领导，你给他降价，他向上级领导汇报时就好说一些，体现了他的能力。

③适当演戏，演戏动作要做自然。

可以适当做戏，故意压低声音："关于这款车的价格，我告诉您一件事，但您千万不能说是我讲给您听的，行吗？前天税务局的找我们经理提了台车，我碰巧看到了合同价格……"演"苦肉计"也是一个不错的方法。需要提醒的是，演戏是需要演技的，演技是需要训练的，最起码要做到眼神、表情、声调、动作的一致。

【案例】

案例1

让步方式

下面是几种常见的让步方式，以3 000元为全部的让价空间为例。

1. 3 000元——0元——0元

刚开始上岗的销售顾问经常使用此方法，因欠缺实战经验，比较担心因价格导致客户流失，在初期就把所有的让价空间提出来。这种让步方法对于很多走了多家店的客户很有诱惑力，因为别的品牌店的价格他已经了解了，通过对比，他知道你的价格是高还是低，达到他的心理价位后，他就很容易成交。同时，从另外一个方面看，这种让步方法容易给对其他店价格不了解的客户造成迷惑，认为你的价格虚高，轻易地让出如此之大的幅度，一定还有很大的让利空间，在价格上继续步步紧逼，这时你已无路可退，即使交易达成，对方也会怀疑你的诚意，从而影响到下一次的合作。

2. 500元——1 000元——1 500元

许多销售顾问习惯于先让出一小部分，在观察对方的反应后做出下一次让步行动。比如在初期先让出500元，并告诉对方这是最后的底线，如此小的幅度对方通常不会同意，要求你再次让步，于是你分两步让出了1 000元和1 500元。在你每一次让步后，对方所得到的越来越多，销售顾问运用此种方法满足的是客户的一种期待心理，只要你让出了，对方就会满足。更多的是让客户寻找心理平衡。

3. 1 000元——1 000元——1 000元

这是一种四平八稳的让步方式，每一次让步幅度都不大，谈判破裂的风险也较低。适用于理性的客户。

4. 1 500元——1 000元——500元

第一次价格让步需要比较合理的理由，要充分激起买方的价格谈判欲望，在谈判中期不要轻易让步，每一次让步幅度都要递减，并且要求买方在其他方面给予回报，如：在我这里买保险。最后的让步要表现出异常艰难，必要时要使用上级领导策略，引导买方顺着你的思路进行谈判，最终取得双赢的交易。

案例2

上海大众4S店与客户进行车辆价格洽谈标准

请客户确认所选择的车型，根据客户需求拟订销售方案，明确报价，制作报价清单。

对报价内容和构成、各种费用进行详尽易懂的说明，让客户了解车辆相关项目最终的总价格。

说明销售价格时，再次总结产品的主要配置及客户利益，让客户有充分的时间自主审核销售方案。

若客户对报价事项有疑问，采用CPR（说明——复述——解决）方法妥善应对，耐心回答其问题。

若客户现场不能决定，表示理解，不对其施加压力，正面地协助客户解决问题。

针对重点客户，销售顾问可请求零售经理参与车辆价格洽谈，提升展厅成交率。

针对置换客户，销售顾问可与二手车业务主管共同面对客户，协商置换销售方案，以降低客户对新车价格的敏感度，提高展厅成交率。

案例3

上海大众车辆洽谈技巧

1. 报价与洽谈技巧——富兰克林平衡法

（1）目标。

通过列举、对比产品的有利点，并作详尽的分析，促使客户做出决策。

（2）操作方法。

当客户在不同车型间犹豫不决时，可列出一张表格，左侧写下竞争车型的有利点，右侧写下我们车型的有利点，以直观的方式让客户意识到购买我们车型能获取的利益更多。对于其中列出的项目，只要能够以数量的概念进行分析，都应通过数字进行强化。

2. 报价与洽谈技巧——价格商谈技巧

（1）综合报价内容。

①特许经销商提供的服务。

②客户所知的其他购买者的满意程度。

③常年的生意关系。

④替换汽车服务。

⑤紧急救援。

⑥价值稳定性。

⑦再销售价格。

⑧担保、保证。

⑨付款方式。

⑩可信赖度。

（2）洽谈时一定要心中有数。

①我能够让步的是什么？

②我不能让步的是什么？

③我让步后，要向客户争取什么？

（3）让步的技巧。

①让步的幅度要递减。

②让步次数要少。

③让步速度要慢。

任务实施与评价

与客户讨价还价模拟

班级学号		姓名	

任务描述：
了解4S店内销售顾问的销售权限，熟悉店内正在进行的市场推广活动；
两人一组，分别扮演销售顾问与客户，进行讨价还价练习，注意与客户的互动；
小组互评，每组派一名代表汇报；
同学互评，教师点评。
任务实施：
销售顾问权限：市场指导价下浮3 000元。
我评价（个人技能掌握程度）：□非常熟练　□比较熟练　□一般熟练　□不熟练

教师评语：（包括任务实施态度、完成状况、可行性等方面，并按等级制给出成绩）
_____
_____

成绩_____分　　教师签字：_____　　_____年___月___日

任务6-2 顾客异议处理

1. 能够正确说明顾客异议产生的原因；
2. 能够正确说明顾客异议处理的原则和步骤；
3. 能够正确说明顾客异议处理的方法。

任 务 分 析

顾客异议是顾客对销售人员或其推销活动所做出的一种在形式上变现为怀疑或否定或反对意见的一种反应。简单地说，被顾客用来作为拒绝购买理由的意见、问题、看法就是顾客异议。

异议处理贯穿于销售过程的始终。销售人员从寻找顾客到达成交易的整个过程中，不可避免地会遇到顾客的各种异议。销售过程实质上就是处理异议的过程。顾客的异议能得到妥善的处理，销售才能进入下一个阶段，否则，销售工作就会被迫中断。是否具有丰富而娴熟的处理异议的技巧，往往是销售人员能否成功的关键。

顾客异议是成交的障碍，因为无论异议何时出现，它都是顾客拒绝的理由，然而顾客的异议并不都是消极的。有时它不但不会妨碍销售，反而可以使销售人员找到成交的途径。任何一个销售人员都必须做好心理准备，正确对待顾客的异议，善于分析和处理各种顾客异议。努力促使顾客产生购买行为。

相关知识

一、正确对待顾客异议

1. 辨认顾客异议的虚实

顾客异议有时是真实的，有时是虚假的。真实的异议是那些现实存在着的、顾客的真实顾虑，而那些虚假的异议往往是隐含的，表现在顾客只提出一些表面问题或在没有明确的理由下的推托或犹豫不决。从产生异议的根源看，顾客异议大致有以下几种。

（1）需求异议。

需求异议就是顾客自以为不需要推销品而形成的一种反对意见。需求异议的主要根源在于：随着现代科技的发展，产品的生命周期日趋缩短，新产品层出不穷。有些新产品或新服务（特别是高科技产品）的特点与优势近期还不能被顾客认同，因此容易使顾客产生疑问。从异议的性质上看，需求异议是属于顾客自身方面的一种异议。真实的需求异议是推销成交的直接障碍，虚假的需求异议是顾客拒绝销售人员及其推销产品的一种借口。

（2）产品异议。

产品异议是顾客认为产品本身不能满足顾客的需要而产生的异议。这种异议表现为：顾客对推销产品有一定的认识，具有比较充分的购买条件，但就是不愿意购买。有关产品方面的具体异议有：产品质量太差、设计陈旧、型号不对、颜色不符、结构不合理、造型没特色等。产生产品异议的根源也是十分复杂的，顾客的认识水平、带有强烈感情色彩的偏见和购买习惯以及广告宣传等因素，都有可能导致产品异议。

（3）财力异议。

财力异议是顾客以缺乏货币支付能力为由拒绝购买的异议。财力异议也属于顾客自身方面的一种常见的购买异议，财力异议的主要根源在于顾客的收入状况和消费心理。一般来说，在顾客资格审查和接近准备阶段，销售人员对顾客的财务承受能力进行严格审查，因此在实际推销中能够确认真实的财力异议或虚假的财力异议。真实的财力异议是成交难以克服的困难，虚假的财力异议则是顾客拒绝销售人员及其推销产品的一种借口。

（4）权力异议。

权力异议是顾客以缺乏购买决策权为由而提出的购买异议。在很多场合，顾客并不提出其他问题，只强调自己不能做主。事实上，无论是集团购买还是家庭购买，购买决策都不是平均分布在每个成员手中的，多数成员可以对决策形成影响，但不一定具有决策权。产生权力异议的主要根源在于顾客的决策能力状况或心理成见。销售人员在进行顾客资格审查时，应该对顾客的购买资格和决策权状况进行认真的分析，找准决策人。面对没有购买权力的顾客极力推销产品，这是推销工作的失误。

（5）价格异议。

价格异议是指顾客以推销产品的价格比相似产品价格偏高为由而拒绝。价格异议属于推销政策方面的异议，它产生在需求异议、财力异议、产品异议和权力异议之后。当顾客提出价格异议时，往往表明顾客对推销产品产生了购买兴趣和购买意愿，只是认为价格高了，要千方百计地通过讨价还价迫使销售人员降低售价。产生价格异议的根源比较复杂，各种外部推销环境、顾客的购买习惯和购买经验、价格竞争、顾客的认识水平等因素，都可能导致顾客的价格异议。

(6) 货源异议。

货源异议是顾客对提供推销品的企业或销售人员不满意而拒绝购货，货源异议属于销售人员方面的一种顾客异议。当顾客提出货源异议时，通常表明顾客愿意按照销售人员的报价购买这种产品，只是不愿向这位销售人员或其代表的公司购买。货源异议的根据主要是企业形象欠佳、知名度不高、销售人员态度不友善、服务安排不周到等原因。货源异议有一定的积极意义，有利于促使销售人员努力改进工作态度和服务质量，提高企业信誉。

(7) 时间异议。

时间异议是指顾客通过拖延时间来拒绝推销或达到其他目的的一种购买异议。产生这种异议的真正根源一般不是时间问题，而是价格、产品或其他问题。当然，买方存货过多，资金周转困难，也会导致真正的购买时间异议。

2. 正确认识顾客的异议

顾客异议有些是顾客的合理关注，有些是顾客的一种借口或托辞。那么，正确认识顾客异议，以什么样的态度和原则去处理顾客异议，就显得非常重要。

(1) 把顾客异议看成是一种正常现象。

俗话说："褒贬是买主，喝彩是闲人。"对顾客来说，表示异议是顾客的权利。顾客有权获得最优惠的价格、最好的质量和最佳的服务。而保证顾客获得这些权利的唯一途径就是让顾客对一个或几个推销特色提出疑问或表示异议。即使顾客发现这笔交易总体上还是可以接受的，但总会提出一些这样或那样的疑问来获取有利的成交条件。

(2) 对销售人员来说，应该欢迎这些异议。

因为异议体现了潜在顾客对销售人员感兴趣。当顾客不知道销售人员的产品如何能满足他们的需要时，顾客就会提出异议。如果销售人员不能有效地回答顾客的问题或解决异议，销售人员就不能达成交易。通过潜在顾客提出的异议，销售人员还可以了解顾客到底在想什么，同时也有助于确定潜在顾客处于购买过程的哪一个环节，是注意、兴趣、欲望，还是准备购买。根据调查发现，异议在推销过程中有着很重要的作用，当异议不存在时，交易只有54%的成功率，当顾客有异议时，交易的成功率可达到64%。

(3) 顾客异议是一种挑战。

推销是一种挑战性工作，如果没有顾客拒绝，还要销售人员干什么？销售本身就是要求销售人员去改变顾客以往的观念行为而接受新的观念、新的产品、新的消费方式等。这是很困难的，不付出足够的努力是不可能实现的，而不断接受挑战，正是销售人员具备的素质。

二、处理顾客异议的原则与步骤

1. 处理顾客异议的原则

(1) 理解顾客异议。

销售人员在听到顾客异议时，要首先站到顾客的立场上来考虑。这样的换位思考方式有

两大好处：一是销售人员可以体会顾客的真正想法，从而采取顾客更容易接受的方式处理异议；二是销售人员能更公正地解决问题，顾客就会信任销售人员，从而增进双方的理解，沟通感情，缩小与顾客的心理差距，达到成交的目的。

（2）善待顾客异议。

顾客提出异议时，销售人员要情绪轻松，面带微笑，不管顾客的意见多么尖锐，语言多么刻薄，都要耐心听取，并表现出极大的关心和兴趣，不可动怒或有忽视的表情，更不可打断顾客的谈话，否则会引起顾客反感，甚至产生新的异议。

（3）尊重顾客异议。

销售人员不能认为顾客是在挑剔，应把它看成是对自己工作的促进。尊重顾客，尊重顾客异议，在听取顾客异议时，要频频点头，表示理解；在回答顾客异议时，先要虚心接受，然后再阐明自己的观点。要讲究语言艺术，万不可伤害顾客的自尊，切忌说："不对，你错了。"

（4）永不与顾客争论异议。

争论意味着销售人员要进行辩解，在没有足够事实说服顾客之前，过分的辩解会引起顾客的反感，顾客会认为销售人员没有诚意。争论也意味着吵架，这会伤害顾客的感情。或许销售人员在争论中获胜，但却永远地失去了这位顾客。正如赢了一次战斗，却输了一场战争一样，得不偿失。

2. 处理顾客异议的步骤

无论销售人员的推销能力多么出色，但是在交易过程中总会有一些异议发生。因此，事先规划好一个处理异议的步骤非常重要。

（1）倾听顾客异议。

这是收集信息的一种过程，这些信息非常有助于解决问题。

①要耐心听完，不要急于做出反应，否则，会让顾客感到你非常敏感而起疑心。

②不可打断顾客，因为这样会激怒她。

③听取顾客意见时要诚心。总之，要多听少说。

（2）对顾客异议表示理解。

在对一个异议做出反应之前，应保证完全理解顾客。这种理解包括两个方面的内容：一是正确把握异议的真实含义；二是向顾客表示自己对异议的善意、诚意。对顾客提出的意见要表示感谢，态度要诚恳，要赞同顾客观点，充分理解顾客的感受。

（3）澄清和确定顾客异议。

顾客提出异议后，必须澄清其真伪性，通过一系列的提问，确定真实的顾客异议，然后表述一下销售人员对顾客提出的异议的理解，让顾客对自己的判断予以确定。找不到真实的顾客异议，就不能解决顾客心中最大的顾虑。就像医生看病一样，只有找出病根，才能对症下药。

（4）解答顾客异议。

澄清顾客异议的同时，要掌握处理异议的技巧，选择最好的回答。需要强调的是，最佳的回答总是取决于顾客当时的情况和异议本身的特点，只有完全满足了顾客的一切要求，异议才会消除。

（5）努力完成销售。

在销售人员圆满地处理完顾客异议之后，就有可能达成交易，但是如果顾客对销售人员的解答仍然摇头，则说明销售人员没有真正弄清顾客的需要，仍需要进行沟通，直至顾客满意，推销才能成功。

【案例】

销售人员："好了，介绍了这么多，您看，您喜欢这款车吗？还有，我是否遗忘了哪些问题没有介绍？"

顾客："哦，我还是喜欢这款车的，不错。但是，我要与太太商量一下。买车之前还是让她了解一下比较好。"

销售人员："当然了，让家人一同看车是一件好事。我也是在买任何东西前都得经过太太的确认，否则就麻烦了。您太太现在在哪里？"

顾客："她在上班。"

销售人员："您可以给她打个电话吗？或者我们现在就将车开过去，给她一个惊喜。"

顾客："够呛，她是一名客户经理，可能正在拜访客户呢，要不先谈谈价格，晚上她下班也许会过来。"

销售人员："我的意思是先让她有机会看车，或者试驾，当您决定要买了以后，可以协商一个好的价格。"

顾客："那还是晚上一起来看吧。"

销售人员："先生，我有三个原因希望你们可以一起试驾：第一，刚才您试驾的时间比较短，可能对车体会不深；第二，如果与您太太一起试驾，两个人的体会可能比较全面一些；第三，您已经说了，您喜欢这款车，只有您才知道您太太会喜欢什么车。"

顾客："哦，是这样，这款全新的车我还不熟悉，让我自己开还有一点担心。"

销售人员："没有关系，只要开上手，就熟悉了。况且即使是新车，我们也有保险，不用担心，即使最后您不喜欢这个车，也没有关系，就当交一个朋友。"

顾客："好吧，但是我不明白，你们为什么现在不能给我一个底价呢？"

销售人员："我觉得我们在您太太不在的情况下谈价有些不妥，除非您决定购车不需要她的态度，不然，一起谈多好，你们一回来，我们就开始讨论对您来说合适的价格，好吗？另外，我也要根据您的情况与经理协商一下，看是不是有什么好的分期付款计划。"

顾客："也许你说得对吧！"

销售人员："您能否帮我一个忙，填写一下表格。一来我现在就可请示经理，你们回来的时候就容易一些了；二来，我们也做一个调研，为了以后更好地为顾客服务，提升我们经销商的竞争力。"

顾客："当然，没有问题。"

思考题：这位顾客对试乘试驾有异议时，销售顾问是如何处理的？

三、处理异议的时机

美国某权威机构通过对几千名销售人员的研究发现，优秀的销售人员所遇到的顾客严重反对的机会只是普通销售人员的1%。其主要原因是优秀的销售人员对顾客的异议不仅能给予一个比较圆满的答复，而且能选择恰当的时机进行答复。可以说，懂得在何时回答顾客异议的销售人员会取得更好的成绩，销售人员对顾客异议答复的时机选择有四种情况。

1. 预测到的顾客异议在顾客提出之前答复

选择这种时机包括两种情况：一是销售人员在推销产品前已经考虑到顾客可能会提出什么问题，提前制定处理方案，在推销过程中替顾客说出并解答，消除可能发生的异议，这会使顾客感到你的诚实、可信。二是在推销过程中，觉察到顾客马上会提出某种异议，而这种异议又事关重大时，为争取主动，应抢先回答，引导顾客顺着你的思路走，不给顾客提出新异议的思考时间。但不是所有的异议都能预测得那么准确，有时会把不属于顾客异议或顾客根本没有想到的问题提出来，从而引起更多的新异议。

2. 在顾客提出异议后立即答复

事实上，对于顾客提出的异议，销售人员都应该立即答复，但从策略和有利于解决问题的角度考虑，对有些异议立即回答，并不见得会取得好结果，可以暂时放一放。但在大多数情况下，对于顾客提出的有效异议都应该立即予以解答，特别是那些明显而简单容易答复的问题，必须立即答复，否则就有可能失去销售的机会。

3. 在顾客提出异议后暂缓回答

在对顾客提出的异议马上做出回答会影响推销的顺利进行，或销售人员不能给予顾客一个满意的的答复，或异议会随后面洽谈的深入而不解自答，或顾客异议无关紧要时，应暂缓回答。需要注意的是，不立即回答顾客异议，有时会对销售工作产生不良影响，顾客会对销售人员、销售人员所在的公司、推销品产生怀疑而造成新的异议，因此一定要慎用。

4. 对顾客的某些异议不必回答

当顾客异议只是一些不明显的借口、肤浅的见解、明知故问的发难、顺便提及的问题，或与购买决定无关时，可以不予以回答。因为言多必有失，对于那些本来与交易无关的异议，如果有问必答的话，弄不好会节外生枝，引起不必要的麻烦或纠纷，从而影响整个销售工作。

四、处理顾客异议的方法

1. 运用转折法处理顾客异议

转折处理法是销售人员处理异议时常用的方法。销售人员应用这种方法，首先要承认顾客的看法有一定的道理，也就是向顾客做出一定的让步；然后再根据有关事实和理由来间接否定顾客的意见，提出自己的看法。

（1）转折处理法的优点。

销售人员不是直接驳斥，而是间接否定，有利于保持良好的人际关系和融洽的销售气氛。

销售人员尊重异议，承认异议，态度委婉，顾客容易被说服。

销售人员利用回避的时间去分析异议的性质和根源，可为处理异议留有余地。

（2）转折处理法的用途与缺点。

从转折处理法的基本思想来看，它不适用于那些敏感的、固执的、个性强且有理智型购买动机的顾客,也不适用于探索研究型的、疑问类型的顾客异议,而适用于那些因顾客成见、偏见及信息不通而产生的异议。转折处理法适宜在"以柔克刚"的情况下应用,不得滥用。当然,这一方法也并非十全十美,它可能削弱销售人员及其销售提示的说服力量,增大销售的难度。由于故意回避顾客异议,还容易使顾客产生各种错觉,认为销售人员可信度低,而且转折处理需要时间,不利于提高工作效率。

2. 运用转化法处理顾客异议

转化处理法是利用顾客的反对异议本身来处理异议的方法。顾客的反对意见有双重属性,它既是交易的障碍,同时又是很好的交易机会,销售人员要利用其积极因素去抵消消极因素。

(1)转化处理法的优点。

销售人员利用顾客的反对异议处理异议,不必回避顾客异议。

销售人员可以改变有关顾客异议的性质和作用,将顾客拒绝购买的理由转化为说服顾客购买的理由。

销售人员直接承认顾客异议,有利于保持良好的人际关系和营造融洽的推销气氛。

有效利用了推销哲学,把顾客异议转化为推销提示,把推销异议转化为推销动力,把不利因素转化为有利因素。

(2)转化处理法的缺点。

利用转化处理法处理异议的缺点:可能使顾客产生抵触情绪。顾客希望自己的意见受到尊重,但采取转化法容易使顾客失望。如果滥用,会导致顾客提出更多的异议,弄巧成拙,适得其反。

3. 运用补偿处理顾客异议

如果顾客的反对意见的确切中了商品和服务的缺陷,销售人员千万不可以回避或直接否定。明智的方法是承认有关缺点,然后淡化处理,利用产品的优点来补偿甚至抵消这些缺点。

(1)补偿法的优点。

销售人员不是利用和转化利益,而是肯定和补偿顾客异议,因此有利于改善销售人员与顾客之间的关系。

销售人员实事求是,承认缺点,提示优点,有利于改善销售人员与顾客之间的关系。

由销售人员直接提示优点,有利于开展重点推销。

用途比较广泛,适宜处理各种有效的顾客异议。

(2)补偿法的缺点。

补偿法可能产生负效应,易使顾客认为销售人员无法处理所提异议;会使某些顾客自以为是,纠缠不放,甚至提出更多异议;有些顾客异议,尤其是来源于顾客认识水平的异议,就很难抵消和补偿。

4. 运用询问法处理顾客异议

在没有考虑好如何答复顾客的反对意见时,销售人员不妨先用委婉的语气,把对方的反对意见重复一遍,或用自己的话重复一遍,这样可以削弱对方的气势,有时转换一种说法会使问题容易回答得多。注意,销售人员只能减弱而不能改变顾客的看法,否则,顾客会认为销售人员是在歪曲他的意思而对销售人员产生不满。销售人员可以在复述之后问一下"您的意思是这样吧?"然后再说下文,以征得顾客的认可。

(1) 询问法的优点。

通过询问,可以得到更多的反馈信息,有利于找出顾客异议的根源,明确顾客异议的性质。

采用询问法,销售人员直接追问顾客,请教顾客,有利于销售人员进一步处理好顾客异议。

询问可以迫使顾客说出异议根源,既可使销售人员处于主动地位,又可暴露顾客的弱点。

询问法方式灵活,能让顾客自己来处理其所提出的有关购买异议。

(2) 询问法的用途与缺点。

询问法主要适用于处理各种不确定型的顾客异议,不宜处理各种无关异议。如果顾客希望得到销售人员直接的答复或者得到明确的澄清,而销售人员不理解顾客的心理活动,不仅不能给予顾客简单明确的答复,反而滥用询问法去追问顾客,就会引起顾客的反感,甚至使其产生抵触情绪。当顾客本来就存在不少异议,在销售人员的进一步追问下又会引发新的异议时,就会造成对销售更为不利的局面。此外,销售人员对顾客的异议一再追问,又会破坏销售气氛,甚至可能导致最终无法成交。

5. 运用反驳处理顾客异议

从理论上讲,应该尽量避免使用反驳处理方法。直接反驳对方容易使气氛不友好,使顾客产生敌对情绪,不利于顾客接纳销售人员的意见。但如果顾客的反对意见是由于对产品误解或销售人员手头上的资料恰好能帮助说明问题时,销售人员不妨直言不讳。

(1) 反驳法的优点。

通过摆事实,讲道理,可以增大推销说服力度,增强顾客的购买信心。

直接说明有关情况,可以节省推销时间,提高推销效率。

用途十分广泛,而且符合多数顾客的习惯。

有利于道破顾客的各种借口,促使其接受推销。

(2) 反驳法的用途与缺点。

反驳法适用于处理因顾客的无知、误解、成见、信息不足等原因而引起的有效顾客异议,不适用于处理无关的、无效的顾客异议,不适用于处理因情感因素或个性问题引起的顾客异议,具体表现为:销售人员直接否定顾客异议,容易引起抵触、反感情绪,形成不融洽气氛,容易增加顾客的心理压力,导致顾客回避推销。如果顾客的异议正确或有一定道理,利用反驳只会降低企业、推销品及销售人员在顾客心目中的信誉度。

6. 处理顾客异议的其他方法

(1) 预防法。

预防法是指销售人员预知顾客将要提出特定的反对意见,在顾客尚未主动提出之前主动抢先替顾客提出的一种处理方法。在推销活动中,有些顾客提出的各种公开的异议只是拒绝的一种借口,而隐藏在内心深处的秘密异议才是成交的真正障碍。在这种情况下,销售人员可以通过预防处理法抢先提出顾客实际上存在的购买异议。先发制人,排除成交故障。

（2）忽视法。

忽视法指对于顾客的一些不影响成交的反对意见，销售人员最好不要反驳，销售人员只要面带微笑地同意其意见就够了。

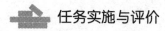 **任务实施与评价**

顾客异议处理

班级学号		姓名	
任务描述： 从下列顾客异议中选择一种进行客户异议处理练习； 熟练掌握客户异议处理的方法，自行设计话术； 两人一组，分别扮演销售顾问与客户，进行客户异议处理练习，注意与客户的互动。 任务实施： (1) 顾客异议类型： ①这车太贵了。 ②外形不够时尚。 ③其他品牌的车有优惠，这款车没有优惠。 ④我考虑考虑。 ⑤我还是等等吧，过一段时间可能降价呢！ ⑥前一段时间新闻报道说你们的车召回了，我还是要考虑考虑。 (2) 顾客异议处理话术： ①价格是贵了点，但这款车配置高。 ②您说得有道理。 …… 自我评价（个人技能掌握程度）：□非常熟练　□比较熟练　□一般熟练　□不熟练			
教师评语：（包括任务实施态度、完成状况、可行性等方面，并按等级制给出成绩） 			
成绩＿＿＿＿分　教师签字：＿＿＿＿＿　＿＿＿＿＿年＿＿月＿＿日			

任务6-3　促成交易

1. 能够正确描述成交的信号；
2. 能够正确说明促成交易的方法和技巧。

任务分析

推销成交是指顾客接受销售人员的购买建议及推销演示，并购买推销产品的行动过程。成交是整个销售环节中的重要一环，气氛比较紧张，容易使销售人员产生一些心理上的障碍，直接影响成交。

相关知识

一、推销成交失败的原因

1. 销售人员担心成交失败

无论多么优秀的销售人员，都不能保证每次销售都会成交。成交是一种概率，但随着销售经验的累积和销售技巧的不断成熟，成交的概率会越来越高，只有面对挑战不断总结的销售人员才会创造更高的业绩。恐惧失败、害怕被拒绝的销售人员终将一事无成。成交是对自己努力的回报，不成交也很正常，只有拥有这样的心态，才会成为一个优秀的销售人员。

2. 销售人员具有职业自卑感

产生这种心理障碍的主要原因在于社会成见，销售人员本身的思想认识水平也会导致不同程度的自卑感。一个人只有真正认识到自己工作的实际意义，才能为自己的工作感到自豪和骄傲，才能激发出巨大的勇气和力量。销售是每个公司生存发展的关键，没有销售，产品就没有市场，企业就要倒闭。

3. 销售人员认为顾客会自动提出成交要求

一般来说，顾客总是趋向被动，即使很想购买，也希望一再拖延。因此，销售人员应积极主动，告诉顾客现在就是购买的最好时机。

4. 销售人员对成交期望过高

这是极不利于成交的心理障碍。如果销售人员对成交的期望值太高，就会在无形当中产生巨大的成交压力，破坏良好的成交气氛，引起顾客的反感，直接阻碍成交。

销售永远是一个大数法则，并不是销售人员接触的每一个顾客都会选择成交。

即使不能说服某个顾客购买，一定还会有其他顾客购买。只要全力以赴，即使没有成交，也没有遗憾。如果销售人员抱有这样的心态，就会在成交的时刻做到坦然从容，而这种状态也会让顾客对销售人员更加具有信心，成交签单也就成为很自然的事情。

5. 对顾客催促太紧

有些销售人员在推销的开始就强迫顾客下决心，这样做的结果并不能促成同顾客的最后交易，反而容易吓走顾客。特别是在向顾客推销几个产品的时候，更应该让顾客有时间进行选择，不要强迫顾客就范。千万不要使顾客产生这样一种印象：顾客做出的购买决定是因为受到别人的强迫，或是盲目听从了别人的意见，在做出决定之前，顾客根本没有时间权衡利弊。具有创造性的销售人员是在引导顾客做出决策，顾客的决策过程应该是很自然的，在尽可能舒适的方式下进行。高压式的促成方法，通常只能收到相反的效果。

二、促成交易的必要条件

顾客对销售人员的产品虽然有着浓厚的兴趣，但如果要想达成交易，还应具备以下条件。

1. 顾客必须对销售人员所推销的产品有一个全面的了解

顾客一般不会在自己还不完全了解产品的时候就接受销售人员的建议，这也是决定能否进入成交阶段的基础。销售人员可以通过提问来检验顾客是否了解产品、是否有成交意愿。

2. 顾客对其所面对的销售人员以及销售人员所代表的公司信任和依赖

这也是达成交易必不可少的一个条件。没有这种信任的态度，不管产品多么吸引人，顾客都会对达成交易产生动摇。因为顾客考虑更多的是购买的产品使用后的效果，销售人员如果不能给顾客一个可靠的信誉保证，顾客是不会轻易地签订购买合同的。特别是那些推销质量不合标准的产品的销售人员，顾客更是厌烦和他们打交道。因此，要想成功推销产品，必须取得顾客的信任。

3. 顾客必须有购买推销产品的欲望

顾客只有对产品有购买欲望，才会对销售人员的推销介绍感兴趣，这时销售人员才能吸引顾客的注意力。销售人员只能以自己的活动影响顾客的购买决定而不能取代顾客做购买决定。因此，销售人员的工作中心是产生影响。

4. 要在适当的时机促使顾客做出购买决定

推销工作中"急于求成"反而会"欲速则不达"。因此，与顾客达成交易要等待适当的时机。每一次的洽谈也有高潮和低潮之分，如果销售人员没有能够在这个高潮中与顾客达成交易，应该争取在下一个高潮中尽量与顾客达成交易。不要为了达成交易而做出太大的让步，这样反而更容易引起顾客的疑虑，从而最终影响到销售的成功。

5. 必须将最后阶段的洽谈准备好

销售人员在对顾客的情况有全面了解的基础上，还要对自己的推销工作有全面的考虑，推销说明要有方向和目标，知道每一步该怎样进行。针对顾客的情况寻求制定相应的对策，尽快帮助顾客做出购买决定。

三、推销成交信号的识别与把握

推销成交信号是顾客通过语言、行为、感情表露出来的购买意图信息。顾客的成交意图有些是有意表示的，有些则是无意流露的，后者更需要销售人员及时发现。对于销售人员来说，准确地识别成交信号、把握时机是相当重要的。顾客成交信号可分为语言信号、行为信号和表情信号三种。

1. 语言信号

当顾客有意购买时，从其语言中就可以判断出来。例如，当顾客说："价钱能不能再便宜些？"这实际上就是一种有意表现出来的感兴趣的迹象，这表明顾客产生了购买意图，成交已近在咫尺。

归纳起来，顾客表示成交的语言信号有以下几种类型。

（1）表示肯定或赞同。

例如，"对，你说得没错""我们目前确实很需要"。

（2）请教产品使用的方法。

例如，"看起来是不错，但我不知道怎么使用""用起来方便吗？"。

（3）打听有关产品的详细情况。

例如，"如果产品出现故障，你们派人上门维修吗？"

（4）提出购买的细节问题。

例如，"一周内送货，时间太长了吧？"

（5）提出异议。

例如，"价格太贵了，能否再降低一点？"

（6）与同伴议论产品。

例如，"你看怎么样？"

（7）重复问已经问过的问题。

例如，"对于我刚才提出的问题，你能否再详细解释一下？"

（8）问"假如……"的问题。

当顾客出现上述的语言信号时，那么这个顾客已经有成交的语言信号了。当然，在实际的工作中，顾客的语言信号往往不那么明显，它们经常存在于顾客的异议中。这就要求销售人员要善于"察言观色"，掌握倾听和辨别的艺术。

2. 行为信号

行为信号是指顾客在举止行为上所表露出来的购买意图。例如，不断用手触摸商品并不住点头，拍拍销售人员的手臂或肩膀，做出身体自然放松的姿势等，均是有意成交的表现。有时顾客对销售人员的态度会突然变得友好和客气。

例如，"要不要喝杯咖啡？""留下来吃午饭好吗？""你真是个不错的销售员。""你对产品真的很熟悉。"

顾客接受了你，这是十分关键的一步棋。如果潜在顾客在和你聊天的过程中，突然起身为你倒杯水，或在听你说明的过程中，脸露微笑，这些细节的表现，已经证明顾客认同了你的说明，并在向你发出购买的信号。

请密切注意顾客所说的和所做的一切，也许获得订单的最大绊脚石是销售人员本人太过健谈，从而忽视了顾客的购买信号。因此，在销售的过程中，只要你认为听到或看到了一种购买信号，就可以马上签订单了。

3. 表情信号

表情信号是顾客的心理活动在面部表情上的反映。如目光对产品的关注或分散、面带微笑、表情严肃等均是判断成交时机的重要依据。通常来说，顾客决定购买的表情信号，有如下几种类型：

（1）面部表情突然变得轻松起来，紧皱的双眉舒展开。

（2）露出微笑或欣赏的神情。

（3）双眉上扬。

（4）眼睛转动加快。

（5）态度更加友好。

当出现以上任何情形时，你就可以签订单了，因为你观察到了正确的购买信号。细致的服务流程可以促成交易，所以要观察顾客的表情，并根据其变化的趋势，采取相应的策略、技巧加以诱导，这在成交阶段是十分重要的。

【案例】

上海大众4S店购买信号识别

尽管购买信号不会必然导致购买行为，但销售顾问可以把购买信号的出现当成促使购买协议达成的有利时机。

表情信号：目光对商品的关注或分散、面带微笑、表情严肃等。

语言信号：赞赏商品的性能、质量，故意压价，挑剔产品的款式，具体询问有关交货的时间、地点及售后服务等。

行为信号：不断用手触摸产品并不住点头、拍拍销售顾问的手臂或肩膀、身体自然放松的姿势等。

四、抓住成交的最佳时机

1. 确认顾客已经完全理解在本阶段里双方所提方案中的所有内容

回应顾客所有的担心和疑虑，让顾客有充分的时间自己来思考和核准方案的可行性。

2. 成交时机是顾客购买欲望达到最高的时候

通过把握住顾客的性格、想法、要求、条件等，从气氛、动作、表情的变化中抓住成交时机，不要放过顾客任何不经意流露出来的本意，积极地促进成交。

3. 如果不在时机成熟时寻求成交，则机会稍纵即逝

如果成交机会丧失，可能会变成没有机会或是再需要更辛苦的努力重新制造机会，也会造成顾客的疑虑和不满。

4. 成交的时机要根据顾客的个性、当时情况、洽谈气氛等而定

要稳稳地把握住时机，即使第一次无法成功，还要创造下一次机会。如果最后还是失败，也要继续做顾客后续的工作，以创造新的商机。

5. 当顾客心情非常快乐、轻松时，销售人员要适时提出成交要求，成交的概率会很大

例如，顾客开始向销售人员敬烟时、对销售人员突然亲热时、对销售人员的谈话表示十分赞同时，销售人员要抓住这个好的时机。因此，此时顾客的心情很好，非常放松，多数人是会听从你的建议立即购买的。

6. 当销售人员进行完商品的说明、介绍和回答了顾客提出的疑问之后，就要抓住时机

要有技巧性地向顾客询问所需汽车的型号、数量或者颜色等，也可以询问顾客采用什么方式付款，上午提车还是下午提车，现在就给顾客安排做"PDI"（新车交车前的检查）等。这时提出的诱导性建议是成交的一种最好方法。

7. 当顾客提出反对意见时，销售人员就要向顾客做出正确的解释

对顾客的反对意见解释完之后，再征求顾客的意见，询问顾客是否完全了解产品的说明，是否需要补充。当顾客认可销售人员的说明时，销售人员就要抓住这一有利时机，进一步询问顾客选择何种产品，是手动挡的还是自动挡的，或是必须有特定喜好的配置。当销售人员对顾客的反对意见做出说明和解释被认可后，便可以直接向顾客要求成交。

对一名优秀的销售人员而言，若想成功地完成销售，关键是全面地了解目标顾客的态度以及顾客对产品成交试探所做出的反应。这就要求销售人员选择使用最恰当的成交技巧，而不是简单直接地询问目标顾客是否愿意购买。

五、促成交易的方法和技巧

在销售洽谈的最后阶段，销售人员除应密切注意成交信号、做好成交的准备外，同时还要学会运用不同的成交技巧与方法。成交技巧与方法是指在最后成交的过程中，销售人员抓住适当的时机，启发顾客做出购买决定、促成顾客购买的推销技术和技巧。

1. 优惠成交法

优惠成交法是销售人员向顾客提供各种优惠条件来促成交易的一种方法。这种方法主要是利用顾客购买商品的求利心理动机，通过销售让利，促使顾客成交。供销售人员选择的优惠条件有广告补助、批量折扣、附赠品、优先供货优待、提供特殊服务等。

采用优惠成交法，既使顾客感觉得到了实惠，增强了顾客的购买欲望，又改善了买卖双方的人际关系，有利于双方长期合作。但是，采用此法无疑会增加销售费用，降低企业的收益，运用不当，还会使顾客怀疑推销品的质量和定价。因此，销售人员应合理运用优惠条件，注意进行损益对比分析及销售预测，遵守国家有关政策、法规，并做好产品的宣传解释工作。

2. 假定成交法

假定成交法是销售人员假定顾客已经做出购买决策，只需对某一具体问题做出答复，从而促使顾客成交的方法。假定成交法不谈及双方敏感的是否购买这一话题，减轻顾客购买决策的心理压力，以"暗度陈仓"的方式，自然过渡到实质的成交问题。

假定成交法是一种积极的、行之有效的方法，它自然跨越了敏感的成交决定环节，便于有效地促使顾客做出决策，能够适当减轻顾客决策的压力，有效地节省推销时间，提高销售效率。但是，如果使用的时机不当，会阻碍顾客的自由选择，会产生强加于人、自以为是的负效应，引起顾客反感。

销售人员运用假定成交法时，应尽量创造和谐融洽的洽谈气氛，注意研究观察顾客的购买心理变化，捕捉顾客成交的信号，然后采用此法促成交易。如果顾客对推销产品兴趣不浓或还有很多的疑虑时，销售人员不能盲目采用此法，以免失去顾客。同时，销售人员应善于分析顾客，对于较为熟悉的老顾客或个性随和、依赖性强的顾客，可以用假定成交法，而对于自我意识强、过于自信或自以为是的顾客，不宜采用假定成交法。

3. 从众成交法

从众成交法是销售人员利用从众心理来促成顾客购买推销品的成交方法。

在日常生活中，人们或多或少都有一定的从众心理。从众心理必然导致趋同的从众行为。作为人们的购买行为，当然受到自身性格、价值观念、兴趣爱好等因素的影响，同时又受到家庭、参考群体、社会环境等因素的影响。因此，顾客在购买商品时，不仅要依据自身的需求、爱好、价值观选购商品，而且也要考虑全社会的爱好，以符合大多数人的消费行为。从众成交法正是抓住了人的这一心理特点，力争创造一种时尚或流行来鼓动人们随大流，以便促成交易。

从众成交法主要适合于具有一定时尚程度的商品推销，且要求顾客具有从众心理。如果商品流行性差，号召力不强，又遇到自我意识强的顾客，就不宜采用此法。在具体运用从众成交法时应注意把握以下两点：

（1）使用从众成交法推销商品前，先期发动广告攻势，利用名人，宣传品牌，造成从众的声势。

（2）寻找具有影响力的核心顾客，把推销重点放在说服核心顾客上。在取得核心顾客符合服务流程促成交易的基础上，利用顾客们的影响力和声望，带动、号召大量具有从众心理的顾客购买，同时还要注意为顾客提供证据。

4. 解决问题成交法

解决问题成交法是指在成交阶段，顾客异议已经发生，销售人员针对顾客异议设法予以解决，促使推销成功的一种方法。一般情况下，这时候销售人员可通过异议探测，有针对性地解除顾客的疑虑。如果这时顾客的异议是真的，顾客会慎重选择销售人员提供的方法，而促成交易；如果顾客的异议是假的，自然会以别的借口搪塞，这时销售人员就知道如何处理了。

5. 对比平衡成交法

对比平衡成交法也称T形法，即运用对比平衡方式来促使顾客做出购买决策。在一张纸上画出一个"T"，销售人员需要在潜在顾客的参与下共同完成对比分析，可以将购买的原因列举在T形的右边，同时将不购买的原因列举在T形的左边。销售人员在与潜在顾客共同制作好对比表以后，还得向顾客逐一说明，提出诸如"对此您感觉如何"之类的坦率问题，然后要求成交。

销售人员可根据轻重缓急对需要解决的问题进行排序，客观全面地列出购买或不购买的原因，最好邀请潜在顾客一起参与，这样不仅提高了销售人员的可信度，而且进一步激发了潜在顾客的购买愿望。这种方法适用于驾驭型和分析型顾客，因为这符合顾客强调沟通理性的风格。

6. 小点成交法

小点成交法是指销售人员通过解决次要的问题，从而促成整体交易实现的一种成交方法。销售人员运用小点成交法时，要注意顾客的购买意向，慎重选择小点，以利于创造和谐的气氛，保证以小点的成交促进整体交易的实现。从顾客的购买心理来说，重大问题往往会产生较强的心理压力，顾客往往比较慎重，不会轻易做出购买决策，如在购买房子、汽车、高档家电等方面尤为突出，而在比较小的交易问题面前，如购买日用品，顾客往往信心十足，比较果断，容易做出成交的决定。小点成交法正是利用顾客的这种心理规律，对大型的交易，先就局部或次要问题与顾客成交，然后在此基础上，再就整体交易与顾客取得一致意见，最后成交。

小点成交法采取先易后难、逐渐推进的方法，避免大笔交易给顾客带来的心理压力，运用较为灵活。但是此法如果运用不当，容易分散顾客的注意力，不利于突出推销品的主要优点、顾客会因次要问题纠缠不清，导致容易失败。

7. 总结利益成交法

总结利益成交法是销售人员在成交阶段，对顾客汇总阐述其销售产品的优点，激发顾客

的购买兴趣，促使交易实现的一种方法。这种方法是在推销劝说的基础上，进一步强调销售产品的良好性能和特点、给顾客带来的多方面利益，使顾客更加全面地了解销售产品的特性。

总结利益成交法能够使顾客全面了解产品的优点，便于激发顾客的购买兴趣，最大限度地吸引顾客的注意力，使顾客在明确既得利益的基础上迅速做出决策。但是采用此法，销售人员必须把握住顾客确实的内在需求，有针对性地汇总阐述产品的优点，不能将顾客提出异议的方面作为优点予以阐述，以免遭到顾客的再次反对，使汇总利益的劝说达不到效果。

8. 循循善诱成交法

循循善诱成交法与总结利益成交法有类似之处，但销售人员不直接总结产品的利益，而是提出有关利益的一系列问题让顾客回答的成交方法。值得注意的是，使用这一方法，应该认识到某些潜在顾客也可能先假装同意销售人员所陈述的所有产品的利益，但当销售人员提出购买请求时，却出人意料地拒绝，有意想看到销售人员惊奇的表情。此外，多疑的顾客可能会把循循善诱成交法视为陷阱，或看成是对顾客智商的伤害，无助于购买决策。无论是对于哪些顾客，心平气和地看待和处理是销售人员必须具备的职业素养。

9. 请求成交法

请求成交法是销售人员直接要求顾客购买产品的一种成交技术。在洽谈出现以下三种情况时，可以果断地向用户请求成交。

（1）洽谈中顾客未提出异议。

如果洽谈中顾客只是询问了产品的各种性能和服务方法，销售人员都一一做了回答后，对方也表示满意，但却没有明确表示购买。这时销售人员就可以认为顾客心理上已认可了产品，应适时主动地向顾客提出成交。

（2）顾客的担心被消除后。

在洽谈过程中，顾客对商品表现出很大的兴趣，只是还有所顾虑，当通过解释已经解除并取得了顾客认同后，就可以迅速提出成交请求。

（3）顾客已有意购买，只是拖延时间，不愿先开口。

此时为了增强其购买信心，可以巧妙地利用请求成交法以适当施加点压力，达到直接促成交易的目的。

请求成交法的优点在于若能正确运用，能够有效地促成交易。因为从顾客心理来看，顾客一般不愿主动提出成交要求。为了有效地促成交易，就要求销售人员把握时机，主动提议，说出顾客想说又不愿意说的话，从而促成交易。另外，采用请求成交法，可以避免顾客在成交的关键时刻故意拖延时间，耽误成交时机，从而有利于节约推销时间，提高推销效率。

但是请求成交法也存在局限性。若销售人员不能把握恰当的成交机会，盲目要求成交，很容易给顾客造成压力，从而使顾客产生抵触情绪，破坏本来很融洽的成交气氛。此外，若销售人员急于成交，就会使顾客以为销售人员有求于自己，从而使销售人员丧失成交的主动权，使顾客获得心理上的优势，还有可能使顾客对本来已认可的条件产生怀疑，从而增加成交的难度，降低成交的效率。

10. 选择成交法

选择成交法是销售人员为顾客提供一种购买选择方案，并要求顾客立即做出购买决策的交易方法。此法是在假定顾客一定会买的基础上为其提出购买决策的选择方案，即先假定成交，后选择成交。选择成交法适用的前提：顾客不是在买与不买之间做出选择，而是在产品属性方面做出选择，如产品的价格、规格、性能、服务要求、订货数量、送货的方式、时间、地点等都可作为选择成交的提示内容。这种方法表面上是把成交主动权让给了顾客，而实际上只是把成交的选择权交给了顾客，其无论怎样选择都能成交，并有利于充分调动顾客决策的积极性，较快地促成交易。

销售人员在应用选择成交法时要注意以下问题：

（1）必须针对顾客的购买动机和购买意向，把顾客的购买选择限制在有效的范围内。

这就要求销售人员在提供选择方案时，应提供能使顾客产生积极心理效应的方案，但不要向顾客提供非成交性方案或否定性方案。

（2）应掌握主动权，积极促成交易。

在使用选择成交法时，销售人员既要把成交选择权交给顾客，促使顾客自动成交，又要掌握成交的主动权，对顾客施加适当的成交压力，主动促成交易。

（3）应主动当好顾客的购买参谋，帮助顾客做出正确的成交选择。

面对众多的成交方案，有时顾客就会感到无所适从，为提高成交效率，销售人员应主动向顾客介绍各种成交选择方案及其特点，帮助顾客做出适当的购买决策。

11. 以退为进成交法

以退为进成交法一般是指销售人员提出第一项方案被顾客拒绝后，再提出第二项方案，顾客就会认为对方已经做出让步了。以退为进促成交易方式的基本出发点是由于社会成员间存在着互动共荣的特点。销售人员改变方案意味着已经接受了异议或拒绝，重新提出的成交方案肯定比第一项方案有所让步，否则，不可能成交。

12. 试用成交法

试用成交法是销售人员把作为实体的产品留给顾客试用一段时间以促成交易的方法。有统计表明，如果顾客能够在实际承诺购买之前，先行拥有该产品，交易的成功率将会大为增加。此法是基于心理学这样一个原理：一般情况下，人们对从未有过的东西不会觉得是一种损失，但当其拥有之后，尽管认为产品不那么十全十美，然而一旦失去，总会有一种失落感，甚至产生"缺了就不行"的感觉。因此，人总是希望拥有而不愿失去。国外有试验显示，产品留给10家试用，往往有3~6家购买，更何况顾客在使用试用产品后，总觉得欠销售人员一份人情。若觉得产品确实不错，就会买下产品来还这份人情。

试用成交法主要适用于顾客确有需要，但疑心又较重、难下决心的情况。此法能使顾客充分感受到产品的好处和带来的利益，增强其信任感和信心，一旦购买，也不会产生后悔心理，并有利于改善销售人员和顾客间的人际关系。但试用期间要经常指导用户合理使用，加强感情沟通，使用后要讲信誉，允许顾客退还且不负任何责任，如此才能提高成功率。

13. 机会成交法

机会成交法是销售人员向顾客提示最后成交机会，促使顾客立即购买的一种成交法。人们一般都有"机不可失、时不再来"的心理认识，遇到有利机会，一旦错过，将后悔莫及。机会成交法正是抓住顾客在最后机会面前的犹豫将其变为果断购买。机会成交法利用人们怕失去某种利益的心理，极大地刺激了顾客的购买欲望，减少了推销劝说的难度，增强了顾客主动成交的压力，促使交易尽快完成。但是，运用此法要求销售人员必须实事求是，不能欺骗和愚弄顾客，否则，会影响企业的信誉和顾客对销售人员的信任。

值得注意的是，利用机会成交法对顾客施加压力并不是强迫顾客来买你的商品，而是运用一种心理战术，使顾客无形中感到一种压力。这种压力是顾客自己产生的，顾客感觉不出这是销售人员造成的。销售人员在进行商品推销时，要想方设法先使顾客感到紧张，然后再进行推销。销售人员应该具有高度的说服力，要使所说的话深入人心，能引起顾客的共鸣。

14. 保证成交法

保证成交法是销售人员通过向顾客提供售后保证而促成交易的一种方法。顾客成交有多种不同的心理障碍，有的担心购买后商品质量有问题，有的担心送货不及时，无人上门安装修理等。如果不消除顾客的这些心理障碍，顾客往往会拖延购买或以借口拒绝购买。保证成交法是针对顾客的忧虑，通过提供各种保证以增强顾客购买的决心，利于顾客迅速做出购买决定，有利于有针对性地化解顾客异议，有效地促成交易。

采用此法促成交易，要求销售人员和推销企业必须做到"言必行，行必果"，否则，会失去顾客的信任。

15. 肯定成交法

肯定成交法是销售人员以肯定的赞语坚定顾客的购买信心，从而促成交易实现的一种方法。肯定的赞语对顾客而言是一种动力，可以使犹豫者变得果断，拒绝者无法拒绝，从而使顾客别无选择地成交。销售人员采用肯定成交法，必须确认顾客对推销品已产生浓厚的兴趣。赞扬顾客时一定要发自内心，态度要诚恳，语言要实在，不要夸夸其谈，更不能欺骗顾客。

肯定成交法先声夺人，减少了推销劝说的难度，销售人员由衷的赞语是对顾客的最大鼓励，有效地促进了顾客决定的做出，利于提高推销效率。但是这种方法有强加于人之感，运用不好，可能遭到拒绝，难以再进行深入的洽谈。

六、成交阶段的风险防范

在成交阶段，还要注意成交方面的风险，避免在成交以后再起争议。达成交易以后，销售人员暂且忘掉一切，不要再去回顾整个交易过程的艰辛情况，特别要注意的是，不要被顾客牵着鼻子走。

1. 成交过程中的风险防范

销售人员要积极地在顾客的感情方面多做工作，一旦进入成交过程，就不轻易动摇条件；销售人员要不卑不亢，说话短促有力，充满自信，不说没用的话，不使用模棱两可的语言,明确告知是或不是;让顾客自己做出决定。

2. 制作订单之前的风险防范

销售人员既然在成交阶段之前已经做了大量的工作,所以此时要相信自己,相信顾客是通过服务流程促成交易的,是通情达理、真心诚意的,不要在销售条件上软下来。所有的变通都要在规定的条件内决定。

3. 写订单阶段的风险防范

销售人员要多听少说,注意言多必有失,一定要将承诺和条件互相确认。如对车辆的颜色、车辆的交货期、车辆的代号、车辆的价格等进行确认,避免出现歧义。同时,要确认购买的车辆是个人还是单位,确认支付方法、支付银行、交易银行、银行账号等。

4. 签字盖章阶段的风险防范

这个阶段,销售人员要动作迅速,一切按规范处理,一定要确认资金和支付方式,按规定收取订金(注意和定金区别),把订单(协议、合同)的一联交给顾客,同时把注意事项在事前说清楚。

成交之后,即指签订购车合同后,双方都会表现出高兴、得意的表情,但在这个阶段,顾客对洽谈的内容有时还会存有一些担心,所以销售人员应不忘适时地美言顾客几句,一定要给顾客留下"确实买了一样好东西,物有所值"的印象。

美言几句:

"买得正是时候呀"。

"来得早不如您来得巧呀"。

"您真的是很有眼光呀"。

"到底还是给您便宜了呀"。

"您真是谈判高手,佩服佩服"。

【案例】

签约成功工作流程

1. 签约成功的目的——报价成交

报价成交是销售过程中关键的一步,通常关系到此次销售能否顺利成交。顾客的异议一般会出现在报价签约之前,因此,销售人员应该妥善处理顾客的异议,并让顾客感觉到他已经了解了所有的关键细节,在这一阶段,销售人员应考虑到顾客的实际需求和他所关心的问题,努力满足顾客的需求,但要遵循价格统一的原则,掌握时机,促使顾客成交;通过报价说明,增加价格透明度和顾客的满意度。

2. 签约成交的标准行为

(1) 说明商品价格时。

①利用报价单向顾客解释商品价格。

②利用有关资料,向顾客解释各项费用,并不断向顾客确认。

③耐心回答顾客的问题,清楚解释所有细节内容。

(2) 说明其他事项时。

①准备有关的按揭与保险讲解方案。
②利用相关资料说明精品加装，协助顾客充分理解。
③准备计算器，可及时进行计算说明。
(3) 签约时。
①若顾客同意签约，提供"订购单"，并协助顾客正确填写。
②专心处理顾客签约事项，谢绝外界干扰。
(4) 签约后。
①按流程复印相关证件和资料。
②记录与顾客的约定事项，感谢并恭喜顾客。
③使用"一条龙服务"资料，说明车辆购置程序和费用。
(5) 顾客拒绝签约。
①了解顾客的需求和抗拒原因，进一步提供信息。
②表示理解，不要对顾客施加压力。
③给顾客足够的空间和时间考虑。
④再次根据顾客需求强调产品的优势，欢迎多做比较。
⑤礼貌地送别顾客，欢迎再次光临。

3. 签约成功的技巧

(1) 利用报价工具。
①准备好报价单、按揭、保险等说明工具。
②准备计算器等销售工具。
(2) 三步报价法。
①总结本车型的好处。
②报价。
③强调针对该顾客需求带来的冲击。
(3) 处理异议。
①明确顾客异议产生的原因。
②表示理解。
③从顾客角度出发，强调产品的利益。
④处理误解：明确误解点，收集资料；口头说明，解读资料；利用试乘试驾说明。
⑤处理存疑：明确疑点，收集资料；口头解释，通过车展、试乘试驾说明；以本车型满足该顾客的各种需求抵消存疑。
处理不满：明确不满处，以本车型满足该顾客的各种需求平衡不满点，降低顾客对不满点的需求。
(4) 顾客拒绝成交。
①表示理解与关心。
②不批评竞争车型。
③对竞争车型提出2~3个疑点。
④安排诱因，促使顾客在决定前回访展厅。

任务实施与评价

促成交易模拟

班级学号		姓名	

任务描述：
熟练掌握成交的方法，自行设计话术；
两人一组，分别扮演销售顾问与客户，进行成交练习，填写新车订购单。
任务实施：
成交话术及模拟。
自我评价（个人技能掌握程度）：□非常熟练　□比较熟练　□一般熟练　□不熟练

教师评语：（包括任务实施态度、完成状况、可行性等方面，并按等级制给出成绩）
_____
_____
_____

成绩_____分　教师签字：_____　_____年___月___日

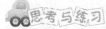

1. 思考题

（1）简述报价技巧。

（2）简述顾客异议产生的原因。

（3）简述处理顾客异议的方法。

（4）简述促成交易的方法。

2. 选择题

（1）在购买汽车时需要的费用一般包括（　　）。

A. 车价　　　　　　　　　　　　B. 车辆购置税

C. 车辆上牌费、车辆保险费　　　D. 车辆装饰费用、车船使用税等

（2）议价方法有（　　）。

A. 拖延法　　　B. 比较法　　　C. 分摊法　　　D. 订金法

（3）促成交易的方法有（　　）。

A. 优惠成交法　　　　　　　　　B. 假定成交法

C. 解决问题成交法　　　　　　　D. 对比平衡成交法

（4）处理顾客异议的原则有（　　）。

A. 理解顾客异议　　　　　　　　B. 善待顾客异议

C. 尊重顾客异议　　　　　　　　D. 永不与顾客争论异议

（5）汽车的价格主要由（　　）组成。

A. 运费　　　B. 车厂利润　　　C. 经销商利润　　　D. 成本

（6）处理异议的时机有（　　）。

A. 预测到的顾客异议在顾客提出之前答复

B. 在顾客提出异议后立即答复

C. 在顾客提出异议后暂缓回答

D. 对顾客的某些异议不必回答

(7) 推销成交失败的原因有（　　）。

A. 销售人员具有职业自卑感　　　　B. 销售人员认为顾客会自动提出成交要求

C. 销售人员对成交期望过高　　　　D. 对顾客催促太紧

(8) 顾客成交信号可分为（　　）。

A. 指示信号　　　　B. 语言信号　　　　C. 操作信号　　　　D. 行为信号

3. 判断题

（　　）(1) 汽车的价格主要由车厂利润、经销商利润、成本这几部分组成。其中成本既包括汽车的制造成本，也包括销售成本和物流运输成本。

（　　）(2) "三明治"法，指在产品的价值上再添加其附加值，以此来说明自己的产品物有所值。

（　　）(3) 需求异议的主要根源在于：随着现代科技的发展，产品的生命周期日趋缩短，新产品层出不穷。

（　　）(4) 销售人员不能认为顾客是在挑剔，应把它看成是对自己工作的促进。

（　　）(5) "包牌价"主要包括车辆的出厂价、车辆购置税、车辆检测费、车辆上牌费用、车船使用税、车辆保险费等。

（　　）(6) 价格异议是指顾客以推销产品的价格比相似产品的价格偏低为由而拒绝。

（　　）(7) 销售人员不仅能以自己的活动影响顾客的购买决定，而且能取代顾客做购买决定。

（　　）(8) 从众成交法是销售人员利用从众心理来促使顾客购买推销品的成交方法。

（　　）(9) 行为信号是指不断用手触摸产品并不住点头、拍拍销售顾问的手臂或肩膀、身体自然放松的姿势等。

项目七
交车服务

任务 7-1 交车前准备

1. 能够正确描述交车前的准备；
2. 能够正确说明交车 PDI 检测。

在新车交付这个环节，销售顾问要为客户准备好爱车，并办理好相关手续，准备好文件，客户到来后为客户提供便捷服务，详细介绍车辆的使用，提高客户的满意度。

一、交车前的文件准备

交车前要对涉及车辆的相关文件进行仔细全面的检查，确认无误后，装入大文件袋，以便交给顾客。这些文件包括：单据（发票、合同等）、临时行车牌照、使用说明手册、产品合格证等；配件保证书（卡）及所有费用清单；完税证明、保险卡（含强制险及其他加保）等；名片（销售人员、服务部经理、服务代表）、交车确认表、PDI 检查表等。交车当天，销售人员根据"PDI"对车辆的各项目进行确认。

二、车辆准备

1. 交车前检查的必要性

想要赢得顾客的满意，PDI（交车前的检查）是绝对必要的工作。因为顾客对于新车的期望没有被满足，例如车身有剐痕、粗制滥造等。只要有这些状况发生，那顾客将会极度不满，并会严重影响新车的销售。

PDI 是交车体系的一部分，该体系包括一系列在新车交货前需要完成的工作。其中大部分项目是由服务部门来完成的。服务部门的责任是以正确的方法执行 PDI，以便使车辆完美无缺地交到顾客手中。保质保量地交一辆完美无缺的车是使顾客满意的首要条件。

（1）PDI 的重要性。

新车 PDI 的目的就是在新车投入正常使用前及时发现问题，并按新车出厂技术标准进行修复；同时再次确认各部位的技术状态良好；各种润滑油、冷液是否符合技术要求，以保证顾客所购汽车能正常运行。

新车出厂要经过一定的运输方式（或自行行驶）到销售部门，通过销售商才到顾客手中，这期间，有的要运输（或行驶）或者花费较长的时间。在运输中，由于种种原因，难免发生一些意外。在工厂与特约店之间有许多地方或因素能使汽车遭到损坏。从制造厂家到特约店的时间可能是几个星期，也可能需要几个月。在这段时间内，车辆可能遇到极端恶劣的情况：保管过程中的高温、运输过程中的碰撞、飞石、严寒、风雨等。尽管在生产过程中及产品制成后的质量管理是持续进行的，但是不能保证汽车完好无损地运到特约店，因此，检查新车在运输过程中是否受到损伤是一项非常重要的工作。

在很多情况下，新车是在库存状态，但是如果库存不当，新车也将不可避免地出现一些问题，如果不进行仔细的检查，也会给顾客带来不良印象，给今后的销售带来麻烦。

当进行 PDI 时，可能会发现一些新车库存中的问题，例如蓄电池会过度放电等。发现这些问题，并去防止这些问题发生，将会使服务部门省去不少麻烦。检查新车在库存的过程中是否因保管不当而造成损坏。如果必要的话，新车应加以整备，以恢复出厂时应有的品质。

此外，新车出厂时虽有厂检的技术质量标准，各种装备也按一定的要求配齐，但也难免出现因生产线上人为错误导致的差错和损坏，也要一并加以检查，及时反馈给生产厂家，这给整车厂提高质量带来了许多宝贵意见。

总之，新车交给顾客之前的检查是新车在投入运行前的一个重要环节，涉及制造厂、供应商和顾客三方的关系，是对汽车制造厂汽车质量的再一次认可，是消除质量事故隐患的必要措施，也是对购车顾客承诺及一系列优质服务的开始。

（2）PDI 服务的基本要求。

我国汽车服务行业 2002 年 7 月 23 日起实施的《汽车售后服务规范》提出了 PDI 服务技术咨询的基本要求：

①供方在将汽车交给顾客前，应保证汽车完好。

②供方应仔细检查汽车的外观，确保外观无划伤及外部装备齐全。

③供方应仔细检查汽车内饰及装备，确保内饰清洁和装备完好。

④供方应对汽车性能进行测试，确保汽车的安全性和动力性良好。

⑤供方应保证汽车的辅助设备功能齐全。

⑥供方应向顾客介绍汽车的使用常识。

⑦供方有责任向顾客介绍汽车的装备、使用常识、保养常识、保修规定、保险常识、出险后的处理程序和注意事项。

⑧供方应向顾客提供 24 小时服务热线及求援电话。

⑨供方应随时解答顾客在使用中所遇到的问题。

（3）PDI 的检查项目。

PDI 的检查项目主要包括：VIN 码、发动机舱、发动机舱（暖机后）、驾驶室内的装饰、车身周围、门、汽车底部和驾驶操作等内容。各品牌车的检查项目大同小异。

2. 交车前车辆检查

（1）车辆必须经过实际的操作，确认所有的功能都处于正常状态。

（2）车辆清洁。包括车身及车体内外，检查车体的内、外观。

(3) 车辆细节检查。车体有没有任何剐伤，车子的里程数是不是超过合理范围（从车厂出来到经销商中间的过程）；车子是否有任何异状；注意是否车子的型号、制造年份、颜色、原厂配备是否正确；注意行车执照的出厂日期与发票是否相同（跨年车问题）；有无组装产生的伤痕或割痕，尤其是有无外加配件，技师不小心伤到烤漆保险杠等；试验每一个车门是否开关顺畅，关上时有无异响；检查车门胶条等是否安装妥当，车门与车体接缝处是否均匀；电动窗及天窗开启上掀等动作是否正常，有无异响产生；玻璃与窗框接缝处是否密合；喇叭外罩与车门饰板是否安装妥当、有无瑕疵；检查备胎是否稳固，喇叭是否正常，仪表灯是否正常，车门锁总开关是否运作正常；电动后视镜开关是否正常，有无异响，方向盘上下调整是否正常；安全带扣上是否顺畅，上下调整是否正常。

建议在光线明亮的环境下完成交车。在光线不足的情况下，很多剐痕或伤痕就容易被忽略。最好是在白天交车。把车子停在太阳下，如车子有碰撞再喷漆，一目了然；先把钥匙插进去，拧到电源开的位置，找人在外面看所有灯是否正常[大灯（远近都调式）、头灯、方向灯、雾灯、倒车灯、刹车灯、小灯、危险警告灯、车内照明灯]。若可以的话，可以试一下大灯照出去的位置是否太高或太低。雨刷开关，每一段都要测试，喷水这项也不要忘了。若可以，测试一下除雾线。看拉手刹是否正常（最好的测试方式是慢慢拉，听有无声音），拉好后，挂入D档，看车有无移动。检查所有皮座椅有无外伤或瑕疵。测试驾驶座高低前后调整及副驾驶座前后调整，椅背角度调整，最好把每一项平放或躺平方式都测一遍。头枕、后座椅扶手是否调整正常。

(4) 每月由经办人员整理新车交车前检查表，按新车汇总表的顺序归档，以备检验。

(5) 预先将交车事项通知专营店的相关员工，做好交车前的各项准备工作。

(6) 交车前要和顾客确认是否要撕掉保护膜等。

(7) 交车前装配好约定的选用备件。

(8) 请服务人员检查油、水及车内所有电动及电路是否正常（四门电动窗及天窗），及时把车内需调整的调整好。

【案例】

上海大众特许经销商商品车出入库PDI检查表如表7-1所示。

表7-1 上海大众特许经销商商品车出入库PDI检查表

1. VIN 码 2. 车型代码
LSV _____ V _____
3. 特许经销商代码：_____ 特许经销商名称：_____
4. 入库检查日期：_____年_____月_____日 入库PDI检查人员签名：_____
   出库检查日期：_____年_____月_____日 出库PDI检查人员签名：_____
5. 检查内容：

检查内容	入库状况		出库状况		检查内容	入库状况		出库状况	
	正常（√）	故障（×）	正常（√）	故障（×）		正常（√）	故障（×）	正常（√）	故障（×）
启动前检查项目					内饰检查项目				
1. 钥匙、遥控装置					1. 内饰板、密封条				

续表

检查内容	入库状况 正常（✓）	入库状况 故障（×）	出库状况 正常（✓）	出库状况 故障（×）	检查内容	入库状况 正常（✓）	入库状况 故障（×）	出库状况 正常（✓）	出库状况 故障（×）
启动前检查项目					内饰检查项目				
2. 发动机盖的开启及保险钩					2. 车顶饰板、遮阳板、车顶拉手、地毯、踏脚垫				
3. 合格证、铭牌、VIN代码铝牌、车架钢印号、发动机号					3. 仪表、仪表板、安全气囊外观、车内后视镜				
4. 冷却液、机油、制动液、动力转向油、洗涤液					4. 桃木内饰、空调操作面板、各种开关及面板				
5. 油管、气管、油罐、夹箍					5. 座椅外观、头枕、座椅套				
6. 线束、操纵机构拉索					6. 前后中央扶手、安全带				
7. 发动机及其他部件（皮带等）					7. 杂物箱及座椅抽屉、窗帘				
8. 电瓶、发动机					8. 点烟器、烟灰缸、饮料架、出风口				
9. 里程、时速、水温、燃油等仪表指示									
10. 离合器、变速箱及挂挡系统									
11. 方向盘及操纵机构、转向柱调节									
12. 喇叭、转向机构、制动系统（含手刹）									
功能项目检查					附件检查项目				
1. 时钟调整、外后视镜调节装置					1. 行李箱、密封条、地毯、内饰、备胎、CD盒				
2. 收放机、CD机、车内音响及控制					2. 随车工具（千斤顶、天线、警告牌等）				

续表

检查内容	入库状况 正常(✓)	入库状况 故障(×)	出库状况 正常(✓)	出库状况 故障(×)	检查内容	入库状况 正常(✓)	入库状况 故障(×)	出库状况 正常(✓)	出库状况 故障(×)
功能项目检查					附件检查项目				
3. 空调系统(含鼓风机、压缩机)、出风口控制					3. 随车文件(合格证、说明书、磁带、CD等)				
4. 头枕、座椅调节									
5. 集控门锁、倒车雷达、行李箱及油箱开启(电)									
6. 车窗升降、天窗控制									
7. 雨刮控制及风窗洗涤控制、大灯清洗控制									
8. 仪表指示(含后窗加热)									
9. 转向及侧面转向灯、远(近)光灯及变光灯、大灯高度调节									
10. 雾灯、制动灯、高位刹车灯、警告灯、倒车灯									
11. 顶灯、阅读灯、杂物箱灯、化妆灯、门灯									
12. 行李箱照明灯、牌照灯									
外观检查项目					底盘检查项目				
1. 油漆(含四门二盖、车身、保险杠、加油口等)					1. 轮罩、底盘挡泥护板				
2. 倒车雷达					2. 发动机、变速箱				
3. 镀铬饰条、徽标、字饰					3. 燃油管、制动油管				
4. 前后挡风玻璃、橡胶密封条					4. 动力转向系统				

续表

检查内容	入库状况 正常（✓）	入库状况 故障（×）	出库状况 正常（✓）	出库状况 故障（×）	检查内容	入库状况 正常（✓）	入库状况 故障（×）	出库状况 正常（✓）	出库状况 故障（×）
外观检查项目					底盘检查项目				
5. 门窗玻璃、导向槽					5. 四轮轮速传感器线束				
6. 天窗、天线插座									
7. 车门限位器和固定销									
8. 轮胎、轮毂及气压									
故障查询及断电后的新设定									
1. 用 VAG 5052 按地址进入要选择区域进行匹配、故障查询等工作									
2. 用 VAG 5052 模式设定（从"运输模式"改到"正常模式"）									
有无缺陷或故障（详细说明）：									

三、交车注意事项

（1）确定一个对顾客而言可行且方便的交车日期与时间。

（2）询问顾客是否有足够的时间用于交车。

（3）确保车辆已进行过 PDI，可以按时交车。

（4）如果有任何延误交车时间的因素出现，应立即和顾客联系，表示道歉，同时说明延误的原因并重新确定交车时间。

（5）应事先准备好所有书面文件，以使交车过程更顺利。

（6）车辆到达时应进行检验，确保其按订单规定装备，车况良好。

（7）在交车前一天，与顾客再次确认交车时间，以确认顾客该时间是否可行，同时兼顾提醒顾客。

（8）确保交车时服务部经理在场，以增加顾客对售后服务的信任感。

（9）店堂内必须保证交车区域明亮、整洁、清新，也要备有桌椅、饮料、点心（销售人员要事前确认），以方便销售人员将各种车辆资料在很慎重、轻松、愉快的气氛下交给顾客，以提高顾客对交车的满意度。

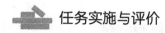 任务实施与评价

PDI 检查

班级学号		姓名	
任务描述： 熟练掌握 PDI 检查的项目和流程。 利用实训室车辆和 PDI 检查表进行练习。 小组讨论心得体会，每组派一名代表汇报。 任务实施： 检查车型为：_____ 我的收获是：_____ 自我评价（个人技能掌握程度）：□非常熟练　□比较熟练　□一般熟练　□不熟练			
教师评语：（包括任务实施态度、完成状况、可行性等方面，并按等级制给出成绩） 			
成绩_____分　　教师签字：_____　　_____年___月___日			

任务 7-2　新车交付流程

1. 能够正确说明交车预约；
2. 能够正确说明交车接待的内容。

任务分析

在汽车销售的全过程中，销售的每一个环节都要注意体现对顾客关怀备至的服务，销售人员经过了前面那么多销售的环节，做了那么多的努力，到了交车阶段，可以说历尽千辛万苦，交车环节是顾客最兴奋的时刻。在这个步骤当中，按约定销售人员要把一辆顾客喜欢的汽车交给顾客，这对于提高顾客的满意度起着很重要的作用，而这正是销售人员容易忽视的。在交车服务中与顾客建立朋友关系，实际上就是准备进入新一轮的顾客开发，这个观念很重要。

人们常说"十个馍吃了九个半"，就是说明销售人员做事情时需要有始有终，不要虎头蛇尾，要让顾客在以后回忆起购车经历没有一点遗憾。在操作上，力求注意细节，这对以后开发新的业务、争取回头顾客是非常重要的。

相关知识

一、交车预约

递交新车是一个让人心动的时刻，对顾客来说，意味着从此之后他将从他的经销商那里

得到许多：守信、服务能力、关心和友谊。

因此，递交新车时，重要的是自始至终贯彻在销售过程中制定的标准，甚至加上一种感情。必须让顾客体会到，销售人员、所有工作站的工作人员都在分享他的欢乐和喜悦。

（1）车辆到达4S店并经过PDI确认无问题后，销售人员应及时和顾客联系，预约交车时间。

①确认对方身份，自我介绍（用对方乐于接受的称呼或方式）。

②祝贺，第一时间恭喜顾客（用100%的真诚和热情）。

③告知顾客交车的流程和时间（可询问顾客最关注哪个步骤，并记录或与顾客确认一条龙服务及衍生服务的需求及完成状况）。

④征得顾客同意，以顾客方便的时间约定交车时间及地点。

⑤提醒顾客带齐必要的文件、证件和尾款。

⑥询问顾客交车时将与谁同来，并鼓励顾客与亲友一起前来。

⑦感谢顾客，在约定时间前15分钟再次确认，以做好接待的准备。

（2）重要顾客可安排车辆接送。

（3）预定交车日期发生延迟时，第一时间主动向顾客说明原因及解决方案。

二、交车接待

1. 交车日的接待

（1）在展厅门口立欢迎标牌，祝贺顾客提车。

（2）销售人员（主管或经理有空时也可参与）到门口迎接并祝贺顾客。

（3）为顾客挂上交车贵宾的识别标志（建议做）。

（4）经销店每位员工见到带有交车贵宾识别标志的顾客均应热情道贺。

（5）引领顾客至商谈桌（室）坐下，并提供饮料。

2. 商谈桌（室）的应对

（1）向顾客概述交车流程和所需的时间，并征询顾客意见取得认可。

（2）利用准备好的各项清单与顾客结算各项费用。

（3）移交有关的物品：用户手册、保修保养手册（报完牌、结算完才给）、保险手续、行驶证、车辆钥匙（按揭车辆只能给一套）等。

（4）文件交接手续工作应在最短的时间内完成，如有必要，客服部门人员应到场协助，避免顾客久等。

（5）《用户使用手册》结合车辆说明使用，其余各项文件皆应打开，逐项逐条让顾客了解，并提醒顾客详细阅读。

（6）注意添加饮料。

切忌以下两点：

①交车时只进行口头说明，未使用相关资料。

②交车时未充分照顾顾客，忙于书面文件的填写。

3. 车辆的点交

在第一时间将车钥匙郑重地交给顾客，并予以恭喜、祝贺。

（1）销售人员将顾客带到新车旁，利用交车确认单首先确认车辆并点交原厂配件、工具、备胎、送构件、装潢件等。

（2）陪同顾客绕车检查，分享顾客欣喜的心情，同时携带一块毛巾及清洗剂，因为新车难免有洗不净的印记，须随时替顾客清除。

（3）点交完车辆后，还需要交证照、票据等书面文件，顾客逐一核对，需勾选签字的地方，恭请顾客签名，同时准备好签字笔。

（4）确认无误后装入资料袋，交给顾客。

（5）提醒缴纳车船税的时间，并告知地点。

4. 试车说明与试车

（1）结合《用户使用手册》，针对各项向顾客介绍如何操作，每一个开关、每一个步骤须讲解清楚，切忌用"你自己回去慢慢找""用户手册上有说明"等语句，应依据顾客的了解程度进行说明。

（2）提醒顾客阅读用户手册，尤其是注意事项等。

（3）如顾客对汽车的操作或功能仍不熟悉，应开车带顾客行驶一段，边开边做介绍，然后换手，让顾客开一段。换手时应主动为顾客开车门，请顾客坐上驾驶座，并协助调整座椅、方向盘、后视镜等，并帮助完成个性化设置。

【补充知识】

新车使用说明重点

（1）发动机舱内各部件外观。

（2）三液面（风窗洗涤液容器、冷却液容器、制动液容器）及机油标尺的观测方法。

（3）电瓶（根据电眼旁的文字表述或者使用说明书了解电瓶电眼颜色的状态）。

（4）轮胎、轮毂状态（不同车型的轮胎气压规定值标识在油箱盖板内侧的标签上）。

（5）座椅（含头枕）、安全带、ISOFIX 的位置。

（6）电器及开关、仪表指示、车钥匙（长按开锁和闭锁，按键自动打开和关闭车窗）。

（7）雨刮及风窗清洗。

（8）灯光、指示灯。

（9）车窗、中控门锁等。

（10）收音机、时钟。

（11）空调系统（快速制冷、除霜和除雾功能介绍、空气滤清器的更换周期）。

（12）变速器、驻车制动（电子手刹、AUTO HOLD 操作）。

（13）行李厢。

（14）随车文件与附件。

（15）随车工具。

（16）安装点烟器、车顶天线等。

（17）新车使用注意事项（根据《使用维护说明书》的规定向用户解释）。

（18）根据用户需要，除去各种保护膜、套。

5. 保修事项与售后服务说明

（1）在交车区，销售人员介绍服务经理、维修接待等人员并交换名片。

（2）售前和售后的衔接。

（3）售后服务经理向顾客介绍售后流程及注意事项。

（4）让顾客感觉到，维修接待是对顾客进行一对一的管家式服务。

（5）《保养手册》必须打开面向顾客，让顾客明确看到《保养手册》的内容。销售人员对《保养手册》的各项内容进行详细说明，以免日后误解，产生不必要的麻烦，说明项目主要包括以下几项：

①免费首次保养内容说明。

②定期保养项目表。

③全国服务网点一览表。

④服务电话和24小时救援电话及"快乐体验"服务承诺说明。

⑤紧急情况处理。

⑥维修接待介绍车辆检查、维修的里程及日程，重点提醒首次保养的服务项目和里程数以及免费维护项目。

⑦维修接待说明保修内容和保修范围，强调保修期限。有关保修事项的说明，主要包括以下几项：

a. 保修时间或保修里程数（以先达到者为限，即两者其中之一，不管任何一个出现，都表示保修期已到）；

b. 保修项目和非保修项目（如易损件和维修材料等）。

⑧提醒顾客在新车磨合期的注意事项。

⑨介绍售后服务的营业时间、服务流程、服务网络、服务特色等。

6. 交车仪式

（1）所交新车用绸缎盖住，准备好车钥匙、鲜花、CD等小礼品。

（2）销售经理/展厅经理、服务经理、客服经理等人员出席参加交车仪式，销售服务店有空闲的人员都可以到席参加交车仪式并向车主道贺。

（3）销售经理/展厅经理进行现场组织，指挥公司人员在车旁列队。

（4）由总经理/销售经理/展厅经理奉上鲜花（由女士赠与女宾），再将车钥匙交与车主，同时向其家人赠送CD等小礼物。

（5）现场全体人员与新车合影留念，影毕全体鼓掌，表示热烈祝贺。

7. 欢送顾客

（1）销售人员取下车辆上的绸带，必须亲自陪同顾客加满一箱油（可以事先加满油）。

（2）告知顾客将来可能收到销售或售后服务的满意度电话或调查问卷，请顾客予以支持。

（3）请顾客推荐朋友前来看车试车。

（4）再次恭喜并感谢顾客。

（5）微笑目送顾客的车辆离去，挥手道别，一直到看不见为止。

（6）详细填写顾客信息卡交给客服部。

（7）估计顾客到家后，再致电问候顾客。

8. 交车关键执行点总结

（1）做好交车准备，交车是最令顾客高兴的时刻。
（2）交车检验表要让顾客签字。
（3）售后人员参与交车并介绍保修政策。
（4）销售人员要对保修卡的第一页和行驶证复印件留底。
（5）交车是顾客最喜悦的时刻，销售人员在与顾客分享其快乐的同时，要尽量以轻松的形式让顾客认同汽车服务的品质，以求宣传口碑并请求其介绍亲友以寻找销售的机会。
（6）交车以后必须有顾客接车的确认书。

 知识拓展

一、上海大众新车交车预约标准

（1）车辆到店入库后，销售顾问提前三天与客户联系，预约交车时间，并简要介绍交车准备事项、流程和所需时间。
（2）征询客户意见后，询问客户事先是否揭膜。
（3）预约交车前一日，销售顾问再次致电客户，并询问客户交车仪式的参与意愿。
（4）销售顾问再次确认客户的付款条件和情况，并告知财务部。
（5）经销商制作交车预约管理看板，如表7-2所示，销售顾问将交车客户预约信息及进程及时记录在看板上。

表7-2 交车预约管理看板

序号	预约交车时间	当天再确认交车时间	客户姓名	车辆型号	销售顾问	交车准备	备注

（6）与交车专员确认交车准备事项，尤其是各项交车文件。
（7）预约零售经理、展厅经理、服务顾问等相关人员参与交车仪式。
（8）每日夕会、晨会，销售顾问向零售经理、展厅经理汇报交车计划。

二、上海大众汽车交车预约电话重点内容

（1）恭喜客户，说明车辆状况和交车日期。

(2) 提醒交车过程需要的时间（1小时左右），与客户预约交车的具体时间（2选1法）。
(3) 简要介绍交车程序、内容。
(4) 确认尾款数额与交款方式，提醒客户交车时需要的文件、资料。
(5) 邀请客户的亲朋好友一起前来。
(6) 再次恭贺客户，确认预约时间。

三、上海大众确认客户能正确使用新车标准

(1) 销售顾问将客户引领至新车旁，陪同客户进行新车检查。
(2) 销售顾问利用交车检查表进行新车确认，概述说明内容，获取客户认可。交车检查表如表7-3所示。

表7-3 交车检查表

尊敬的客户：
非常感谢您对上海大众系列车型的厚爱，请您对车辆情况和销售顾问的服务过程进行确认：
车型_____ 车牌号_____ 发动机号_____ 预约保养时间_____

		是否正常			是否正常	
		是	否		是	否
检查项目	车身 内饰 发动机运转等			全车灯光 座椅及调节机构		
		是否齐全			是否齐全	
	随车配置	是	否	交车文件	是	否
选择制作	工具 天线 千斤顶 ……			使用说明书 用户使用手册 ……		

续表

配件	是否齐全			是否齐全	
	有	无		有	无
其他	是否齐全		其他	是否齐全	
	是	否		是	否

（3）请客户入座驾驶座，销售顾问坐在副驾驶座。

（4）结合《使用维护说明书》，针对重点项目向客户介绍新车使用方法，并依据客户对车辆操作的了解程度就操作方法进行说明。

（5）重点针对客户的购买需求，再次强调车型的配置、功能和好处。

（6）协助客户浏览《使用维护说明书》，介绍快速查阅信息的方法，同时交付《使用维护说明书》中的光盘。

（7）确认客户对新车使用及操作没有疑问，准确回答客户可能的问题。

（8）进行新车使用说明时，在车内播放客户喜欢的音乐或广播节目（提升项）。

（9）若客户对新车的操作或功能仍不熟悉，应演示驾驶，并介绍新车使用方法。

四、文件签署及付款手续办理标准

（1）确认客户的付款方式；若客户采用消费信贷方式，提醒首月付款的准确日期和首付款的数额。

（2）视情况开展增值业务推荐工作（车险、附件、上牌等），若客户接受增值业务服务项目，则将相关的费用计入购置费用（上牌服务清单、车辆装潢确认清单）。

（3）对车辆保险和增值服务进行介绍和解释，讲解保险条款、理赔范围和出险流程。

（4）准备好相关文件，并解释各文件的内容，请客户签字确认；将文件放入交车文件袋。

（5）若客户有疑问，清楚地向客户说明各项费用明细。

（6）销售顾问引导客户至财务部付款。

（7）财务部出纳向客户致谢并恭喜客户。

（8）付款完毕后，财务部出纳将发票装进上海大众经销商专用信封呈递给客户。

【案例】

上海大众新车交付流程如图7-1所示,上海大众交车台卡如表7-4所示。

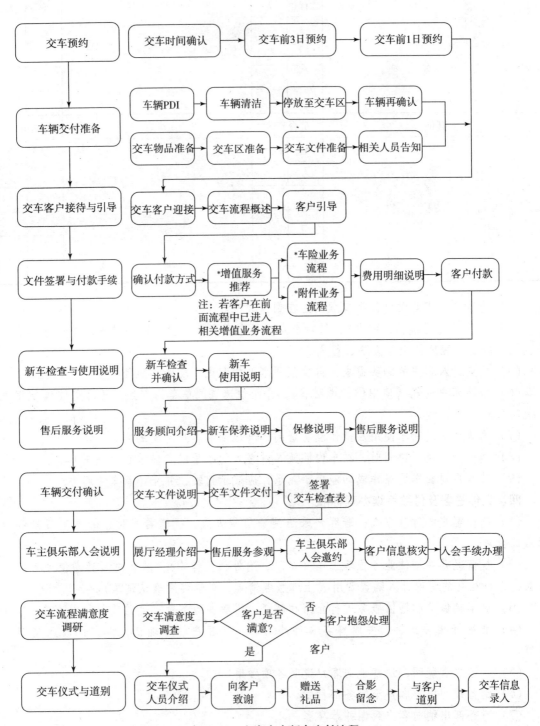

图7-1 上海大众新车交付流程

表 7-4 上海大众交车台卡

1	交车预约	销售顾问向客户概述交车服务
		销售顾问向客户预约交车时间
2	交车客户接待与引导	销售顾问向客户概述交车的内容和所需时间
3	文件签署与付款手续	销售顾问向客户介绍车辆保险及增值服务
		销售顾问陪同客户付款
4	新车检查与使用说明	请客户确认车辆状况
		请客户按照交车检查表检查车辆
		销售顾问向客户讲解《使用维护说明书》（并进行演示示范）
5	售后服务说明	销售顾问向客户介绍服务顾问
		销售顾问向客户介绍保养和维修的注意事项
6	车辆交付确认	销售顾问向客户交付证件与文件
		客户签署交车检查表
7	车主俱乐部入会说明	展厅经理向客户介绍上海大众车主俱乐部
		完成交车客户入会手续办理
8	交车流程满意度调研	请客户对交车服务进行评价
9	交车仪式	为客户举行交车仪式

任务实施与评价

新车交付流程模拟

班级学号		姓名	

任务描述：
熟练掌握新车交付的流程。
设计店内接待话术。
每两人一组，分别扮演销售顾问和客户，进行流程训练。
任务实施：
电话预约话术：_____
新车交付话术：_____
自我评价（个人技能掌握程度）：□非常熟练 □比较熟练 □一般熟练 □不熟练

教师评语：（包括任务实施态度、完成状况、可行性等方面，并按等级制给出成绩）

成绩_____分　教师签字：_____　_____年___月___日

思考与练习

1. 思考题

（1）交车前车辆检查都包括什么？

（2）PDI 检查包括哪些内容？

（3）交车流程是什么？

（4）简述交车仪式。

（5）简述 PDI 的重要性。

2. 选择题

（1）下列属于交车注意事项的是（　　）。

A. 确定一个对顾客而言可行且方便的交车时间

B. 询问顾客是否有足够的时间用于交车

C. 确保车辆已进行过 PDI，可以按约定时间交车

D. 如果有任何延误交车时间的因素出现，应立即和顾客联系，并表示歉意，同时说明延误的原因并重新约定交车时间

（2）交车日的接待需要做的内容有（　　）。

A. 在展厅门口立欢迎标牌，祝贺顾客提车

B. 销售人员（主管或经理有空时也可参与）到门口迎接并祝贺顾客

C. 为顾客挂上交车贵宾的识别标志（建议做）

D. 经销店每位员工见到带有交车贵宾识别标志的顾客均应热情道贺

（3）《保养手册》说明项目主要包括（　　）。

A. 服务电话和 24 小时救援电话及"快乐体验"服务承诺说明

B. 紧急情况处理

C. 售后服务经理向顾客介绍售后流程及注意事项

D. 售前和售后的衔接

（4）交车前的检查项目包括（　　）。

A. 车辆清洁　　　　B. 车辆细节检查　　　C. 发动机舱　　　　D. VIN 码

（5）维修事项的说明，主要包括（　　）。

A. 保修时间　　　　B. 保修里程数　　　　C. 保修项目　　　　D. 非保修项目

（6）车辆细节检查包括（　　）。

A. 车体有没有剐伤　　　　　　　　　　B. 车子的里程数是不是超过合理范围

C. 发动机舱　　　　　　　　　　　　　D. 驾驶操作

（7）车辆准备包括（　　）。

A. 交车前的检查　　B. 交车前车辆检查　　C. 交车注意事项　　D. PDI 的检查项目

3. 判断题

（　　）（1）点交完车辆后，还需要交证照、票据等书面文件，顾客逐一核对，需勾选签字的地方恭请顾客签名，同时准备好签字笔。

（　　）（2）PDI 是交车体系的一部分，该体系包括一系列在新车交货前需要完成的工

作。其中大部分项目是由服务部门完成的。

（   ）（3）交车是顾客最喜悦的时刻，销售人员在与顾客分享其快乐的同时，要尽量以轻松的形式让顾客认同汽车服务的品质，以求宣传口碑并请求其介绍亲友以寻找销售的机会。

（   ）（4）交车前的检查项目主要包括：VIN码、发动机舱、发动机舱（暖机后）、驾驶室内的装饰、车身周围、门、汽车底部和驾驶操作等内容。各品牌车的检查项目都不相同。

（   ）（5）新车交车前的检查目的就是在新车投入正常使用前及时发现问题，并按新车出厂技术标准进行修复。

（   ）（6）车辆到达4S店并经过PDI确认无问题后，销售人员应及时和顾客联系，预约交车时间。

（   ）（7）销售经理/展厅经理、服务经理、客服经理等人员出席参加交车仪式，销售服务店有空闲的人员都可以到席参加交车仪式并向车主道贺。

（   ）（8）在交车服务中与顾客建立朋友关系实际上就是准备进入新一轮的顾客开发。

（   ）（9）新车交给顾客之前的检查是新车在投入运行前的一个核心环节。

项目八
售后跟踪服务

任务 8-1　汽车售后跟踪服务方法

学习目标

1. 能够正确描述汽车售后跟踪服务的最主要方法；
2. 能够正确说明汽车售后跟踪服务的内容。

随着我国汽车市场上汽车产品的推陈出新，汽车价格不断下降，整车保有量急剧上升，行业内的竞争也日趋激烈。汽车销售微利时代或无利时代日渐到来，竞争越来越体现在售后服务上，因此，汽车售后服务水平对汽车生产企业的生存和发展起到了至关重要的作用。

汽车售后服务是现代汽车维修企业服务的重要组成部分，同时汽车售后服务是一个很大的市场，被人们称为一座即将"苏醒"的金矿。做好售后服务工作，不仅是树立企业自身形象的需要，更关系到客户能否得到真正的、完全的满意，可以说，做好售后服务是汽车企业自身生存的方向之一。真正的销售始于售后。从销售流程上来看，客户跟踪是最后一个环节，也是销售的开始。因为有了保有客户，再通过不断地维护从而增加新的客户，是销售顾问应该努力的方向。

相关知识

一、汽车售后服务概念

汽车售后服务是指汽车作为商品售出后由服务商为客户及其拥有的汽车提供的全过程、全方位的服务。如为顾客的爱车做调试、保养、维修等，以此排除技术故障，提供技术支持；为顾客邮寄产品改进或升级信息，以及获得顾客对汽车产品和服务的反馈信息。汽车是一种结构复杂、技术密集的现代化交通运输工具，也是一种对可靠性、安全性要求较高的行走机械，它是靠运动实现其功能的，各零部件在使用中不可避免地要产生磨损和老化，使用的特殊性也决定了汽车售后服务的特殊性。

二、汽车售后跟踪服务的目的

1. 与顾客建立持续发展的关系

客户关系发展得是否顺利,对于经销商的经营至关重要,这关系到客户是否愿意回来寻求以后的维修服务并购买零部件。因此,在售后跟踪的过程中,经销商应为客户提供良好的服务,解决顾客爱车存在的问题,增进客户满意度。

2. 通过老顾客开拓业务、促进销售

经销商为老客户提供高质量的售后服务,老客户的满意度很高,于是介绍自己的亲朋好友前来购车,让他们分享优质的售后服务,从而帮经销商促进销售。

三、汽车售后跟踪服务最主要的方法

1. 电话跟踪回访服务

电话跟踪回访服务是目前企业进行汽车售后跟踪服务采用的最主要的一种方法,其作用在于以下几点:

(1) 对客户惠顾表示感谢,征求满意程度,转达关心,提高客户信任度。

(2) 培养忠实客户,提高企业自身形象。

(3) 对不满意情况与客户进行及时沟通,采取行动,解决可能存在的任何问题,避免客户将不满意告诉别人或不再惠顾。

(4) 对于经销商未意识到但对于客户非常重要的一些问题予以重视。

(5) 将跟踪结果反馈给服务顾问、服务经理、车间主任等,找出改进工作的措施,以利于今后开展工作。

(6) 通知客户下一次例行保养检查的时间。

2. 电话跟踪回访服务应注意的问题

(1) 打电话时应使用标准语言及标准语言顺序,语音要自然、友善,以免客户误会他的车辆存在问题。

(2) 语速适中,一方面让没有思想准备的客户有时间和机会回忆细节,另一方面避免客户紧张。

(3) 应认真倾听,不要打断客户的话,并如实记下客户的评语(无论是批评还是表扬)。

(4) 维修后一周内必须打电话询问客户是否满意。

(5) 从事电话跟踪回访工作的人员应具备一定的沟通协调能力及语言表达技巧,并应懂得基本的维修常识。

(6) 打电话前应考虑客户是否方便接电话,要避免在客户休息时间打电话。

(7) 如客户抱怨发牢骚,不要找借口搪塞,而要告诉客户你已记下他的意见,近期将会有工作人员与他联系解决问题,随后应督促相关工作人员尽快与客户联系。

(8) 对客户的不合理要求要有原则地回答。

(9) 自己解决不了的问题可以要求更高一级的主管帮助解决。
(10) 对跟踪的情况进行分析并提出改进措施。

四、汽车售后跟踪服务的内容

1. 对已成交客户的跟踪服务内容

(1) 消除客户的后悔心理。

为了第一时间了解客户是否满意，销售人员应在交易完成之后马上为客户提供相应的售后服务。因为即便客户已经购买，但仍会担心自己的决策是否错误。有选择必定有后悔，毕竟任何一款车都会有自己的优点和缺点，此时多关心客户，提醒他使用新车该注意的事项，积极解答客户遇到的问题，可以减少或消除客户的后悔心理，维护品牌和销售人员的信誉，为扩大客户群打好基础。此外，在对客户来说特殊的日子，如结婚纪念日、生日、孩子出生日、客户职务提升等，给客户寄去贺卡或发去短信，或电话恭贺，通过这些方式提醒客户，你把他当成知心朋友。总之，使客户觉得成为你的老客户使他们受益匪浅。

(2) 调查走访售后的状况。

成交后，销售人员应及时收集、反馈信息。跟踪服务前，销售人员应查阅客户基本信息，包括姓名、电话、购买车型及维修、索赔、投诉历史等。根据档案资料，销售人员定期向客户进行电话跟踪调查或走访面谈。跟踪服务的第一次时间一般选定在客户提走车辆两天至一周之内。通过调查了解客户对新车使用的情况及感受、对公司服务的评价、在使用过程中遇到哪些问题、有什么样的困惑，并耐心倾听客户的抱怨和不满，将客户的意见反馈给公司，让公司组织专业人员积极为客户提出具有建设性的意见，及时解决其遇到的各种问题。只要你真诚地关注对方，你必定会赢得客户的信任。

(3) 提供最新的资料及信息。

为客户提供最新的资料及信息，也是维系客户的一种好办法。产品的资料和信息包括商情报道的资料和信息以及商品本身的资料和信息。如销售人员每月给客户寄一份汽车杂志，为客户提供参考资料，同时也借此报道商情，培养客户的产品忠诚度，也起到一定的宣传效果；如销售人员及时将车辆在升级、维修、驾驶等方面的变动提供给客户，让他们了解商品本身的动态，以达到联络感情的目的。

(4) 将客户组织化。

把现有的客户组织起来，成立某品牌或某款汽车俱乐部或车友会，让客户产生归属感和认同感，从而吸引更多的潜在客户加入该组织。当然，举办用户洽谈会也是另一种比较好的组织方式，既可以加深主顾感情，又可以及时发现问题，处理客户异议。

总之，销售人员不仅要善于推销产品本身的使用价值特别是附加价值，而且应该学会推销自己，让客户喜欢你，愿意成为你的客户。

2. 对未成交客户的跟踪服务内容

与客户未能成交，销售人员要做好以下跟踪服务。

(1) 了解客户背景。

销售人员应具有一定的信息敏感度，与任何客户打交道，都应该有意识地、巧妙地询问或推测未成交客户的背景，包括其家庭背景、职业背景及社会背景。销售人员获取信息后，应及时加以记录、归类、整理。对客户背景了解得越多，就越能找到有益于销售的线索，从而增加销售机会和成功的概率。

（2）反思自己的问题。

在没有成交的情况下，一定要反思自己是否了解客户的需求，自己的言谈举止是否得体，对所销售的产品是否了如指掌，这位客户是否会再来等。找出没有成交的原因，并通过跟踪服务，迅速解决客户提出的问题，这样将有80%的客户会再度和你联系。

（3）保持联络。

对于未成交的客户，要与之保持书信及电话联络。及时将最新产品资料及信息送到客户手中，在客户生日等特殊的日子打电话或致函示意，分享客户的喜与忧，真诚地关心客户，即便最终客户没有购买你的产品，他也会自愿为你介绍新客户。

 知识拓展

一、上海大众售后服务跟踪流程

上海大众售后服务跟踪流程如图 8-1 所示。

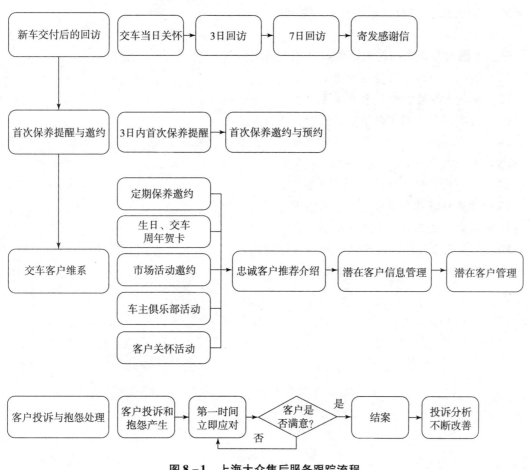

图 8-1　上海大众售后服务跟踪流程

二、上海大众新车交付后的回访标准

（1）新车交付当天，客户关爱部发送短信关怀客户，感谢客户购买上海大众产品，提供服务沟通热线信息（客户关爱经理）。

（2）新车交付后3天内，销售顾问致电客户。

（3）询问客户是否满意并确认车况。

（4）若有需要，协助客户解决问题。

（5）提醒客户后续满意度调查和首次保养等事项。

（6）新车交付后7天内，销售顾问将交车仪式的照片寄送给客户，同时发出总经理亲笔签名的感谢信/感恩贺卡。

（7）新车交付后7天内，客户关爱部主动联络客户，进行客户销售满意度调查。

（8）新车交付后，邀约客户参与经销商定期组织的"爱车课堂"，对新车主所购车型进行深入介绍和产品培训。

交车当天客户关爱部发送的关怀短信示例：

亲爱的孙先生，感谢您在××经销商购买上海大众的产品，我们后续将提供令您满意的售后服务。若您对我们的服务、产品有任何建议和意见，欢迎致电××××××××，我们将充分听取您的反馈，不断提升服务水平。谢谢！

上海大众××经销商　客户关爱经理　××

三、上海大众3天回访电话要点（销售顾问）

（1）确认客户对车辆是否满意。

（2）询问车辆在使用过程中是否有问题。

（3）若有问题，则了解情况，致歉，提供解决方案。

（4）若没有问题，进一步肯定客户做出了正确的购买决定。

（5）询问客户有无疑问，告知客户可随时联系。

（6）告知客户将会进行满意度调查。

（7）请客户推荐介绍亲朋好友来店购车。

（8）再次感谢客户对上海大众的信任。

四、上海大众客户满意度调查问卷（电话问卷）

上海大众客户满意度调查问卷如图8-2所示。

＿＿＿＿＿经销商客户满意度调查问卷

＿＿＿＿先生/小姐，您好！我是上海大众汽车＿＿＿＿＿经销商客户关爱部的回访专员XXX，非常感谢您选购了上海大众的产品，为了更好地为客户提供完善、周到的服务，想请您提供宝贵意见，请问现在方便吗？

- 方便：好，现在我将问您几个问题，估计会耽误您5分钟左右的时间。
- 不方便：打扰了，请问什么时间给您打电话比较方便呢？

1. 对开始购车的经历，您的评价如何，请问1~10分您给几分？＿＿＿。
2. 对经销商设施的满意度，请问1~10分您给几分？＿＿＿。
3. 对产品介绍的满意度，请问1~10分您给几分？＿＿＿。
4. 对销售人员的满意度，请问1~10分您给几分？＿＿＿。
5. 对试乘试驾的满意度，请问1~10分您给几分？＿＿＿。
6. 对于购车交易条件的满意度，请问1~10分您给几分？＿＿＿。
7. 对于书面文件处理和回答您有关问题的满意度，请问1~10分您给几分？＿＿＿。
8. 在承诺的时间内交车的满意度，请问1~10分您给几分？＿＿＿。
9. 对于交车过程的满意度，请问1~10分您给几分？＿＿＿。
10. 对于交车后回访和关怀您用车过程的满意度，请问1~10分您给几分？＿＿＿。

请问您对我们＿＿＿＿＿经销商还有什么意见和建议吗？

非常抱歉占用了您宝贵的时间，感谢您对我们工作的支持与配合，再见！

说明：本问卷为电话问卷，满分100分。

图8-2 ××经销商客户满意度调查问卷

【案例】

"一照、二卡、三邀请"式售后服务

乔·吉拉德在销售汽车的过程中除了很用心、很仔细地将锃亮的车子交给客户外，在交车时以及交车以后他还会做以下几件事：一照、二卡、三邀请。

"一照"：指在将车子交给客户的那一刻，除了将车钥匙、证件交给客户外，乔·吉拉德还会同客户和客户的新车一起拍张合影照片。拍完照片后，乔·吉拉德会尽快地洗出照片送给客户。以至过了相当长的时间，每当客户看到或者其他人看到这张照片时，都会记起一段美好的回忆。而这一点帮助"乔"赢得了不少的订单。"二卡"：第一张卡片是关于这辆

车子的交易过程，包括车子以后的维修记录等，叫车辆管理卡；第二张卡片是客户管理卡，与客户有关，记录所有与客户有关的信息，如客户的姓名、出生年月日、喜好、家里有几个孩子、孩子都在哪里念书、太太在哪儿工作，等等，全部列入管理内容。"三邀请"：乔·吉拉德每年邀请每位客户到公司来三次。邀请客户回来，先到车间去保养和检查一下车辆，然后回到汽车展示中心，把新车及其相关的信息再向他作一番介绍。

不仅如此，乔·吉拉德还有"四礼""五电""六访"等绝招。"四礼"：指在节日里，通过送礼物或寄卡片给客户表达敬意。每年至少有四次机会表达对客户的肯定和谢意。"五电"：指每年至少与客户通五次电话，告知客户车子每行驶满1 000千米，就要注意保养，帮助客户安排入厂预约保养。"六访"：指每年亲自访问客户六次，平均每两个月就有一次，从而建立起很好的人际关系。

售后服务是销售的一部分，有远见的企业家和销售人员，对于具有延续性销售作用的售后服务，更是不可掉以轻心。乔·吉拉德有一句名言："我相信推销活动真正的开始是在成交之后，而不是之前。"

商品的售后服务含义甚广，凡与所销售商品有连带关系且有益于购买者的服务，均属商品的售后服务。这包括顾客维系、商品信誉的维护和商品资料的提供三个方面。

顾客维系是指销售人员本身及区域销售机构双方与顾客的维系。这种维系是售后服务的主体，售后服务工作做得是否到位、圆满，主要看是否充分做好了与优良顾客之间的维系工作。维系工作主要包括联络感情及搜集情报两个方面。

由于汽车属于耐用消费品，顾客可能会抱怨厂家产品质量太差，抱怨商家不诚实销售，抱怨维修厂不负责任等，最终因为产品的故障或瑕疵而放弃使用。

任务实施与评价

售后跟踪服务

班级学号		姓名	
任务描述： 对成交客户进行售后跟踪服务。 利用售后跟踪服务的方法为客户制订跟踪服务计划表。 任务实施： 客户信息：购车客户为张先生，已婚，有一女儿，大学教师，欲购买车型为全新迈腾2.0T豪华版。即日提车。 售后跟踪服务计划：＿＿＿＿＿＿＿＿＿＿＿＿＿＿＿＿＿＿＿＿＿＿＿＿＿＿＿＿＿ 售后跟踪服务话术：＿＿＿＿＿＿＿＿＿＿＿＿＿＿＿＿＿＿＿＿＿＿＿＿＿＿＿＿＿ 自我评价（个人技能掌握程度）：□非常熟练　□比较熟练　□一般熟练　□不熟练			
教师评语：（包括任务实施态度、完成状况、可行性等方面，并按等级制给出成绩） 			
成绩＿＿＿＿＿分　　教师签字：＿＿＿＿＿＿＿＿＿＿＿＿＿＿＿年＿＿月＿＿日			

任务 8-2　客户投诉处理

学习目标

1. 能够正确说明处理客户投诉的方法；
2. 能够正确说明客户投诉处理的应急措施。

任务分析

客户投诉是客户对商品或服务质量不满的一种具体表现。世界上任何企业都不能保证自己的产品和服务永远不出问题，因此客户的抱怨和投诉也就不可避免。对客户的抱怨和投诉处理得好，不仅可以增强客户的忠诚度，还可以提升企业的形象。处理得不好，不但会丢失客户，还可能给公司带来负面影响。一名成功的销售人员面对客户的投诉，应从容不迫，巧妙地运用各种技巧将危机——化解。使客户盛怒而来，满意而归。

相关知识

一、客户投诉的意义

1. 客户投诉可以使企业开创新的商机

客户投诉可能反映企业产品或服务所不能满足的客户需求，注意研究这些需求，可以帮助企业开拓新的商机。某公司一位部门经理就非常重视客户投诉，该部门居然有50%的产品创新来源于客户投诉，尤其是企业面临革新的时候，为了使新产品能够顺利上市并引起良好的反应，企业必须倾听客户的意见。

2. 客户投诉可以使企业获得再次赢得客户的机会

向企业投诉的客户一方面要寻求公平的解决方案，另一方面也说明客户并没有对企业绝望，而是希望企业再尝试一次。企业积极且系统地处理来自客户的咨询、建议与投诉，通过补偿客户在利益上的损失，可以赢得客户的谅解和信任，维护企业的良好形象，保证企业与客户的关系稳定和发展。许多投诉案例说明，只要处理得当，客户大都会比投诉之前具有更高的忠诚感。

日本丰田汽车公司的发展就是得益于此。最初，日产汽车公司为了开发生产"SANI"，征集客户对汽车的投诉，总结出这款汽车的优缺点，制成了比这辆车更好的"卡罗露"牌汽车。投放市场后，使丰田公司获得了比日产公司更为可观的经济效益。

二、处理投诉的方法和技巧

顾客的投诉，有时是正确的，有时是错误的。有的问题是属于厂家的，有的问题是属于商家的，有的是由于顾客自己使用不当造成的，也有的是因为产品真正有缺陷。如何区分处理呢？

1. 倾听

把80%的时间留给顾客，允许客户尽情发泄，千万不要打断。设身处地想一想，如果你自己遇到汽车的质量问题会如何恼怒，这样你就能够容纳顾客的发泄。无论对错，客户在急风暴雨地发泄后，会冷静地等待你的处理。倾听时不可有防范心理，不要认为顾客是吹毛求疵，鸡蛋里挑骨头。绝大多数顾客的不满都是由于销售人员的工作失误造成的，即使部分顾客无理取闹，销售人员也不可与其争执。无论投诉的原因是什么，也无论投诉的是谁，都应该首先感谢顾客提出了宝贵意见，千万不可和顾客争论，而应以诚心诚意的态度来倾听顾客的抱怨。当然，不只是用耳朵听，为了处理上的方便，在听的时候别忘了一定要记录下来。

根据顾客投诉的强度，还可以采取变更"地、人、时"的方法，即"变更场地"，销售人员应把顾客从门厅请入会客室，尤其对于感情用事的顾客而言，找个地方让其坐下，能够使顾客恢复冷静。"变更人员"，即请出高一级的人员接待，以示重视；"变更时间"，与顾客约定另一方便时间，专门解决问题。要以"时间"冷却冲突，告诉顾客："我回去后好好地把原因和内容调查清楚后，一定会以负责的态度处理。"这种方法是要获得一定的冷却期。尤其当顾客所抱怨的是个难题时，应尽量利用这种方法。这种方法称为"三变法"。其要点是无论如何要让对方看出你的诚意，使投诉的顾客恢复冷静，也不要让抱怨更加扩大。

2. 冷静分析

聆听顾客的抱怨后，必须冷静地分析事情发生的原因。顾客在开始陈述其不满时，往往都是一腔怒火。销售人员应在倾听的过程中不断地表达歉意，同时许诺顾客在最短的时间内解决问题，从而使顾客平静下来，平息怒火。

有许多顾客往往动机不良而故意夸大自己的不满意，以求"同情"，实现自己的"目的"。如顾客的汽车出现问题，客户在陈述中就说汽车是多么耗油、仪表盘如何难看、座椅设计是多么不合理等。这时就需要销售人员在倾听的过程中准确判断顾客的"真正"不满之处，有针对性地进行处理，从而防止节外生枝，扩大事态。经验不丰富的销售人员往往似懂非懂地贸然断定，甚至说些不必要的话。

3. 找出解决方案

只体谅客户的痛苦而不采取行动是一个空礼盒。比如，"对不起，这是我们的过失。"不如说"我能理解给您带来的麻烦与不便，您看我们能为您做些什么呢？"客户投诉的处理必须付诸行动，不能单纯地只给予同情和理解，要迅速地给出解决的方案。

4. 化解不满

客户在投诉时会表现出烦恼、失望、泄气、发怒等各种情感。销售人员不应当把这些表现当做是对销售人员个人的不满。特别是当客户发怒时，销售人员可能心里会想："凭什么对着我发火？我的态度这么好。"要知道愤怒的情感通常都会在潜意识中通过一个载体来发泄，客户仅把销售人员当成了倾诉对象。

客户情绪激动是完全有理由的，理应得到极大的重视和最迅速、最合理的解决。所以要让客户知道销售人员非常理解客户的心情，关心客户的问题，无论客户是否永远是对的，至少在客户的世界里，客户的情绪与要求是真实的，销售人员只有与客户的世界同步，才有可能真正了解客户的问题。找到最合适的方式与客户交流，从而为成功地处理投诉奠定基础。

有时候销售人员在说"道歉"时会很不舒服，因为这似乎老是在承认自己有错。说声"对不起""很抱歉"并不一定表明销售人员或公司犯了错误，这主要表明销售人员对客户不愉快经历的遗憾与同情。

不用担心客户会因得到销售人员的认可而越发地强硬，相反，表示认同的话会将客户的思绪引向关注问题的解决。当客户正在关注问题的解决时，销售人员体贴地表示乐于提供帮助，自然会让客户感到安全、有保障，从而进一步消除对立情绪，取而代之的是依赖感。

5. 采取适当的应急措施

（1）为客户提供选择。

通常一个问题的解决方案都不是唯一的，给客户提供选择会让客户感受到尊重，同时，客户选择的解决方案在实施的时候也会得到来自客户的更多认可和配合。

（2）诚实地向客户承诺。

能够及时地解决客户的问题当然最好，但有些问题可能比较复杂或特殊，销售人员不确信该如何为客户解决。如果销售人员不确信，不要向客户做任何承诺。而是诚实地告诉客户情况有点特别，但你会尽力帮客户寻找解决的方法，只是需要一点时间。然后约定给客户回话的时间，销售人员一定要确保准时给客户回话。即使到时仍不能帮客户解决，也要准时打电话向客户解释问题进展，表明自己所做的努力，并再次约定给客户答复的时间。同向客户承诺你做不到的事相比，你的诚实会更容易得到客户的尊重。

（3）适当地给客户一些补偿。

为了弥补公司操作中的一些失误，可以在解决客户问题之外给一些额外补偿，但要注意：一定要先将问题解决，再改进工作，要避免今后发生类似的问题。现在有些部门处理投诉，一有投诉，首先想到用小恩小惠去息事宁人，或是一定要靠投诉才给在正常途径下客户应该得到的利益，这样不能从根本上减少问题的发生，反而造成了错误的期望。

6. 检讨结果

处理完投诉问题后，应做顾客的跟踪回访，记录并存档。若不能当场处理，应告诉顾客处理所需要的时间和程序。要及时对顾客投诉案件进行追查，了解顾客对处理结果的意见，及时修正完善。处理完顾客投诉后，应建立明确的处理档案，作为内部教育训练时的重要材料。同时，要检讨工作中的缺失与处理过程，以免同类事件再次发生。

处理顾客投诉，不仅是解决顾客的问题，也是对公司策略的回馈，是业务能否得到顾客完全满意的指标，是不可低估的正面力量，是化负面的顾客投诉为改良服务的途径，是巩固老顾客和吸引新顾客的策略，同时也是提升工作绩效和宣传企业形象的计划项目。

投诉是服务行业不可避免的挑战，在处理时，既要掌握一些技巧，也应保持回旋余地与弹性空间。总的来说，顾客投诉是公司提高服务质量、管理水平、人员素质的正面动力。

正确处理顾客投诉，正所谓"不打不成交"。通过妥善处理事件，结识顾客，进而发展顾客。虽然所有销售人员最感兴趣的都是发展新顾客，但绝不能忽视现有的顾客。与开发新顾客相比，维持老顾客付出的时间和精力更少、更合算。

【案例】

案例 1

<h2 style="text-align:center">上海大众客户投诉处理流程</h2>

上海大众客户投诉处理流程如图 8-3 所示。

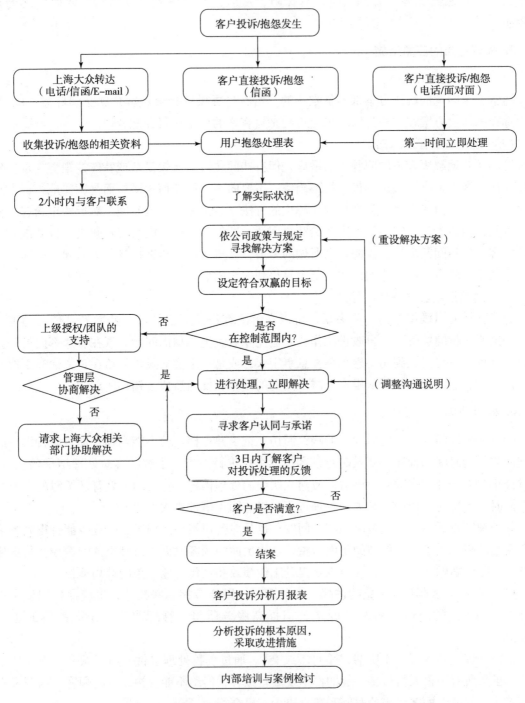

图 8-3　上海大众客户投诉处理流程

案例 2

上海大众客户投诉应对原则

上海大众客户投诉应对原则如下：
(1) 先处理心情，再处理事情。
(2) 不回避，第一时间处理。
(3) 了解投诉的原因与事实，明确控制范围。
(4) 与客户协商时，面对不合理要求，必要时要坚持原则。
(5) 为达成满意协商，可征询客户意见，适当地调整解决方案。
(6) 不作过度的承诺。

案例 3

用户抱怨处理表和月度客户投诉分析报表

用户抱怨表如表 8-1 所示，月度客户投诉分析报表如表 8-2 所示。

表 8-1　用户抱怨处理表

受理日期：　　年　月　日　　　　　　　受理编号：

用户名称：		地址：		邮编：	
联系人：	电话：	传真：		E-mail：	
购车时间：	车型：	发动机号：		底盘号：	
抱怨内容： 客户关爱部经理签字： 转交责任部门时间：					
抱怨调查结果：					
抱怨处理结果： 处理完成时间：					
用户对处理结果的意见：					
抱怨总结及改进措施：					

责任部门经办人：_____　　　日期：_____
总经理签字：_____　　　　日期：_____

表 8－2　月度客户投诉分析报表

____年____月客户投诉统计分析月报表

上海大众经销商名称：　　　　　　　　　　　　　　　日期：

序号	日期	投诉客户姓名	车架号码	联系电话	投诉渠道	投诉分类	投诉内容	处理结果	处理时间	处理人	投诉原因分析及投诉整改措施

统计分析：

	数量	%
（1）销售类（S）		
（2）服务类（SA）		
（3）产品质量类（SQ）		
（4）配件类（SP）		
（5）其他（OT）		

客户投诉处理时效	数量
3 日内	
4～7 日内	
8～14 日内	
15～30 日内	
1～2 个月内	
2 个月以上	

注：在投诉分类栏填写投诉类型编号
在投诉渠道栏填写数字号码：
1. 店内面对面投诉
2. 电话投诉
3. 信函或 E‑mail 投诉
4. 厂方转投诉
5. 其他

批准	审核	作成

案例 4

标志 205 俱乐部在中国台湾

近几年汽车业的行销,就像十年前的家电业一样,是广告量最大、促销最卖力、创意最丰富、最突出的行业。除了广告和促销之外,各厂家也十分注重服务、公关及形象的建立。因此,各种手法相继出笼,它们无不以建立顾客的忠诚与信心为目的,希望以此创造自己的口碑,获得较高的市场占有率。

在众多性质不同的服务中,令人感觉比较清新特殊而印象深刻的,是"205 俱乐部"。标致汽车是羽田机械公司下的主要品牌之一,与法国技术合作生产,由全欧汽车总代理。而其中的 205 截至目前均为原装进口。由于其外形设计典雅,曾连续五年获得"世界越野大赛总冠军",因此是在欧洲极受欢迎的车种,销售量已经超过 300 万辆以上。中国台湾羽田引进后,即将其视为主力产品,准备大力推广。

标志 205 因在赛车中有杰出的记录,因此在中国台湾被定位于兼具都市和越野双重性能的车子,加以它的轴距有 2 420 厘米,所以在排气量方面虽归属为小型车,但是却具有中型车的宽敞空间,即使身高 1.8 米的人驾乘期间,也没有局促压迫之感,这是它的两大特色。

这两大特色无疑是他们宣传的重点,同时也使它的价位高出其他同级车。羽田汽车相信即使消费者多花几万元买了标志 205,开过之后也一定会认为值得。所以与其在价格方面竞争,不如在售后服务方面加强。

在"不怕货比货,只怕不识货"的信心之下,公司成立了"205 俱乐部"。所有购买 205 的顾客都是会员,其经费是以每部车出售后的利润抽取的定额基金,以此基金定期举办车友联谊活动。"205 俱乐部"的联谊活动大都采取家庭式的旅游,其中穿播娱乐及由厂家技师指导的车辆检修研讨会,让车友们相互交流,除联络感情外,也交流驾车体会,是一项结合了交友、观光和益智的活动。

"205 俱乐部"是中国台湾第一个由厂家号召组成的俱乐部,所以吸引了媒体和汽车业杂志的注意,他们不但做了深入的报道,而且每次活动时均有许多记者随行采访,而车队所到之处,更引起群众的驻足围观,数百辆的"205"实为大车队的奇观。

 任务实施与评价

顾客投诉处理

班级学号		姓名	

任务描述:
2010 年 1 月 28 日,一汽丰田宣布召回 75 552 辆 RAV4。在宣布召回两个多月后的一天,西安的 RAV4 车主王先生开车正常行驶在街道上时,突然发现收油门踩刹车减速时,车速并没有减下来,最后伴随着发动机的持续轰鸣声,汽车完全失去控制,一头撞向停在路边的本田雅阁。事故发生后,王先生与西安华通丰田 4S 店联系时,才了解到他这台车也在当时的召回范围内。这让王先生很是诧异,召回已经过去两个多月,缘何自己一直未曾接到召回通知?此外,哈尔滨用户、深圳用户、河北用户持续不断的事故也让大家对 RAV4 有了更深刻的认识。
任务实施:
如果你是一汽丰田负责人,你将如何处理客户的投诉。
具体话术:_____
自我评价(个人技能掌握程度):□非常熟练 □比较熟练 □一般熟练 □不熟练

续表

| 班级学号 | | 姓名 | |

教师评语：（包括任务实施态度、完成状况、可行性等方面，并按等级制给出成绩）

_____

_____

成绩_____分　　教师签字：_____　　____年___月___日

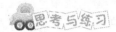

1. 思考题

（1）什么是汽车售后服务？

（2）汽车售后跟踪服务最主要的方法是什么？

（3）简述处理客户投诉的技巧。

（4）简述对已成交客户的跟踪服务内容。

（5）简述客户投诉的意义。

2. 选择题

（1）对已成交客户的跟踪服务内容包括（　　）。

A. 消除客户的后悔心理　　　　　　B. 调查走访售后的状况

C. 提供最新的资料及信息　　　　　D. 将客户组织化

（2）下列哪项属于处理客户投诉可以采取的应急措施（　　）。

A. 为客户提供选择　　　　　　　　B. 诚实地向客户承诺

C. 适当地给客户一些补偿　　　　　D. 检讨结果

（3）电话跟踪回访服务应注意的问题（　　）。

A. 语言自然、友善　　　　　　　　B. 语速适中

C. 可以在任何时间给客户打电话　　D. 认真倾听，并做记录

（4）下列哪项不属于对已成交客户的跟踪服务内容（　　）。

A. 消除客户的后悔心理

B. 调查走访售后的状况

C. 对跟踪的情况进行分析并提出改进措施。

D. 将客户组织化

（5）属于对未成交客户的跟踪服务内容的是（　　）。

A. 了解客户背景　　　　　　　　　B. 反思自己的问题

C. 保持联络　　　　　　　　　　　D. 尽量展示4S店的诚意

（6）下列属于处理投诉的方法和技巧的是（　　）。

A. 倾听　　　　　B. 冷静分析　　　C. 找出解决方案　　D. 化解不满

3. 判断题

（　　）（1）汽车售后跟踪服务的目的是与顾客建立持续发展的关系，通过老顾客开拓

业务、促进销售。

（　　）（2）汽车售后跟踪服务最主要的方法是电话跟踪回访服务。

（　　）（3）客户投诉可以使企业开创新的商机。

（　　）（4）客户的投诉都是正确的。

（　　）（5）顾客维系是指销售人员本身及区域销售机构双方与顾客的维系。

（　　）（6）汽车售后服务是现代汽车维修企业服务的重要组成部分。

（　　）（7）客户关系发展得是否顺利，对于经销商的经营没有太大关系。

（　　）（8）客户投诉是客户对商品或服务质量不满的一种具体表现。

（　　）（9）根据顾客投诉的强度，还可以采取变更"地、人、时"的方法，即"变更场地"。

（　　）（10）4S店维修费用过高是车主在保修期后不愿意去4S店维修保养的最主要原因。

项目九
汽车销售延伸服务

任务 9-1 汽车贷款

学习目标
1. 能够正确说明汽车贷款的条件；
2. 能够正确说明汽车贷款的程序。

任务分析
汽车消费信贷是信贷消费的一种形式。汽车消费信贷即用途为购买汽车的消费信贷。在我国，它是指金融机构向申请购买汽车的用户发放人民币担保贷款，再由购买汽车人分期向金融机构归还贷款本息的一种消费信贷业务。

相关知识

一、汽车贷款条件

1. 个人

年满18周岁，具有完全民事行为能力，在中国境内有固定住所的中国公民；具有稳定的职业和经济收入，能保证按期偿还贷款本息；在贷款银行开立储蓄存款户，并存入不少于规定数额的购车首期款；能为购车贷款提供贷款银行认可的担保措施；愿意接受贷款银行规定的其他条件。

2. 法人

有偿还贷款的能力；能为购车贷款提供贷款银行认可的担保措施；在贷款银行开立结算账户，并存入不低于规定数额的购车首期款；愿意接受贷款银行规定的其他条件。

二、汽车消费贷款额度

借款人以国库券、金融债券、国家重点建设债券、银行个人存单质押的，或银行、保险公司提供连带责任保证的，存入银行的首期款不得少于车款的20%，借款的最高限额为车款的80%；借款人以所购车辆或其他资产作为抵押的，存入银行的首期款不得少于30%，借款最高限额为车款的70%；借款人提供第三方保证方式（银行、保险公司除外）的，存入银行的首期款不得少于40%，借款最高限额为车款的60%。

三、汽车分期贷款

汽车消费信贷是信贷消费的一种形式。汽车消费信贷即用途为购买汽车的消费信贷。在我国，它是指金融机构向申请购买汽车的用户发放人民币担保贷款，再由购买汽车人分期向金融机构归还贷款本息的一种消费信贷业务。

1. 汽车分期贷款的方式

（1）汽车金融公司。

目前汽车金融服务公司推出的汽车消费贷款，最大的优势在于便利和低门槛，一些产品本身也非常诱人。汽车金融服务公司一般都是由汽车公司投资创建的，比如东风日产汽车金融公司，其投资方是日产和东风集团，专门从事东风日产等旗下车型的信贷服务，消费者购买日产系列车型最便捷的信贷方式就是通过东风日产汽车金融公司，而且其"便捷"不仅体现在通过4S店就能直接申请办理，更在于其对户口和房产等硬条件没有要求，而这也是汽车金融公司相比银行车贷等渠道最显著的优势之一。消费者只要提供收入证明等一些信用参照，就能方便办理，最快仅需几个工作日，而且首付可低至两成，贷款年限也可长达5年。目前，东风日产等一些汽车金融公司还推出了零利息零月供的特惠车贷，没有信用卡车贷常见的高额手续费，也不用支付银行车贷的高额利息，更没有传统车贷的月供压力，这个被称为"5050"的车贷业务深受消费者青睐，也成为东风日产汽车金融这类专业公司的"撒手锏"。

虽然汽车金融公司"5050"这样的车贷产品确实很划算，但汽车金融公司往往只能办理本品牌的车型车贷，而且很多汽车品牌目前都没有开设这样的公司，国内目前仅有通用、大众、日产、福特等少数企业才有，因此消费者选择的时候还受到车型的限制。另外，类似"5050"这样的特惠车贷也并非时时都有，所以，消费者在买车的时候要向品牌4S店咨询。

（2）信用卡分期购车。

低手续费零利率。相比银行贷款购车和汽车金融机构贷款购车，信用卡分期购车是没有利息的，当然，所谓的零利率会在手续费上有所支出，不过对于较低的手续费来说，相比其他两种贷款方式还是一个更好的选择。不同车型的手续费也有所不用，总体来看，12期手续费率在3%～5%，24期的手续费率在4%～7%。相比3年期以下银行贷款基准利率为5.4%，而大多数银行目前车贷利率在基准利率基础上上浮10%～30%，上浮10%后为5.94%～7.02%。这个利率在汽车金融机构则会更高，甚至高于10%。

（3）银行车贷。

从信贷发展的角度看，汽车消费贷款最早就是从银行开始的。不过银行受到信贷规模收紧的压力，目前车贷等消费类贷款业务已经人为收缩，一些中低档汽车的贷款大门目前暂时关闭。因此，这也是三大车贷渠道中目前比较难以操作的方式。

从常态看，银行车贷的最大好处就是选择面广，购车者看中车型后可直接去银行申请个人汽车消费贷款。但贷款者资格审查的手续非常繁杂，一般需要提供不动产（如房产）作为抵押，部分银行针对高端客户或者高端车型网开一面，可以汽车本身作为抵押，但相比其他车贷方式，批准的时间周期较长。从贷款利率方面来看，汽车按揭贷款利率一般会在银行同期贷款基准利率上上浮10%左右，3年期汽车贷款利率上浮10%，达到5.94%左右。此外，和房贷相似，大部分汽车贷款业务需要担保公司担保或者购买汽车保证保险，购车者还需要承担2.5%~3%的担保费用。所有手续费加起来，银行车贷的综合成本就成为三种方式中最贵的，也是最难办到的。

2. 汽车消费信贷管理的操作程序

（1）贷款申请。

这是借款人与银行发生贷款关系的第一步。作为汽车消费信贷来说，因其贷款对象是消费者个人，而不是工商企业。所以，银行要求申请者提供的材料，会因消费者个人的资产信用状况不同于工商企业，显得较为繁杂。借款人在提出借款申请时，应出具下列资料：个人汽车消费贷款申请表、有效身份证件、目前居住地证明、职业及收入证明、有效联系方式及联系电话、在银行存有不低于规定比例的首付款凭证、与银行认可的汽车经销商签订的购车合同、担保贷款证明资料、在银行开立的个人结算账户凭证及扣款授权书、按银行要求提供有关信用状况的其他合法资料。

（2）贷前调查及信用分析。

贷款调查和信用分析，是决定供贷关系能否发生的关键，是对申请作出的反应，通过对申请人的调查和信用分析，判别申请人是否有资格取得贷款，是通过对这些私人贷款中存在的各种风险进行评估，银行在做贷款评估时，通常要分析贷款人信用的五个方面，即品质、资本金、能力、环境和担保，最重要的、最难于评估的莫过于对借款人的品质甄别。

（3）贷款的审批与发放。

金融机构对借款人的资信状况已经有足够的了解之后，作出是否给予发放贷款的决定。如果金融机构认为可以放贷，就与借款人签订借款合同，发放贷款。

（4）贷后检查及货款的收回。

在贷款发放以后，金融机构为了保证贷款能及时偿还，通常要对贷款进行贷后跟踪检查。金融机构有必要加强对还款的管理，以确保这些贷款本息如期全额收回。

【补充知识】

<h3 style="text-align:center">国内主要的汽车金融公司</h3>

（1）上汽通用汽车金融有限责任公司。

（2）大众汽车金融公司。

（3）丰田汽车金融（中国）有限公司。

（4）福特汽车金融公司。

（5）戴姆勒—克莱斯勒汽车金融（中国）有限公司（简称戴克）。

（6）东风标致雪铁龙汽车金融有限公司。

（7）沃尔沃汽车金融（中国）有限公司。

（8）东风日产汽车金融有限公司。

（9）奇瑞徽银金融有限公司。

（10）北京现代汽车金融公司。

 知识拓展

汽车信贷类型对比如表9-1所示。

表9-1 汽车信贷类型对比

项目	信用卡分期购车	汽车企业金融公司	银行个人购车贷款
范围	部分信用卡支持，招行、民生、建行	丰田、福特、大众、通用、斯柯达、奔驰、标志、雪铁龙等	几乎所有商业银行
汽车企业	银行与车企合作相对比较少，合作时间不固定	同上 长期合作	几乎所有商业银行
利息	一般都没有利息，只收取占分期金额3.50%~10%的手续费，个别车型也有可能免利息，免手续费	利息（上浮30%或下浮10%）或手续费，部分产品免费	央行规定的基准利率
其他费用	无	无	担保费、律师费、验资费、押金
首付比例	大于30%	最低20%	首付30%~50%
贷款条件	只要持卡人信用良好，有稳定收入即可，一般没有户籍和财产方面的限制	收入稳定、信用良好	本地户籍、财产和第三方担保
贷款审批速度	最快几小时	两天左右	7个工作日
限期	12~24个月	1~5年	贷款期限3年
必须投保	（1）盗抢险（车价全额投保） （2）第三者责任险（不低于20万） （3）车损险	盗抢险、第三者责任险、车损险、不计免赔险	盗抢险、第三者责任险、车损险、无免赔、信用保险或保证险
流程	4S店内选车—申请分期—提车	4S店内选车—申请融资—审批—提车	经销店选车—申请贷款—银行调查审批—提车

【案例】

你们的手续费太高，不划算

先生，您真细心。现在银行很少有直接对客户的大额按揭了，利息方面是全国统一的，不会因为是我们公司找的银行，手续费就会高点。这个您可以放心，您在哪个银行都可以问到的。您要自己找按揭公司也可以，但按揭这个过程很烦琐，会浪费您很多宝贵的时间，您看您是做生意的，一天都不知有多忙，再让这些琐碎的事情烦着您，不是影响您谈生意吗？而且我们公司收取的手续费是××元，只要您提供相应的资料，就可以全帮您办妥，既省了您的时间，又让您少担了风险，让您省心又省力。

任务实施与评价

汽车贷款手续的办理

班级学号		姓名	

任务描述：
假定一位顾客决定贷款购买福特新蒙迪欧。
两人一组，一人扮演顾客，一人扮演销售顾问，模拟汽车贷款手续办理。
任务实施：
汽车贷款所需文件：_____
汽车贷款手续办理程序：_____
自我评价（个人技能掌握程度）：□非常熟练　□比较熟练　□一般熟练　□不熟练

教师评语：（包括任务实施态度、完成状况、可行性等方面，并按等级制给出成绩）
_____
_____
_____

成绩_____分　教师签字：_____　_____年___月___日

任务 9-2　汽车保险

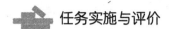

1. 能够正确说明保险的险种；
2. 能够正确说明保险费率计算。

机动车辆保险是以机动车辆本身及机动车辆第三者责任为保险标的的一种运输工具保险；承担的保险责任主要是合同列明的自然灾害和意外事故。在国外，通常称为汽车保险。

相关知识

一、我国汽车保险的险种

我国目前汽车保险的险种，按性质可以分为强制保险与商业险，按保障的责任范围还可以分为基本险和附加险。

基本险包括第三者责任险（三者险）、车辆损失险（车损险）、车上人员责任险（司机责任险和乘客责任险）以及全车盗抢险（盗抢险）。投保人可以选择投保其中部分险种，也可以选择投保全部险种。

附加险包括玻璃单独破碎险、自燃损失险、无过失责任险、车载货物掉落责任险、车辆停驶损失险、新增设备损失险、不计免赔特约险等。玻璃单独破碎险、自燃损失险、新增加设备损失险,是车身损失险的附加险,必须先投保车辆损失险后才能投保这几个附加险。车上责任险、无过错责任险、车载货物掉落责任险等,是第三者责任险的附加险,必须先投保第三者责任险后才能投保这几个附加险;每个险别不计免赔,是可以独立投保的。

通常所说的交强险(即机动车交通事故责任强制保险)也属于广义的第三者责任险,是国家规定强制购买的保险,机动车必须购买才能够上路行驶、年检、挂牌,且在发生第三者损失需要理赔时,必须先赔付交强险,再赔付其他险种。

商业险是非强制购买的保险,车主可以根据实际情况进行选择。

1. 车辆损失险

负责赔偿由于自然灾害或意外事故造成的车辆自身的损失。这是车辆保险中最主要的险种。保与不保这个险种,需权衡一下它的影响。若不保,车辆碰撞后的修理费用得全部由自己承担。

2. 第三者责任险

负责保险车辆在使用中发生意外事故造成他人(即第三者)的人身伤亡或财产的直接损毁的赔偿责任。撞车或撞人是开车时最害怕的,自己的车受损失不算,还要花大笔的钱来赔偿他人的损失。

3. 全车盗抢险

负责赔偿保险车辆因被盗窃、被抢劫、被抢夺造成车辆的全部损失,以及这之间由于车辆损坏或车上零部件、附属设备丢失所造成的损失。车辆丢失后可从保险公司得到车辆实际价值(以保单约定为准)80%的赔偿。若被保险人缺少车钥匙,则只能得到75%的赔偿。

4. 车上责任险

负责保险车辆发生意外事故造成车上人员的人身伤亡和车上所载货物的直接损毁的赔偿责任。其中车上人员的人身伤亡的赔偿责任就是以前的司机乘客意外伤害保险。

5. 无过失责任险

投保车辆在使用过程中,因与非机动车辆、行人发生交通事故,造成对方人员伤亡和直接财产损毁。保险车辆一方无过失,且被保险人拒绝赔偿未果,对被保险人已经支付给对方而无法追回的费用,保险公司按《道路交通事故处理办法》和出险当地的《道路交通事故处理规定》标准在保险单所载明的本保险赔偿限额内计算赔偿。每次赔偿均实行20%的绝对免赔率。

6. 车载货物掉落责任险

承担保险车辆在使用过程中,所载货物从车上掉下来造成第三者遭受人身伤亡或财产的直接损毁而产生的经济赔偿责任。赔偿责任在保险单所载明的保险赔偿限额内计算。每次赔偿均实行20%的绝对免赔率。

7. 玻璃单独破碎险

车辆在停放或使用过程中,其他部分没有损坏,仅风挡玻璃单独破碎,风挡玻璃的损失由保险公司赔偿。

8. 车辆停驶损失险

保险车辆发生车辆损失险范围内的保险事故,造成车身损毁,致使车辆停驶而产生的损失，保险公司按规定进行以下赔偿：

（1）部分损失的，保险人在双方约定的修复时间内按保险单约定的日赔偿金额乘以从送修之日起至修复竣工之日止的实际天数计算赔偿。

（2）全车损毁的，按保险单约定的赔偿限额计算赔偿。

（3）在保险期限内，上述赔款累计计算，最高以保险单约定的赔偿天数为限。本保险的最高约定赔偿天数为 90 天，且车辆停驶损失险最大的特点是费率很高，达 10%。

9. 自燃损失险

对保险车辆在使用过程因本车电器、线路、供油系统发生故障或运载货物自身原因起火燃烧给车辆造成的损失负赔偿责任。

10. 新增加设备损失险

车辆发生车辆损失险范围内的保险事故，造成车上新增设备的直接损毁，由保险公司按实际损失计算赔偿。未投保本险种，新增加设备的损失保险公司不负赔偿责任。

11. 不计免赔特约险

只有在同时投保了车辆损失险和第三者责任险的基础上方可投保本保险。办理了本项特约保险的机动车辆发生保险事故造成赔偿，对其在符合赔偿规定的金额内按基本险条款规定计算的免赔金额，保险人负责赔偿。也就是说，办了本保险后，车辆发生车辆损失险及第三者责任险方面的损失，全部由保险公司赔偿。这是 1997 年才有的一个非常好的险种。它的价值体现在：不保这个险种，保险公司在赔偿车损险和第三者责任险范围内的损失时是要区分责任的：若您负全部责任，赔偿 80%；负主要责任，赔偿 85%；负同等责任，赔偿 90%；负次要责任，赔偿 95%。事故损失的另外 20%、15%、10%、5% 需要车主自己掏腰包。

二、新车保险的购买

买车的人越来越多，可是熟悉新车手续的人却不多，不少车主在为自己的爱车选择保险时往往一头雾水。面对名目繁多的险种、保费不同的保险公司，究竟应该如何选择最适合自己的车险产品呢？

1. 交强险必须购买

根据《机动车交通事故责任强制保险条例》规定，从 2008 年 8 月开始，所有的新车和保险到期的车辆续保必须购买车辆交强险。以 6 座以下车辆为例：其中私家车保费为 950 元，企业非营业汽车 1 000 元，机关非营业汽车 950 元，营业出租租赁汽车 1 800 元。保险公司将根据车辆销售发票进行判断。

由于新车的驾驶员大多是新手，出险率比较高，所以保险公司一般不愿意给新车提供很大的折扣。但对于从事医生、记者、银行员工、公务员等特定职业的工作人员，保险公司认为他们的出险率会低于普通的购车人，所以也会有一定的优惠，一般折扣都在 8 折以下。

2. 新车商业险种应"求全"

除了国家强制规定购买的交强险，新车主还需购买一些必要的商业险种，其中包括车损险、三者险、盗抢险、车上人员险等基本险，以及玻璃险、自燃险、车身划痕险、不计免赔险等附加险。

大部分机动车都会选择投保车损险和三者险,以应对最常见的开车风险,新车当然也必不可少。三者险的保额有5万元、10万元、15万元、20万元、30万元、100万元等多个档次可选,如果不幸撞坏豪车或撞伤人,赔偿可能高达几十万,因此建议购买20万元、50万元保额的三者险为宜,根据不同车型,这一保额区间的保费通常在1 200~1 500元,如果选择保险公司官网直销,还可以优惠1%左右。

新车在吸引路人眼球的同时,也会吸引盗贼的注意力,因此建议投保盗抢险。盗抢险也是根据投保车辆的价格来进行换算的,价格1万的车保费为1 700元左右。

车上人员责任险多按照每辆车4座计算,每座保额分别为1万元、2万元、3万元、4万元、5万元和10万元。新车手开车风险大,为保障自己、家人或朋友的人身安全,最好投保相应的车上人员责任险。

3. 附加险因人而异、因地制宜

如果经常开车出入交通混乱的市场、建筑工地等地方,容易剐蹭爱车漆面,就可以考虑买一份车身划痕险。但要注意的是,有些车主投保了车身划痕险,一发现爱车发生哪怕是很细微的划痕,也要向保险公司报案理赔。其实,即使是再小的理赔,也算作一个案件,如果出险理赔次数过多,会对来年的车险保费影响很大,有可能导致一定程度的上浮,严重的,还会被拒保。因此,车主最好酌情购买车身划痕险,小剐小蹭私了可能更划算。

如果爱车不得不停放在建筑工地旁的停车场,或者经常跑高速,一不小心就会被飞来的小石子砸破车玻璃,在这种情况下,最好加投一份玻璃单独破碎险,以避免经济损失。

此外,夏天天气热,汽车容易产生自燃,在经济条件充裕的情况下,也可以购买自燃险,做到有备无患。

要提醒大家的是,新车新手难免磕磕碰碰,发生事故的频率也相对较高,因此保险专家建议车主,如果是采用分期付款方式购买了新车,按要求车主必须购置全险;如果车主采用全款的方式购买了一辆新车,车主本人又是一名新手,为了减少损失,可以考虑购买除自燃损失险外的所有险种。

4. 保险公司要细选

在确定了应该选择的险种以及可以获得的优惠以后,在购买车险的过程中应该如何选择保险公司?购买过程中还应该注意哪些问题呢?业内人士建议,如果您的车是新车,而且车价相对较高,可选择大公司的车险。因为越高档的车,修理费用也相应越高,一旦出现事故,可能承受的经济压力也就越大,而大公司的赔付额度相对比较高,赔付速度较快,定点维修厂的级别也比较高。

但从支付的保费来看,一般而言,相同的车型和险种,大公司的保费要比小公司高。如果您的车是旧车,或者车价不高,修理费用也不会很高,并且您的驾驶技术又比较成熟,选择小公司可能比较划算。

但车主也要注意,小公司能省保费,但在服务上可能做得不够到位。如何选择真正性价比高的车险呢?现在有些大型保险公司(如平安保险)开通了直销车险业务,比如电话车险、网上车险,由于减少了中间环节,可以将支付给中介的代理费用直接让利给客户,因此有较低的车险折扣,选择这种直销渠道,既能省下保费,服务又更有保障,显然其性价比更高。

另外，专家提醒投保人，如果爱车经常出外跑长途，那么应该尽量选择比较大的保险公司来投保，因为这样的保险公司在全国各地都有分公司，遇到麻烦，可及时在当地办理定损、理赔等。此外，专家提示，车主投保车险不能只重价格，应该结合自己用车的实际情况来决定，比如是否经常跑长途、是否指定专人驾驶等，要综合出险时所需要的服务来投保。

三、汽车投保的技巧

汽车投保的技巧主要有以下几个方面：

（1）车辆的保险金额要根据新车购置价确定。车辆损失险保险金额，可以按投保时新车价值或实际价值确定。但要注意保险金额不得超过车辆价值，因为超过的部分无效。

（2）车上人员责任险，在投保时根据使用情况投保一个座位或几个座位，如果超过2座，则4个座位全部投保比较划算。

（3）第三者责任险有5万元、10万元、15万元、20万元、30万元、100万元等多个档次，一般来说，投保20万元～50万元比较合适。

（4）自燃险是对车辆因油路或电路的原因自发燃烧造成的损失进行赔付。夏天是汽车自燃的多发季节，最好加投一份自燃险，做到有备无患。

（5）旧车的盗抢险和车损险，投保时车辆的实际价值按新车购置价减去折旧来确定，一般每年折旧千分之十。但也要注意，按折旧价投保时，出险后保险公司也会按照新车价与折旧价的比例进行赔付。也就是说，如果一部车新车购置价为10万元，按折旧价8万元投保，那么出险后，相应地，车主也只能得到80%的赔款。

【补充知识】

一、2008版交强险费表如表9-2所示。

表9-2 2008版交强险费率表 元

家庭自用汽车	6座以下	6座以上	—	—	—
	950	1 100	—	—	—
非营业客车	6座以下	6～10座	10～20座	20座以上	—
企业汽车	1 000	1 130	1 220	1 270	—
党政机关、事业团体汽车	950	1 070	1 140	1 320	—
营业客车	6座以下	6～10座	10～20座	20～36座	36座以上
出租、租赁汽车	1 800	2 360	2 400	2 560	3 530
非营业货车	2吨以下	2～5吨	5～10吨	10吨以上	—
	1 200	1 470	1 650	2 220	—
营业货车	2吨以下	2～5吨	5～10吨	10吨以上	—
	1 850	3 070	3 450	4 480	—

二、机动车商业保险行业基本费率表如表9-3所示。

表9-3 机动车商业保险行业基本费率表

非营业用车		车辆损失险							
		1年以下		1~2年		2~6年		6年以上	
		固定保额/元	费率/%	固定保额/元	费率/%	固定保额/元	费率/%	固定保额/元	费率/%
非营业个人	6座以下	593	1.41	564	1.34	559	1.33	576	1.37
	6~10座	711	1.41	677	1.34	670	1.33	691	1.37
	10座以上	711	1.41	677	1.34	670	1.33	691	1.37
非营业用车		商业第三者责任险							
		5万元	10万元	15万元	20万元	30万元	50万元	100万元	—
非营业个人	6座以下	730	1 022	1 154	1 241	1 388	1 649	2 147	
	6~10座	712	997	1 125	1 211	1 353	1 608	2 094	
	10座以上	712	997	1 125	1 211	1 353	1 608	2 094	
非营业用车		全车盗抢		车上人员责任险		玻璃单独破碎险		—	—
		固定保额/元	费率/%	司机座椅/%	乘客座椅/%	进口/%	国产/%		
非营业个人	6座以下	120	0.42	0.40	0.26	0.31	0.19	—	—
	6~10座	140	0.39	0.38	0.25	0.30	0.19	—	—
	10座以上	140	0.39	0.38	0.25	0.36	0.22	—	—

注：不计免赔费率为15%。

三、折旧率表如表9-4所示。

表9-4 折旧率表

车辆种类	月折旧率/‰
9座（含9座）以下非营运载客汽车（包括轿车、含越野型）	6
出租汽车及大于6吨载货汽车、矿山作业专用车	12
其他类型车辆	9

四、新车全险、不赔的四项规定。

不赔之一：收费停车场丢车。

一般情况下，车辆在收费停车场丢失，保险公司都不负赔付。因为保险公司认为放在以上场所的车辆，停车场是有保管车辆的责任的。因此，遇到这种丢车情况，投保人不必再去找保险公司进行索赔，即使找到保险公司，保险公司也不会负责任，而是应尽快争取时间，让保管车辆不善、造成车辆丢失的保管人来负责赔偿。

不赔之二：驾驶员故意事故。

根据保险条款规定，驾驶员的故意行为属于责任免除范围，因此，即使发生任何紧急状况，如果是驾驶员的蓄意行为造成事故，保险公司都不会负责赔付。所以说，车主一定要遵守这些条款，否则，受害的还是自己。所以，驾驶员不要心存侥幸心理，故意制造事故，这样不仅得不到赔偿，而且会被扣上骗保的帽子。

不赔之三：车辆内物品丢失。

根据保险产品中的保险范围规定，盗抢险的赔偿范围仅仅是车辆本身，而不包括车内的物品。目前保险公司对车里的物品多数都不承保，只有少数公司的保险产品可以承诺对车内的特殊物品进行赔偿。因此，投保人尽量不要把值钱的物品放在汽车里面，应放在比较安全的地方或者随身携带，以免遭到不测，给自己造成不必要的财物损失。

不赔之四：车辆撞了自家人。

第三者责任险只负责赔偿保险车辆因意外事故致使第三者遭受人身伤亡或财产的直接损失。第三者责任险的条款规定，在第三者的定义中，不包括保险人、被保险人，本车发生事故时的驾驶员及其家庭成员，被保险人的家庭成员。因此，驾车者如果不小心撞上了自家人，只好自认倒霉，因为这种情况是得不到保险公司的赔付的。

【案例】

案例1

绚丽1.3VVT豪华版购车费用为5.59万元。

保费构成：交强险+商业险+车船税。

交强险：950元（家庭自用6座以下）。

车船税：全年480元（1升以上9座以下）。

商业险：车损+商业三者+盗抢+车上人员。

商业保险：

1. 车损险（含不计免赔）：

（整车售价×费率+固定保额）×1.15＝（55 900×1.41%＋593）×1.15＝1 588.37（元）

2. 商业第三者责任险（保额10万含不计免赔）：

1 022×1.15＝1 175.3（元）

3. 全车盗抢险（不计免赔）：

（55 900×0.42%＋120）×1.15＝408（元）

4. 车上人员险（乘客按4人计算，保额为2万/人，含不计免赔）：

司机（2万）：20 000×0.40%×1.15＝92（元）

乘客（2万）：20 000×0.26%×4×1.15＝239.2（元）

绚丽1.3VVT豪华版车辆的保险费用为：

费用共计：950＋480＋1 588.37＋1 175.3＋408＋92＋239.2＝4 932.87（元）

案例2

有亲戚或朋友是做保险的，我不在你们公司买保险

其实您在您朋友或亲戚那买保险固然便宜几百块钱，但他们没有我们公司做得专业。您看，在我们公司，买保险是一条龙的服务，不用您亲自去跑理赔，省下不少烦心事，而且您在我们公司买保险还可以享受我们公司 VIP 服务。例如，……（举例说明），并且我们帮您服务是应该的，而您麻烦您的朋友，是不是还要感谢别人，付出的可能更多，远远不止当初打算省下的几百元钱。

案例 3

有亲戚或朋友是做保险的，我不在你们公司买保险

您好，先生/女士，您有亲戚或朋友在做保险，想帮他们买，我可以理解，但您可能对保险的一些条款还不太了解吧？有很多人都在做保险，但如何真正保障您车辆的使用安全，那就必须有一支十分专业的团队来为您服务。如果您在我们公司购买保险，我能代表公司保证您在我们公司维修的零件 100% 是原厂件，能为您提供 24 小时的保险服务热线，同时您所维修的车辆都能享受更长的保质期。您的朋友或者亲戚是做保险的，他也只能为您提供保险的事情，在维修方面应该不了解吧？

 任务实施与评价

汽车保险

班级学号		姓名	
任务描述： 假定一位顾客决定购买福特新蒙迪欧，并在福特 4S 店上保险。 两人一组，一人扮演顾客，一人扮演销售顾问，模拟汽车保险险种及保费的说明及介绍。 任务实施： 汽车保险险种：_____ 汽车保费说明：_____ 自我评价（个人技能掌握程度）：□非常熟练　□比较熟练　□一般熟练　□不熟练			
教师评语：（包括任务实施态度、完成状况、可行性等方面，并按等级制给出成绩） 			
成绩_____分　教师签字：_____　　　　　年___月___日			

任务 9-3　精品销售

1. 能够正确描述汽车精品销售的含义；
2. 能够正确描述汽车精品销售的技巧。

任务分析

汽车精品销售是汽车销售的一个非常重要的环节，汽车精品销售可增加汽车销售的附加

值,维系客户关系。

一、精品销售的由来

随着中国汽车工业的高速发展,汽车已进入了寻常百姓家。一般汽车出厂时都有好几个型号或版本,不同版本的车辆,配置不相同,不同的消费者对车辆具有不同的使用观念(比如选购较低配置车辆的车主要求享受更高的产品服务时;需要用到原厂配置不具有的附加产品功能时),精品加装与改装是满足此需求的唯一途径。因此,作为汽车后市场中的汽车精品迎来了其蓬勃发展的时期。

随着汽车精品市场竞争日趋激烈,汽车精品(以下简称精品)销售依然采用简单的介绍产品功能、价格的方式,已远远不能获得目标客户的信任。这对精品销售的销售员的销售能力提出了更高的要求。

二、常见汽车精品类目介绍

1. 汽车内饰精品

主要是指用于汽车内部装饰和布置产品。常见内饰精品有:汽车香水座、坐垫、冰垫、脚垫、腰垫、地毯、座套、钥匙扣、公仔、风铃、窗帘、保温壶、太阳膜、防盗锁、安全气囊、车用衣架、隔热棉、门边胶、手机架、安全带、气压表、方向盘套、仪表装饰板等。

2. 汽车外饰精品

主要是指用于车外装潢的产品。常见外饰精品有:晴雨挡、外拉手贴件、挡泥板、车贴、汽车天线、雾灯框、汽车尾灯框等。

3. 汽车电子精品

主要是指用于汽车电子控制装置和车载汽车电子装置。常见电子精品有:GPS导航、车载DVD、车载MP3、汽车音响、汽车逆变器、汽车加湿器、汽车氙气灯等。

4. 汽车美容精品

主要是指用于汽车清洁与美容的产品。常见美容精品有:车罩、抛光蜡、美容粗蜡、镜面处理剂、研磨剂、仪表蜡、修复蜡、空气清新剂、真皮清洁剂、汽车泼水剂(雨敌)、汽车防雾剂等。

5. 汽车养护精品

主要是指用于汽车的定期保养及维护的产品。常见养护精品有:除锈润滑油、划痕蜡、水晶白玉固蜡、上光水蜡、去污水蜡、空调清洗除臭剂、发动机清洗剂、玻璃水等。

6. 汽车改装精品

主要是用于汽车外观及性能改装的产品。常见改装精品有:超炫灯饰改装、氙气大灯、刹车灯、大灯灯泡、尾灯总成、底盘装饰灯、真皮改装、缓冲器、尾翼、大小包围、前后护杠、雾灯、天使眼光圈、隔热棉、车身装饰线、密封胶条、前档贴、外踏板等。

7. 汽车安全精品

主要是指汽车上用于保证乘客以及驾驶员或汽车本身安全的产品。常见汽车安全精品有：行驶记录仪、TMPS、防盗器、疲劳驾驶预警、防盗器、汽车安全带、警示牌等。

【补充知识】

汽车精品是对汽车功能、外观、个人偏好的有益补充，是可以达到美化外观、加强完善功能和展现个性化特点的汽车配件、美容养护产品的总称。汽车精品热销情况如表9-5所示。

表9-5 汽车精品热销情况

排序	产品	在4S店选择比例/%	销售情况
第一位	防爆太阳膜	87.62	热销
第二位	防盗器、防盗锁	69.52	
第三位	倒车雷达	56.19	畅销
第四位	GPS系统	48.57	
第五位	底盘装甲	46.67	
第六位	汽车地毯（地胶）	42.86	
第七位	汽车真皮	41.90	
第八位	汽车影音改装	40	
第九位	汽车香水	32.38	一般
第十位	汽车小装饰精品	30.25	

三、精品销售技巧

1. 精品销售技巧

（1）新车下定金——引导时机。

给车主一些前期的铺垫工作（公司有汽车销售后的全部的加装产品和服务）。

（2）新车交余款——最关键的时机。

①介绍车辆全部的必要的服务项目（底盘防锈、隔热防爆膜等）。

②针对车型，介绍有针对性的项目。

③强调新车前期可节约时间，在提车时已装饰一新，满足车辆的使用要求。

④强调4S店的专业性。

⑤特别提示在其他店面进行加装的不受保护性。

2. 销售技巧

汽车精品销售在汽车销售过程中占据一个重要的位置，而随着车市的激烈竞争，汽车精品销售越发成为企业盈利的一种方式，也成为维系客户情感的纽带。如何进行汽车精品的销售？在销售过程中要注意哪些细节？话术应该怎样使用？

（1）在卖车的过程中带入汽车精品的销售。

汽车精品是不能独立销售的，简单地说汽车精品就是汽车的附属物，独立销售肯定是做不好的,那就要将汽车精品的销售和所有销售融在一起,这一点至关重要。如在向顾客介绍这款车有智能钥匙时,销售人员就必须将遥控器拿给顾客看,告诉客户,只要将遥控器放在包里面,人一靠近,车门就会自动打开,这样就和整车融在一起销售了。

(2) 安装样车让客户体验。

任何一种销售,都只有让顾客不断去体验,才能把产品卖掉。前面提到汽车精品的销售要和整车销售融合在一起,那么怎样跟整车最密切地融合在一起呢?安装样车是最佳的方式,并且样车就可以让客户切身去体验精品的实际作用与功能。在销售"智能钥匙·一键启动系统"产品时,4S店都是通过安装样车让顾客体验的方式去销售,这也是精品厂家所要求的。

【案例】

雄兵公司曾生产过适合中低档车的折叠式钥匙,若是中华骏捷和标致4S店的销售员,对这款产品不会感到陌生,这两款车型就是拿这种钥匙来配套的。销售人员在介绍这款钥匙的时候就告诉顾客:"这款钥匙是与遥控器合二为一的,一按钥匙就会弹起来。"并通过演示来告诉顾客,这也是一种让顾客体验的方法。

(3) 设计有效的销售流程。

为了让精品销售员的销售行为规范,做到忙而不乱,让客户满意度达到更高,最终顺利地完成整个销售过程,4S店还应该设计有效的汽车精品销售标准流程。4S店在整车销售方面已经有了很完善的销售流程,参照整车的销售流程,根据精品销售的特点进行修改,可以设计出汽车精品销售标准流程。

【案例】

一汽丰田4S店的精品销售标准流程如下:

①目标设定与管理。
②顾客接待。
③商品说明及签单。
④派工及安装。
⑤车辆交付。
⑥售后跟进。

(4) 提供专业的意见及建议。

①用"切割"的原则来树立汽车4S店的"专业化"定位。

通过向客户提供专业的意见及建议来销售精品。4S店在汽车精品的营销过程中,顾客普遍认为店内精品的价格相对比较高。那么4S店要怎样做才能令顾客觉得这价格合理呢?首先,想要让顾客觉得产品贵得有价值,就必须从专业化的角度向顾客介绍产品,让顾客切实感到店内的产品有保障,这样,哪怕贵一点,他们也能接受。这也是一种切割的原理,就是将后市场和4S店一刀切割下去,4S店是专业的,顾客是非专业的。用专业做出来的产品,品质上有保障,顾客大可以放心,这才是4S店所要达到的理想状态。

②为客户创造出更多的超值感。

4S店的产品贵是消费者的普遍感觉,甚至夸张点说,顾客都认为4S店卖精品是"宰人",所以4S店应努力去平衡消费者的这种感觉,除了前面说的,从专业化角度向顾客介绍产品，给顾客安全的保障外，还可以通过强调产品的多功能或赠送相关产业及服务，给客户超值感。4S店在销售"智能钥匙·一键启动系统"时就是这么做的。例如广州沙河丰田在销售"智能钥匙·一键启动系统"就特别跟客户强调一点，装这套产品赠送3年防盗抢险，最高赔付可以达到20万元，而顾客单买3年盗抢险就需要几千元，超值。

③充分挖掘客户的消费需求。

客户对精品的消费需求无非两个时间段，新车落地时和新车使用后。新车落地时是装饰及环境精品销售的最佳时间，除了将精品装进新车与新车打包销售外，4S店也要考虑到，客户在拿到新车时也会自主挑选一些精品，希望自己的"宝贝"更加完美。这时防爆膜、大包围、坐垫、座套、头枕、脚垫、香水等装饰及环境类精品最能获得客户的青睐。如果4S店能针对客户这个需求，多搞一些促销活动，或者将客户最需要的几样打包优惠销售，相信很多新车主都会买单。此外，4S店还要关注一些客户回店消费的产品，也就是新车使用后需要的精品，不要单考虑新车的销售，其实客户回头消费也是精品营销中的一大块。4S店汽车销售已做了很多年，卖出去的车不计其数，通过一些促销活动，也能把一些持续性消费的汽车精品经营得有声有色，特别是汽车护理、美容、漆面翻新、真皮翻新等这些项目，经营得十分好。

【案例】

广州的广保丰田店，不久前就建立了一个专业的美容车间，并且制作了洗车、打蜡、镀膜等服务项目年消费卡，平均下来，顾客单次消费的价格跟在别处美容差不多，稍贵一点，但在广保丰田店却能做到比普通美容店专业得多，这样不仅吸引了众多顾客回头消费，留住了客户，同时也给其他精品的销售带来机会。

（5）加强培训，达到全员销售。

汽车精品销售业绩的攀升，一部分的原因是产品的性能得到消费者的认可，更大一部分的原因是4S店员工专业化的服务深得人心。对于精品销售业务来说，加强对销售人员的培训是至关重要的。

①培训实施的步骤。

首先，4S店要制订培训计划和实施方案，确定培训目标及对象，选择培训方式，制作培训日程。其次，要按计划组织实施培训，选好讲师，整合教材，准备好培训场地，按计划进行培训。再次，要对培训成果进行考核并点评销售人员的演练，培训课程完成后，以笔记或实战的方式考核参课人员，并利用固定时间进行演练。最后，要追踪改善，时时关注培训效果，总结经验，使培训人员不断进步。

②常用培训方法。

在理论学习上，可以采用讲授法，这样有利于受训者系统地接受新知识、掌握销售理论；对工作流程和操作技能的培训，可以采用演示法，这样可以激发受训者的学习兴趣，利用多种感官，做到看、听、想、问相结合，获得感性知识，加深对所学内容的印象；在应对客户方面，可以运用角色扮演法，训练受训者的基本动作和技能，提高其观察能力和解决问题的能力。

③注意事项。

首先，在培训的过程中要有针对性，应根据不同岗位的工作职能给予培训；其次，要有计划性，要安排好定期培训，例如以周、月或自定期限为培训周期；再次，要注意灵活性，根据销售策略和人员的变化，及时调整培训计划。加强热销产品的培训，提高员工达成交易的能力，最大限度地利用热销产品，有效提高营业额。例如，珠海腾达在培训方面注重与市场形势相结合，主动探索市场动向，及时进行热销产品的培训，每月进行一次精品专题培训，由精品主管组织，设定课题，制作材料，并在每月末进行考核，这一培训的实施，大大地提高了该公司的营业额。兵法曰："夫军无习练，百不当一；习而用之，一可当百。不教而战是谓虑。"商场如战场，不教给员工应掌握的知识和技能，员工就没有执行力，企业也无法在商场中独占鳌头。

【案例】

山西香山恒润店不间断地严密培训

香山汽贸北京现代恒润店是山西地区销售业绩较好的4S店，从2012年6月份开始销售雄兵"智能钥匙·一键启动系统"产品，主推北京现代"悦动"车型，并结合这个高端产品推出北京现代"悦动"尊贵版。同时在精品选购区重点推介。恒润店非常重视业务人员对该产品的熟悉程度，在产品推出前2个星期，恒润店市场部采用每天下班后1~2个小时的时间不间断地培训，同时不断开展销售演习，让业务人员对新产品的了解达到最高境界。恒润店还制定标准话术，让业务员熟背答案。除了内部培训之外，恒润店还经常邀请雄兵山西分公司的销售经理前来进行实战性培训。另外，恒润店还分批召集所有其他部门的人员进行该项精品销售的培训，通过培训，让其他部门的人认知此项精品及懂得如何配合市场部去向客户推销这款精品。

3. 精品洽谈基本步骤

（1）引导客户进入洽谈室。

（2）在介绍车辆的同时，根据实际情况选择恰当的时机（例如在整车电脑介绍演示时），或者通过封闭式提问询问客户是否需要介绍车辆的精品配置，话术："××小姐/先生，是否需要我再为您介绍一下凯美瑞的有关配置精品呢？"或者通过直接诱导进行精品介绍，话术："让我们再看看精品部分"。

（3）在精品介绍的同时，通过闲聊了解客户的需求与用车状况，根据客户的基本状况，深入挖掘客户对精品安装的需求，积极地向客户提出有针对性的意见来促成精品成交。话术："××小姐/先生，您看您先生/太太（了解到刚拿到车牌）在驾驶我们这款非常高档的车辆时，如果有个倒车雷达就更好了"；"××小姐/先生，南方地区天气非常炎热，车辆的防爆膜是很多车主必备的配置，您看是否需要我为您介绍一下？"

（4）根据精品介绍情况，进入具体精品配置的功能讲解，此时可向客户递上精品清单，根据客户的精品选择给出相应的配置资料，进行详细的功能讲解，话术"××小姐/先生，我们车辆的防盗措施是非常不错的，但是通过选择我们的防盗设备，会使我们的这辆车更安全，这是我们增加的车辆防盗配置部分，分为物理锁防盗和电子锁防盗两部分……"如果客户表示无从选择，都想了解时，可做销售诱导，话术："××小姐/先生，这是我们客户选择最多的几项配置，让我来一一为您介绍一下"。

（5）在客户选择好项目后，要清楚地告知客户他选择的项目的安装时机、时间与产品的保修政策，话术："××小姐/先生，您的倒车雷达我们将在验车后的三个工时内安装完成，同时，我们的产品保修三年"；"××小姐/先生，您的防爆膜我们将在车辆上牌后的五个工时内安装完成，同时，我们的产品保修五年"。

（6）计算费用，确认安装项目后，签订合同附加协议，交客户及经理签字确认。

4. 注意事项

（1）由于精品部分是属于车辆附加值部分，客户比较容易产生对推销的抵触情绪，洽谈时尽量根据客户的需求，通过明确客观的分析与详细的功能讲解，让客户明白他选择的配置是非常适合自己车辆的，是"物有所值"的，切忌给客户造成"强买强卖"的推销感觉。

（2）由于有些配置有安装时机的问题，比如防爆膜要在上牌后安装、底盘装甲要在天气较好时安装等，这些在安装前一定要向客户表达清楚。

（3）价格优惠是精品销售和客户最大的谈判问题，当然，如果前期的需求做得详细，这部分的压力就会减轻（物有所值），此时首先告知客户公司的政策，然后说明自己的权限，在公司的政策原则上通过销售策略来和客户进行洽谈，原则上是利润最大化。当精品可能影响车辆成交时，可在允许的原则下推出"套餐"方式，促进车辆成交。

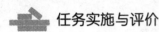 任务实施与评价

汽车精品销售推介

班级学号		姓名	
任务描述： 任选一款车。 两人一组，一人扮演客户，一人扮演销售人员，向客户推介本款车的精品。 任务实施： 所选车型：_____ 推介的精品：_____ 精品推介话术：_____ 自我评价（个人技能掌握程度）：□非常熟练　□比较熟练　□一般熟练　□不熟练			
教师评语：（包括任务实施态度、完成状况、可行性等方面，并按等级制给出成绩） 			
成绩_____分　教师签字：_____　_____年____月____日			

任务9-4　汽车购买手续的代理服务

1. 能够正确描述新车上牌所需的资料；
2. 能够正确描述新车上牌流程。

任务分析

用户购入新车，经过新车初检，缴纳车辆购置税以及车辆保险费后，可在公安机关车辆管理部门办理登记注册，领取证照。新车领取证照后，方能以合法身份正式上路行驶。

相关知识

一、新车上牌需要准备的资料

车辆合格证、购车发票以及交强险保单（商业险可以上牌后再购买），北京、上海、广州地区的还需要有购车指标证明。到车管所办理上牌手续前，应该把交强险保单、购车资格证、居民身份证、暂住证（如果有）、车辆合格证、购车发票各复印 3 份备用。相关证件如图 9-1~图 9-5 所示。这里要注意的是，这些复印件不能是传真件，否则，车管所是不认的。

图 9-1 交强保险单

图 9-2 购车资格证　　图 9-3 居民身份证　　图 9-4 车辆合格证

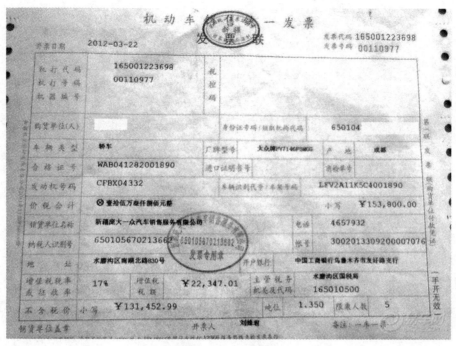

图9-5 购车发票

购置税在购置税征稽处缴纳，需要提供身份证原件及复印件、购车发票（报税联）、合格证原件及复印件、纳税申报表，如果是进口车辆，还需提供海关货物进口证明书原件及复印件，商品检验单原件及复印件。广州限牌后，还需要打印购车资格证明，方可办理购买购置税业务。只能使用银联卡交费，交费成功之后，会有一个车辆购置税完税证明。

二、车管所上牌流程

1. 拍照

拍照的师傅会根据车主的车架号后四位设置好号码牌，放到车子挡风玻璃右下角，然后给车拍照。拍照前，需要把贴在挡风玻璃上的"CCC"贴纸以及"汽车燃料消耗量标识"贴纸去除，这项工作最好在到车管所之前完成，因为这两个标识比较难撕下来的。如图9-6所示。

2. 拓印

拓印一般要在车管所检查区进行，有时候4S店也已经帮忙拓印了，但要注意的是，4S店拓印的份数是否齐整，因为上牌的时候，需要两份发动机号和三份车架号的拓印。如图9-7所示。

图9-6 拍照示意图

图9-7 拓印示意图

3. 过线

所有自主品牌的车辆都属于免检车辆，非免检车则需要过线检测，包括动力、灯光、尾气、刹车方面的检测。如图9-8所示。

图9-8 过线示意图

4. 刑侦

完成车辆拓印，拿到拓印好的发动机号及车架号后，便可以到刑侦检验室填写刑侦验车资料采集表。填写好上述采集表后，把拓印号以及采集表上交给柜台的业务员录入资料，获得公安局刑侦验车通知书。如图9-9所示。

到车管所的资料采集窗口，填写机动车登记申请表，把资料交到采集窗口的业务员手上，他会帮助整理好资料并要求车主到指定窗口缴纳200元的服务费，具体资料包括：机动车注册、转移、注销登记/转入申请表（如表9-6所示），申请表，还有交强险副本、购车发票（注册登记联）、刑侦回执、身份证原件和复印件、合格证原件、购置税附页，例如上

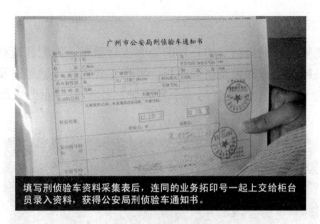

填写刑侦验车资料采集表后，连同的业务拓印号一起上交给柜台员录入资料，获得公安局刑侦验车通知书。

图 9-9 刑侦示意图

广州牌，非本市户口的，还需要提交非广州市户口流动人员信息登记表。

表 9-6 机动车注册、转移、注销登记/转入申请表

提示：标注有"□"符号的选择项目，请按照实际情况一一选择打"√"！

机动车注册、转移、注销登记/转入申请表

注销登记样表

号牌种类		小型汽车	号牌号码	浙 C××××	
申请事项		□注册登记 □车辆管理所辖区内的转移登记	□注销登记 □转出车辆管理所辖区的转移登记		□转入
注销登记原因		□报废	□灭失	□超车	□出境
机动车	品牌型号	桑塔纳 SVW7180CEI	车辆之别代号	LNPAXGBD268649833	
	获得方式	□购买 □境外自带 □继承 □赠与 □协议抵偿债务 □协议离婚 □中奖 □调拨 □资产重组 □资产整体买卖 □仲裁裁决 □法院调解 □法院规定 □法院判决 □其他			
	使用性质	□非营运 □公路客运 □公交客运 □出租客运 □旅游客运 □租赁 □教练 □幼儿校车 □小学生校车 □其他校车 □货运 □危险化学品运输 □警用 □消防 □救护 □工程救险 □营转非 □出租营转非			
机动车所有人	姓名/名称	王××		机动车所有人及代理人对申请材料的真实有效性负责 机动车所有人签字： 王×× ×××年××月××日	
	邮寄地址	温州市鹿城区××新村××小区×单元××室			
	邮政编码	××××××	固定电话	××××××××	
	电子信箱	××××@ ×××.com	移动电话	×××××× ×××××	
转移出车辆管理所辖区的转移登记		转入： 省（自治区、直辖市） 车辆管理所			
代理人	姓名/名称			代理人签字： 年　月　日	
	邮寄地址				
	邮政编码		联系电话		
	电子信箱				
	经办人姓名		联系电话		

5. 验车

在验车区内,把整理好的资料交给在场的警察进行验车。为配合警察的验车工作,车主应该预先打开发动机舱盖,拆卸发动机隔热板。警察主要检验车架号以及发动机号与资料上的数据是否一致。验车完毕,警察会给一个号码牌,让车主到业务大厅等候。如图 9-10 所示。

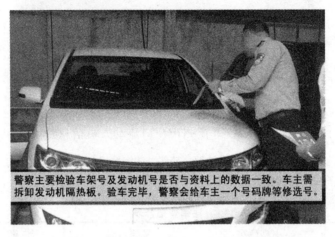

图 9-10 验车示意图

6. 获得行驶证、机动车登记证书

完成选号后,工作人员会给车主打印机动车领牌凭证,并要求车主去缴费。此处缴费同样只能采用银行卡支付。行驶证、机动车登记证书以及反光号牌的工本费为 125 元。缴费后等待一段时间后,便可以获得行驶证、机动车登记证书。如图 9-11 所示。

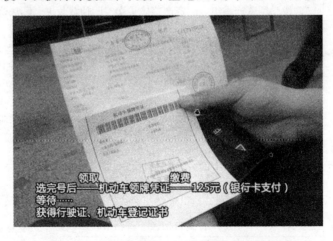

图 9-11 获得行驶证、机动车登记证书示意图

7. 购买车船税

取得行驶证以及机动车登记证书后,可以复印一份,然后到车管所相应的地方缴纳本年的车船税。车船税缴纳同样只能刷卡。如图 9-12 所示。

图 9-12 购买车船税

8. 牌照安装

拿着行驶证和机动车登记证书到验车区，找安装工人到牌照仓库领取反光号牌并安装。安装号牌的服务是免费的，建议车主在上牌前自行网购符合新交规的号牌托架。（新交规里，不按规定安装号牌，一次扣除 12 分）

9. 领取绿色环保标志

带齐相关资料（个人轿车需要行驶证、机动车登记证、车主的身份证三证原件，若车是公有的，则应带"行驶证""机动车登记证""企业机构代码证"或"企业营业执照"三证原件）免费领取。如图 9-13～图 9-14 所示。

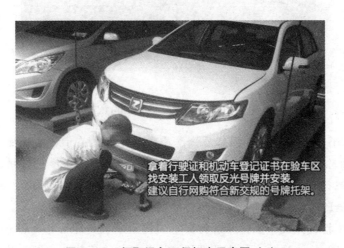

图 9-13 领取绿色环保标志示意图（a）

图 9-14 领取绿色环保标志示意图（b）

上牌的一系列步骤完成后，车主获得的资料有机动车登记证、机动车行驶证、合格标志、环保标志、年票标志。如图 9-15 所示。

图 9-15 上牌后取得的材料

【案例】

《关于加强和改进机动车检验工作的意见》看点解读

2014 年 5 月 16 日，公安部、国家质检总局联合公布《关于加强和改进机动车检验工作的意见》（以下简称《意见》），出台了一系列机动车检验制度改革的新措施，包括加快检验机构审批建设、试行私家车 6 年内免上线检测、推行异地检车等服务、加强对检验机构监管、政府部门与检验机构脱钩、强化违规违法问题责任追究等多个方面。

这些改革新举措对广大车主意味着什么？如何充分享受新规定带来的便利？如何改变以往政企不分的状况？检验过的车辆出了事故，检验机构该负什么责任？对此，相关部门人士及有关专家进行了解读。

1. "5 万辆车 VS 一条检测线"亟待改变

公安部统计数字显示，《道路交通安全法》实施 10 年来，车检工作有效开展，全国平均每年检验汽车 7 000 多万辆，及时发现严重安全隐患车辆 300 多万辆，对预防和减少道路交通事故发挥了重要作用。

统计数字还显示，截至2013年年底，全国机动车保有量达到2.5亿辆，汽车保有量从2003年的2 421万辆增长到2013年的1.37亿辆，并继续以每年1 500万辆的速度在增长。

公安部交管局副局长李江平说："与近年来机动车保有量迅猛增长势头相对应的，是检验机构数量增长的严重滞后。这在一些大城市表现较为突出，有的地方平均每5万多辆汽车拥有1条检测线，达到饱和或超饱和状态，导致排队长、积压多、检车难等矛盾。"

"必须发挥市场在资源配置中的决定性作用，充分调动全社会的积极性，加快检验机构审批建设，满足群众不断增长的检车需求。"李江平表示，对申请设立检验机构的，只要符合法定条件，均应在规定的时间内予以批准，在审批过程中要简化手续、提高效率。

2. "6年免检"实为"6年免上线检验"

《道路交通安全法》及其实施条例根据车辆用途、类型、使用年限等特点，设定了不同的检验周期，小型私家车6年内，每2年检验1次；6~15年，每年检验1次；15年以后，每半年检验1次。

根据《意见》规定，自2014年9月1日起，试行6年以内的非营运轿车和其他小型、微型载客汽车（面包车、7座及7座以上车辆除外）免检制度，在每2年需要定期检验时，车主提供交通事故强制责任保险凭证、车船税纳税或者免征证明后，并且处理完交通违法、交通事故后，可直接向公安交管部门申请领取检验标志，无须到检验机构进行安全技术检验。

那么，车主如何计算自己的爱车是否属于免检范围？

按照《意见》规定，对于2010年9月1日（含）之后注册登记的私家小汽车，可以享受免检政策；2010年8月31日之前注册登记的私家小汽车，仍执行原检验规定。

"需要提醒车主注意的是，检验周期是法定的，此次私家小汽车检验周期没有发生变化，仅是试行对6年内新车免予上线检测。因此，车主还是要每2年申领一次检验标志。"李江平说。

《意见》还规定，如果在此期间车辆发生过造成人员伤亡的交通事故，仍需按原规定参加检验；对于交通安全责任大、易引发群死群伤的交通事故的面包车和7座（含）以上车辆，此次暂不纳入免检范围。

在调整私家车检验政策的同时，《意见》要求对大中型客车、重中型货车等重点车辆的检验更加严格，增加检验项目，严格检验标准，推行应用车辆外廓尺寸自动测量仪等科技装备，提高检验专业化水平。

"能够放宽的尽量放宽，应当严格的更加严格。"清华大学法学院副院长余凌云建议，在试点的基础上，跟踪评估实施效果以积累经验，进一步深化改革，推动修改相关法律，完善检验制度。

3. 年底前全国完成省内异地检验

针对广大群众反映的检车难、排队长、程序等等问题，《意见》推出了扩大新车上牌前免检范围、推行机动车异地检验、实行机动车预约检验等便民服务措施。

扩大新车上牌前免检范围意味着所有新出厂的轿车和其他小型微型载客汽车，办理登记前全部免予安全技术检验。但出厂两年内未申请注册登记，或者注册登记前发生交通事故的,仍应进行安全技术检验。

当前,人员和车辆流动性日益增大,一些车主苦于检验车辆往返不便。今后,事先在登记地车管所办理委托检验的环节将取消。除大型客车、校车外,机动车可在全省范围内异地检验。目前已有内蒙古、辽宁、江苏等12个省区组织实施,2014年年底前将在所有省份完成推广。

李江平介绍,为了避免出现检验把关不严、标准不一致等问题,必须在建立全省统一机动车检验监管平台的基础上,才能推行省内异地检验。公安部正组织试点应用全国统一的检验监管软件,逐步推行跨省异地检验。

此外,针对有的检验机构排队较长,有的检验机构在部分时间段无车可检等不均衡现象,《意见》明确,将推行机动车预约检验,允许车主通过互联网、电话等方式预约检车,开设预约检验通道和窗口,方便车主自主选择检车时间,实现随到随检。

4. 政府部门须与检验机构"脱钩"

由于历史原因,目前一些地方的公安、质检等部门及下属单位仍在开办或参与经营检验机构,为车主所诟病。余凌云表示,这影响了公正行使监管职权,不利于形成公平公正的竞争环境,甚至成为滋生腐败问题的温床。

对此,《意见》要求全面推进检验机构社会化、市场化,公安、质检等政府部门及下属企事业单位、社会团体一律不得举办检验机构,公安民警、质检部门工作人员及其子女、配偶不得以任何形式参与检验机构经营。

已经"挂钩"的必须"脱钩"。《意见》给出了严格的时间限定——各级公安、质量监督部门于2014年9月30日前,对本部门及下属企事业单位、社会团体和有关人员开办检验机构问题进行一次自查清理,立即停办、彻底脱钩或者退出投资、依法清退转让股份。对拒不停办、脱钩、退出投资或者清退股份的,要移送纪检监察部门从严处理,对发现内外勾结、行贿受贿或者因检车弄虚作假造成交通事故等重大损失,构成犯罪的,将依法追究刑事责任。

5. 谁检验谁留名,建立责任追溯制度

近年来,有媒体曝光或车主反映,一些检验机构工作流于形式,擅自降低检验标准,没有发挥安全检验对保障车辆安全性能的重要效能。有的检验机构甚至只收费不检车,伪造检验数据,放纵"带病"车辆上路行驶。

"为了遏制这些问题,《意见》进一步强化检验机构的主体责任,使检验机构亮明身份,接受社会监督和责任倒查。"李江平说。

一是强调检验机构对检验结果承担法律责任,在检验合格标志上标明检验机构名称,体现责任的可追溯性。对发生死亡交通事故的,严格倒查机动车检验情况,依法严肃处理违法违纪问题。

二是转变监督管理模式。从2015年1月1日起,公安机关交通管理部门全部撤回派驻检验机构的民警,减少检车人为因素,通过远程审核、现场抽查、档案复核等方式进行监督检查。

三是加强检测数据监管。全国统一应用机动车检验监督管理系统,实现车辆外观、重点检验项目照片、检验过程视频、检验人员姓名等信息的实时采集、存储和传输,以及检测结果的自动核查比对,提升监管效能。(邹伟、王思北、罗沙)

任务实施与评价

班级学号		姓名	

任务名称：
汽车上牌手续办理。
任务描述：
为已购买新车的顾客上牌。
任务实施：
新车上牌所需的资料：_____
新车上牌的流程：_____
自我评价（个人技能掌握程度）：□非常熟练　□比较熟练　□一般熟练　□不熟练

教师评语：（包括任务实施态度、完成状况、可行性等方面，并按等级制给出成绩）
_____
_____
_____

成绩_____分　教师签字：_____　_____年___月___日

思考与练习

1. 思考题

（1）汽车贷款的条件是什么？

（2）简述汽车消费信贷管理的操作程序。

（3）简述我国汽车保险的险种。

（4）简述上牌流程。

（5）汽车分期贷款的方式有哪些？

2. 选择题

（1）基本险包括（　　）。

A. 第三者责任险（三者险）

B. 车辆损失险（车损险）

C. 车上人员责任险（司机责任险和乘客责任险）

D. 全车盗抢险（盗抢险）

（2）下列属于商业险的是（　　）。

A. 车辆损失险　　B. 第三者责任险　　C. 全车盗抢险　　D. 车上责任险

（3）下列哪个不是汽车上牌需要准备的资料？（　　）

A. 车辆合格证　　B. 购车发票　　C. 交强险保单　　D. 驾驶员驾驶证

（4）汽车精品销售不包括下列哪个？（　　）

A. 行驶记录仪　　B. 发动机清洗剂　　C. 轮胎　　D. 仪表蜡

（5）下列哪种情况，保险公司不进行理赔？（　　）

A. 车辆内物品丢失　　　　　　B. 车辆在异地出现交通事故

C. 车辆被其他车辆所撞 D. 在无人看守停车场丢车

（6）借款人以所购车辆或其他资产作为抵押的，贷款买车时存入银行的首期款不得少于（　　）。

A. 10% B. 30% C. 40% D. 50%

（7）借款人以所购车辆或其他资产作为抵押的，借款最高限额为车款的（　　）。

A. 50% B. 60% C. 70% D. 80%

（8）借款人提供第三方保证方式（银行、保险公司除外）的，存入银行的首期款不得少于（　　）。

A. 40% B. 50% C. 60% D. 70%

（9）借款人提供第三方保证方式（银行、保险公司除外）的，借款最高限额为车款的（　　）。

A. 50% B. 60% C. 70% D. 80%

（10）贷前调查及信用分析时，通常要分析贷款人信用的哪些方面（　　）。

A. 品质 B. 资本金 C. 能力 D. 环境和担保

3. 判断题

（　）（1）借款人以国库券、金融债券、国家重点建设债券、银行个人存单质押的，或银行、保险公司提供连带责任保证的，存入银行的首期款不得少于车款的20%。

（　）（2）交强险必须购买。

（　）（3）一汽丰田4S店的精品销售标准流程：①目标设定与管理——②顾客接待——③商品说明及签单——④派工及安装——⑤车辆交付——⑥售后跟进。

（　）（4）汽车消费信贷是信贷消费的一种形式。

（　）（5）贷款调查和信用分析，是决定供贷关系能否发生的关键，是对申请做出的反应，通过对申请人的调查和信用分析，判别申请人是否有资格取得贷款。

（　）（6）贷款申请是借款人与银行发生贷款关系的最后一步。

（　）（7）在贷款发放以后，金融机构为了保证贷款能及时偿还，通常要对贷款进行贷后跟踪检查。

（　）（8）机动车辆保险是以机动车辆第三者责任为保险标的的一种运输工具保险。

（　）（9）机动车辆保险在国外，通常称为汽车保险。

（　）（10）商业险是非强制购买的保险，车主可以根据实际情况进行选择。

附录

汽车专业术语解读

1. 整车装备质量（kg）
指汽车完全装备好的质量，包括润滑油、燃料、随车工具和备胎等所有装置的质量。

2. 最大总重量（kg）
指汽车满载时的总质量。

3. 最大装载质量（kg）
指汽车在道路上行驶时的最大装载质量。

4. 最大轴载质量（kg）
指汽车单轴所承载的最大总质量，与道路通过性有关。

5. 车长（mm）
指汽车长度方向两极端点间的距离。

6. 车宽（mm）
指汽车宽度方向两极端点的距离。

7. 车高（mm）
指汽车最高点只地面间的距离。

8. 轴距（mm）
指汽车前轴中心至后轴中心的距离。

9. 轮距（mm）
指汽车同一车桥左右轮胎胎面中心线间的距离。

10. 前悬（mm）
指汽车最后端至前轴中心的距离。

11. 后悬（mm）
指汽车最后端至后轴中心的距离。

12. 最小离地间隙（mm）
指汽车满载时，最低点指地面的距离。

13. 接近角（°）
指汽车前端突出点向前轮引的切线与地面的夹角。

14. 离去角（°）
指汽车后端突出点向后轮引的切线与地面的夹角。

15. 转弯半径（mm）
指汽车转向时，汽车外侧向轮的中心平面在车辆支撑平面上的轨迹圆半径。转向盘转到极限位置时的转弯半径为最小转弯半径。

16. 最高车速（km/h）

指汽车在平直道路上行驶时能够达到的最大速度。

17. 最大爬坡度（%）

指汽车满载时的最大爬坡能力。

18. 平均燃料消耗量（L/100km）

指汽车在道路上行驶时每百公里平均燃料消耗量。

19. 车轮数和驱动轮数（$n \times m$）

指车轮数以轮毂数为计量依据，n 代表汽车的车轮总数，m 代表驱动轮数。

20. MPV

全称是 Multi Purpose Vehicle，即多用途汽车。它集轿车、旅行车和厢式货车的功能于一身，车内每个座椅都可调整，并有多种组合的方式，例如可将中排座椅靠背翻下即可变为桌台，前排座椅可作180°旋转等。近年来，MPV 趋向于小型化，并出现了所谓的 S－MPV，S 是小（Small）的意思。S－MPV 车长一般在 4.2～4.3m，车身紧凑，一般为 5～7 座。

21. SUV

SUV 的全称是 Sport Utility Vehicle，中文意思是运动型多用途汽车。现在主要是指那些设计前卫、造型新颖的四轮驱动越野车。SUV 一般前悬架是轿车型的独立悬架，后悬架是非独立悬架，离地面空隙较大，在一定程度上既有轿车的舒适性又有越野车的越野性能。由于带有 MPV 式的座椅多组合功能，使车辆既可载人又可载货，适用范围广。

22. RV

全称是 Recreational Vehicle，即休闲车，是一种适用于娱乐、休闲和旅行的汽车，首先指出 RV 汽车概念的国家是日本。RV 的覆盖范围比较广泛，没有严格的范畴。从广义上讲，除了轿车和跑车外的轻型乘用车，都可归属于 RV。MPV 及 SUV 也同属 RV。

23. 皮卡

皮卡（PICK－UP）又名轿卡。顾名思义，亦轿亦卡，是一种采用轿车车头和驾驶室，同时带有敞开式货车车厢的车型。其特点是既有轿车般的舒适性，又不失动力强劲，而且比轿车的载货和适应不良路面的能力还强。最常见的皮卡车型是双排座皮卡，这种车型是目前保有量最大，也是人们在市场上见得最多的皮卡。

24. CDK 汽车

英文 Completely Knocked Down 的缩写。意思是"完全拆散"。换句话说，CKD 汽车就是进口货引进汽车时，汽车以完全拆散的状态进入，之后再把汽车的全部零部件组装成整车。我国在引进国外汽车先进技术时，一开始往往采取 CKD 组装方式，将国外先进车型的所有零部件买进来，在国内汽车厂组装成整车。

25. 零公里汽车

零公里汽车是一个销售术语，指驾驶里程为零（或里程较低，如不高于 0.254m）的汽车，它的出现就是为了满足客户对所购车辆"绝对全新"的要求。零公里表示汽车从生产线上下来后，还未有任何人驾驶过。为了保证里程表的读数为零，从生产厂到各销售点，均采用大型专用汽车运输，以保证车辆全新。

26. 概念车

概念车由英文 Conception Car 意译而来。概念车不是将投产的车型，它仅仅是向人们展示设计人员新颖、独特和超前的构思而已。概念车还处在创意、试验阶段，很可能永远不投产。因为不是大批量生产的商品车，每一辆概念车都可以更多地摆脱生产制造水平方面的束缚，尽情地甚至夸张地展示自己的独特魅力。

概念车是时代的最新汽车科技成果，代表着未来汽车的发展方向，因此它展示的作用和意义很大，能够给人以启发并促进相互借鉴学习。因为概念车有超前的构思，体现了独特的创意，并应用了最新的科技成果，所以它的鉴赏价值极高。

世界各大汽车公司都不惜巨资研制概念车，并在国际汽车展上亮相，一方面为了了解消费者对概念车的反应，从而继续改进；另一方面也是为了向公众显示本公司的技术进步，从而提高自身形象。

27. 老爷车

老爷车也叫古典车，一般指 20 年前或更老的汽车。老爷车是一种怀旧的产物，是人们过去曾经使用的，现在仍可以工作的汽车。

老爷车这一概念始于 20 世纪 70 年代，最早出现在英国的一本杂志上，这种说法很快得到老爷车爱好者的认同。不到 10 年功夫，关注老爷车的人就越来越多，致使老爷车的身价戏剧性地增长起来。例如，一辆 1933 年款式的美国求盛伯格汽车在拍卖行买到 100 万美元，一辆布加迪老爷车卖到 650 万美元。

28. 零排放汽车

零排放汽车是指不排出任何有害污染物的汽车，比如太阳能汽车、纯电动汽车、氢气汽车等。有些人也把零排放汽车成为绿色汽车、环保汽车、生态汽车和清洁汽车等。

29. 电动汽车

目前人们所说的电动汽车多是指纯电动汽车，既是一种采用单一蓄电池作为储能动力源的汽车。它利用蓄电池作为储能动力源，通过电池向电动机提供电能，驱动电动机运转，从而推动汽车前进。从外形上看，电动汽车与日常见到的汽车并没有什么区别，区别主要是在于动力源及其驱动系统。

30. 混合动力汽车

混合动力汽车就是在纯电动车上加装一套内燃机，其目的是减少汽车的污染，提高纯电动汽车的行驶里程。混合动力汽车有串联式和并联式两种结构形式。

31. 燃气汽车

燃气汽车主要有液化石油气汽车（简称 LPG 汽车或 LPGV）和压缩天然气汽车（简称 CNG 汽车或 CNGV）。顾名思义，LPG 汽车是以液化石油气为燃料，CNG 汽车是以压缩天然气为燃料。燃气汽车的 CO 排放量比汽车减少 90% 以上，碳氢化合物排放量坚守 70% 以上，氮氧化合物排放减少 35% 以上，是目前较为实用的低排放汽车。

32. 欧洲 II 排放标准

汽车尾气排除的污染物主要有碳氢化合物（HC）、氮氧化合物（Nox）、一氧化碳（CO）和微粒（PM）等，它们主要通过汽车排气管排放。由于汽车排放污染物对环境造成的危害日益严重，世界各国和地区都先后制定了限制汽车废气排放的限量值，其中欧盟制定的欧洲标注是一项大多数国家和地区执行的参照标准。

欧洲排放标准属于一个非常专业的技术范畴，现举例来解释欧洲Ⅰ号、欧洲Ⅱ号标准到底是什么意思。

以设计成员数不超过6人（包括驾驶员），且最大总质量不超过2.5 t的轿车为例。

我国于1991年1月1日到2003年12月31日这个阶段必须达到的排放标准限值为：一氧化碳不得超过3.16 g/km；碳氢化合物不得超过1.13 g/km；其中柴油车的颗粒物标准不得超过0.18 g/km；耐久性要求为5万km。

2004年1月1日后，标准又有所提高：汽油车一氧化碳不超过2.2 g/km，碳氢化合物不超过0.5 g/km；柴油车一氧化碳不超过1.0 g/km，碳氢化合物不超过0.7 g/km，颗粒物不超过0.08 g/km。这便是2004年我国将要实行的欧洲Ⅱ排放标准。

33. 汽车召回

所谓汽车召回（RECALL），就是投放市场的汽车，发现由于设计或制造方面的原因存在缺陷，不符合有关的法规、标准，有可能导致安全及环保问题，厂家必须及时向国家有关部门报告该产品存在的问题、造成问题的原因和改善措施等，提出召回申请，经批准后对在用车辆进行改造，以消除事故隐患。目前实行汽车召回制度的国家有美国、日本、加拿大、英国和澳大利亚等。

34. V6发动机

汽车发动机常用缸数有3、4、5、6、8、10和12缸。排量1L以下的发动机常用3缸；1~2.5L一般为4缸发动机；3L左右的发动机一般为6缸；4L左右为8缸；5.5L以上用12缸发动机。一般来说，在同等缸径下，缸数越多，排量越大，功率越高；在同等排量下，缸数越多，缸径越小，转速可以提高，从而获得较大的提升功率。

气缸的排列形式主要有直列、V形和W形等。

一般5缸以下发动机的气缸多采用直列方式排列，少数6缸发动机也有直列方式的，过去也有过直列8缸发动机。直列发动机的气缸体成一字排开，缸体、缸盖和曲轴结构简单，制造成本低，低速转矩特性好，燃料消耗小，应用比较广泛，缺点是功率较低。一般1L以下的汽油机多采用3缸直列，1~2.5L汽油机多采用直列4缸，有的四轮驱动汽车采用直列6缸，因为其宽度小，可以在旁边布置增压器等设施。直列6缸的动平衡较好，振动相对较小，所以也为一些中、高级轿车所采用。6~12缸发动机一般采用V形排列，其中V10发动机主要装在赛车上。V形发动机长度和高度尺寸小，布置起来非常方便，而且一般认为，V形发动机是比较高级的发动机，也成为轿车级别的标志之一。V8发动机结构非常复杂，制造成本很高，所以使用得比较少。V12发动机过大过重，只有极个别高级轿车采用。

目前常见的发动机主要是直列4缸（L4）与V形6缸（V6）发动机。一般来说，V6发动机的排量较L4的为高，V6机比L4运行平稳、安静。L4机主要装在普通级轿车上，而V6机则装载中高档轿车上。

35. 压缩比

压缩比是指气缸总容积与燃料室容积的比值，它表示活塞从下至止点一到上止点时气缸内气体被压缩的程度。压缩比是衡量汽车发动机性能指标的一个重要参数。

一般地说，发动机的压缩比愈大，在压缩行程结束时混合气的压力和温度就愈高，燃烧速度就愉快，因而发动机的功率就越大，经济性越好。但压缩比过大时，不仅不能进一步改善燃烧情况，反而会出现爆燃、表面点火等不正常燃烧现象，又反过来影响发动机的性能。

此外，发动机压缩比的提高还受到排气污染法规的限制。

36. 排量

气缸工作容积是指活塞上止点到下止点所扫过的气体容积，又称为单缸排量，它取决于缸径和活塞行程。发动机排量是各缸工作容积的总和，一般用毫升（mL）来表示。发动机排量是最重要的机构参数之一，它比缸径和缸数更能代表发动机的大小，发动机的许多指标都同排量密切相关。

37. 功率

功率是指物体在单位时间内所做的功。在一定的转速范围内，汽车发动机的功率与发动机转速成非线性正比关系，转速越快功率越大，反之越小，它反映了汽车在一定时间内的做工能力。以同类型汽车作比较，功率越大转速越高，汽车的最高速度也越高。

发动机的输出功率同转速关系很大。随着转速的增加，发动机的功率也相应提高，但是到了一定的转速以后，功率反而呈下降趋势。一般在说明发动机最高输出功率的同时标出每分钟转速（r/min），如 73.5 kW（5 000 r/min），即在每分钟 5 000 转时最高输出功率为 73.5 kW。

常用最大功率来描述汽车的动力性能。最大功率一般用马力（hp）或千瓦（kW）来表示，1 hp 等于 0.735 kW。

38. 转矩

转矩是使物体发生转动的力。发动机的转矩就是指发动机从曲轴端输出的力矩。在功率固定的条件下它与发动机的转速成反比关系，转速越快转矩越小，反之越大，它反映了汽车在一定的范围内的负载能力。在某些场合能真正反映出汽车的"本色"，例如起动时或在山区行驶时，转矩越高汽车运行的反应便越好。以同类型发动机轿车作比较，转矩输出越大承载量越大，加速性能越好，爬坡能力于强，换挡次数越少，对汽车的磨损也会相对减少。尤其在轿车零速起动时，更显示出转矩高者提升速度快的优越性。

发动机的转矩的表示方法是牛·米（N·m）。同功率一样，一般在说明发动机最大输出转矩的同时也标出每分钟转速（r/min）。最大转矩一般出现在发动机的中、低转速的范围，随着转速的提高，转矩反而会下降。

39. 多点电喷

汽车发动机的电喷装置一般是由喷油油路、传感器组和电子控制单元三大部分组成的。如果喷射器安装在原来化油器位置上，即整个发动机只有一个汽油喷射点，这就是单点电喷；如果喷射器安装在每个气缸的进气管上，即汽油的喷射式由多个地方（至少每个气缸都有一个喷射点）喷入气缸的，这就是多点电喷。

40. 闭环控制

发动机电喷系统的闭环控制是一个实时的氧传感器、计算机和燃油量控制装置三者之间闭合的三角关系。氧传感器"告诉"计算机混合气的空燃比情况，计算机发出命令给燃油量控制装置，向理论值的方向调整空燃比（14.7:1）。这一调整经常会超过一点理论值，氧传感器察觉出来，并报告计算机，计算机再发出命令调回到 14.7:1。因为每一个调整的循环都很快，所以空燃比不会偏离 14.7:1，一旦运行，这种闭环调整就连续不断。采用闭环控制的电喷发动机，由于能使发动机始终在较理想的工况下运行（空燃比偏离理论值不会太多），从而能保证汽车不仅具有较好的动力性能，还能省油。

41. 多气门

传统的发动机多是每缸一个进气门和一个排气门，这种二气门配气机构相对比较简单，制造成本也低，对于输出功率要求不太高的普通发动机来说，就能获得较为满意的发动机输出功率与转矩性能。排量较大、功率较大的发动机要采用多气门技术，最简单的多气门技术时三气门机构，即在一进一排的二气门结构基础上再加一个进气门。近年来，世界各大汽车公司新开发的轿车大多采用四气门结构。四气门配气机构中，每个气缸各有两个进气门和两个排气门。四气门结构能大幅度提高发动机的吸气和排气效率，新款轿车大都采用四气门技术。

42. 顶置凸轮轴（OHC）

发动机的凸轮轴安装位置有下置、中置和顶置三种形式。轿车发动机由于转速较快，每分钟转速可达5 000转以上，为保证进排气效率，都采用进气门和排气门倒挂的形式，即顶置式气门装置，这种装置都适合用凸轮轴的三种安装形式。但是，如果采用下置式或者中置式的凸轮轴，由于气门与凸轮轴的距离较远，需要气门挺杠和挺柱等辅助零件，造成气门传动机件较多，结构复杂，发动机体积大，而且在告诉运转下还容易产生噪声，而采用顶置式凸轮轴则可以改变这种现象。所以，现代轿车发动机一般都采用了顶置式凸轮轴则可以改变这种现象。所以，现代轿车发动机一般都采用了顶置式凸轮轴，将凸轮轴配置在发动机的上方，缩短了凸轮轴与气门之间的距离，省略了气门的挺杆和挺柱，简化了凸轮轴到气门之间的传动机构，将发动机的结构变得更加紧凑。更重要的是，这种安装方式可以减少整个系统往复运动的质量，提高了传动效率。

按凸轮轴数目的多少，可分为单定制凸轮轴（SOHC）和双顶置凸轮轴（DOHC）两种，由于中高档轿车发动机一般是多气门及V形气缸排列，需采用双凸轮轴分别控制进排气门，因此双顶置凸轮轴被不少名牌发动机所采用。

43. VTEC

VTEC系统全称是可变气门正时和升程电子控制系统，是本田的专有技术，它能随发动机转速、负荷和冷却液温度等运行参数的变化，而适当地调整配气正时和气门升程，使发动机在高、低速下均能达到最高效率。在VTEC系统中，其进气凸轮轴上分别有三个凸轮面，分别顶动摇臂轴上的三个摇臂，当发动机处于低转速或者低负荷时，三个摇臂之间无任何连接，左边和右边的摇臂分别顶动两个进气门，使两者有个不同的正时及升程，以形成挤气作用效果。此时中间的高速摇臂不顶动气门，只是在摇臂轴上做无效的运动。当转速不断提高时，发动机的各传感器将检测到的负荷、转速、车速以及冷却液温度等参数送到电脑中，电脑对这些信号进行分析处理。当达到需要变换为高速模式时，电脑就发出一个信号打开VTEC电磁阀，使压力机油进入摇臂轴内顶动活塞，使三只摇臂连成一体，使两只气门都按高速模式工作。当发动机转速降低达到气门正时需要再次变换时，电脑再次发出信号，打开VTEC电磁阀压力开关，使压力机油泄出，气门再次回到低速工作模式。

44. VVT-i

VVT-i系统是丰田公司的智能可变气门正时系统的英文缩写，最新款的丰田轿车的发动机已普遍安装了VVT-i系统。丰田的VVT-i系统可连续调节气门正时，但不能调节气门升程。它的工作原理是：当发动机由低速向高速转换时，电子计算机就自动地将机油压向进气凸轮轴驱动齿轮内的小涡轮，这样，在压力的作用下，小涡轮就相对于齿轮壳旋转一定的角度，从而使凸轮轴在60度的范围内向前或向后先赚，从而改变进气门开启的时刻，达到连续调气门正时的目的。

45. 三元催化转化器

三元催化转化器，是安装在汽车排气系统中最重要的机外净化装置，它可将汽车尾气排出的CO、HC和NOx等有害气体通过氧化和还原作用转变为无害的二氧化碳、水和氮气。由于这种催化转化器可同时将废气中的三种主要有害物质转化为无害物质，故称为三元。

三元催化转化器的工作原理是：当高温的汽车尾气通过净化装置时，三元催化器中的净化剂将增强CO、HC和NOx三种气体的活性，促使其进行一定的氧化—还原化学反应，其中CO在高温下被氧化成为无色、无毒的二氧化碳气体；HC化合物在高温下被氧化成水（H_2O）和二氧化碳（CO_2）；NOx还原成氮气（N_2）和氧气（O_2）。三种有害气体变成无害气体，使汽车尾气得以净化。

46. 涡轮增压（Turbo）

涡轮增压简称Turbo，如果在轿车尾部看到Turbo或者T，即表明该车采用的发动机是涡轮增压发动机。

涡轮增压实际上是种空气压缩机，通过压缩空气来增加进气量。它是利用发动机排出的废气惯性冲力来推动涡轮室内的涡轮，涡轮又带动回轴的叶轮，叶轮压送由空气滤清器管道送来的空气，使之增压进入气缸。当发动机转速增快，废气排除出度与涡轮转速也同步增快，叶轮就压缩更多的空气进入气缸，空气的压力和密度增大可以燃烧更多的燃料，相应地增加燃料量就可以增加发动机的输出功率。

涡轮增压器的最大优点是能在不加大发动机排量的情况下就能较大幅度地提高发动机的功率及转矩，一般而言，加装增压器后的发动机的功率及转矩要增大20%~30%。涡轮增压器的缺点是滞后，即由于叶轮的惯性作用对油门骤时变化反应迟缓，使发动机延迟增加或减少输出功率，这对于要突然加速或超车的汽车而言，瞬间会有点提不上劲的感觉。

47. 发动机防盗锁止系统

由于汽车门锁有一定的互开率，降低了汽车的防盗功能，因此人们开发了发动机防盗锁止系统。对于已经装有发动机防盗锁止系统的轿车，即使盗车贼能打开车门也无法开走轿车。典型的发动机防盗锁止系统是这样工作的：汽车点火钥匙内装有电子芯片，每个芯片内部都与固定的ID（相当于身份识别号码），只有钥匙芯片的ID与发动机一侧的ID一致时，汽车才能起动，相反，如果不一致，汽车就马上会自动切断电路，使发动机无法起动。

48. 空气阻力系数（CD）

汽车在行驶中由于空气阻力的作用，围绕着汽车重心同事产生纵向、侧向和垂直等三个方向的空气动力量，其中纵向空气力量是最大的空气阻力，大约占整体空气阻力的80%以上。空气阻力系数值是由风洞测试得出来的。

由于空气阻力与空气阻力系数成正比关系，现代轿车为了较少空气阻力就必须要考虑降低空气阻力系数。从20世纪50年代到70年代初，轿车的空气阻力系数维持在0.4~0.6。70年代能源危机后，各国为了进一步节约能源，降低油耗，都致力于降低空气阻力系数。现在轿车的空气阻力系数一般在0.28~0.4。

试验表明，空气阻力系数每降低10%，燃油节省7%左右。曾有人对两种相同质量、形同尺寸，但具有不同空气阻力系数（分别是0.44和0.25）的轿车进行比较，以每小时

88 km 的时速行驶了 100 km，燃油消耗后者比前者节约了 1.7 L。

49. 风洞

风洞就是用来产生人造气流（人造风）的管道。在这种管道中能造成一段气流均匀流动的区域，汽车风洞试验就在这段风洞中进行。汽车风洞中用来产生强大气流的风扇是很大的，比如奔驰公司的汽车风洞，其风扇直径就达 8.5 m，驱动风扇的电动功率高达 4 000 kW，风扇内用来进行实车试验阶段的空气流速达 270 km/h。建造一个这样规模的汽车风洞往往需要耗资数亿美元，甚至 10 多亿美元，而且每做一次汽车风洞试验的费用也是相当高的。

汽车风洞有模型风洞、实车风洞和气候风洞等，模型风洞较实车风洞小很多，其投资及使用成本也相对低些。在模型风洞中只能对缩小比例的模型进行试验，其试验精度也相对低些。实车风洞则很大，建设费用及使用费用极高。目前世界上的实车风洞还不多，主要集中在日、美、德、法和意等国的大汽车公司。气候风洞主要是模拟气候环境，用来测定汽车的一般性能（如空洞性能等）的风洞。国外的汽车公司在进行汽车开发时，其车身大都是先制成 1∶1 的汽车泥模，然后在风洞中做试验，根据试验情况对车身各部分进行细节修改，使风阻系数达到设计要求，再用三维坐标测量仪测量车身外形，绘制车身图样，进行车身冲压模具的设计、生产等技术工作。

50. 汽车导航系统（GPS）

GPS 是以全球 24 颗定位人造卫星作基础，向全球各地全天候地提供三位位置、三位速度等信息的一种无线电导航和定位系统。GPS 的定位原理是：用户接受卫星发射的信号，从中获取卫星与用户之间的距离、时钟校正和大气校正等参数，通过数据处理确定用户的位置。现在，民用 GPS 的定位精度可达到 10 m 以内。GPS 具有的特殊功能很早就引起了汽车界人士的关注，当美国在海湾战争后宣布开放一部分 GPS 的系统后，汽车界立即抓住这一契机，投入资金开发汽车导航系统，对汽车进行定位和导向显示，并迅速投入使用。

汽车 GPS 导航系统由两部分组成：一部分由安装在汽车工的 GPS 接收机和显示设备组成；另一部分由计算机控制中心组成，两部分通过定位卫星进行联系。计算机控制中心是由机动车管理部门授权和组建的，它负责随时观察辖区内指定监控的汽车的动态和交通情况，因为整个汽车导航系统起码有两大功能：一个是汽车踪迹监控功能，只要将以编码的 PGS 接收装置安装在汽车上，该汽车无论行驶到任何地方都可以通过计算机控制中心的电子地图上显示出它的所在方位；另一个是驾驶指南功能，车主可以将各个地区的交通线路电子图存储在软盘上，只要在车辆接收装置中插入软盘，显示屏上就会立即显示出该车所在地区的位置及目前的交通状态，既可输入要去的目的地，预先编制出最佳的行驶路线，又可接受计算机控制中心的指令，选择汽车行驶的路线和方向。

51. 定位巡航

定位巡航用于控制汽车的定速行驶，汽车一旦被设定为巡航状态时，发动机的供油量便由电脑控制，电脑会根据道路状况和汽车的行驶阻力不断地调整供油量，使汽车始终保持在所设定的车速行驶，而无须操纵油门。目前巡航控制系统已成为中高级轿车的标准装备。

52. 安全车身

为了减轻汽车碰撞时成员的伤亡，在设计车身随时着重加固乘客室部分，削弱汽车头部和尾部。当汽车碰撞时，头部或尾部都压扁变形并同时吸收碰撞能量，而客室不产生变形以便保证成员安全。

53. 安全玻璃

安全玻璃有两层钢化玻璃与夹层玻璃。钢化玻璃是在玻璃出于炽热状态下使之迅速冷却而产生预应力强度较高的玻璃，钢化玻璃破碎时分裂成许多无锐边的小块，不易伤人。夹层玻璃共有3层，中间层韧性强并有黏合作用，被撞击破坏时内层和外层仍黏附在中间层上，不易伤人。汽车用的夹层玻璃，中间层加厚一倍，有较好的安全性而被广泛采用。

54. 预紧式安全带

预紧式安全带的特点是当汽车发生碰撞事故的一瞬间，乘客尚未向前移动时它就会首先拉紧织带，立即将乘客紧紧地绑在座椅上，然后锁止织带防止乘客身体前倾，有效保护乘员的安全。预紧式安全带中起主要作用的卷收器与普通安全带不同，除了普通卷收器的收放织带功能外，还具有当车速发生急剧变化时，能够在 0.1 s 左右加强对乘客的约束力，因此它还有控制装置和预拉紧装置。

控制装置分有两种：一种是电子式控制装置，另一种是机械式控制装置。预拉紧装置则有多种形式，常见的预拉紧装置是一种爆燃式的，由气体引发剂、气体发生剂、导管、活塞、绳索和驱动轮组成。当汽车受到碰撞时预拉紧装置受到激发后，密封导管内底部的气体引发剂立即自燃，引爆同一密封导管内的气体发生剂，气体发生剂立即产生大量气体膨胀，迫使活塞向上移动拉近绳索，绳索带动驱动轮旋转使卷收器卷筒转动，织带被卷在卷筒上，使织带被回啦。最后，卷收器会紧急锁止织带，固定成员身体，防止身体前倾并避免与转向盘、仪表板和玻璃窗相碰撞。

55. 安全气囊（SRS）

安全气囊是现代轿车上引人注目的高科技装置。安装了安全气囊装置的轿车转向盘，平常与普通转向盘没有什么区别，但一旦车前端发生了强烈的碰撞，安全气囊就会瞬间从转向盘内"蹦"出来，垫在转向盘与驾驶员之间，防止驾驶员的头部和胸部撞击到转向盘或仪表板等硬物上。安全气囊面世以来，已经挽救了许多人的性命。研究证明，有安全气囊装置的轿车发生正面装车，驾驶者的死亡率，大型轿车降低了30%，中型轿车降低了11%，小型轿车降低了14%。

安全气囊主要由传感器、微处理器、气体发生器和气囊等部分组成。传感器和微处理器用以判断装车程度，传递及发动信号；气体发生器根据信号指示产生点火动作，点燃固体燃料并产生气体向气囊充气，使气囊迅速膨胀，气囊容量约在 50～90 L。同时气囊设有安全阀，当充气过量或囊内压力超过一定值时会自动泄放部分气体，避免将客户挤压受伤。

除了驾驶员侧有安全气囊外，有些轿车前排也安装了乘客用的安全气囊（即双安全气囊规格），乘客用的与驾驶员用的相似，值时气囊的体积要大些，所需的气体也多一些而已。另外，有些轿车还在座位侧面靠门一侧安装了侧面安全气囊。

56. 智能安全气囊

智能安全气囊就是在普通型的基础上增加了传感器装置，以探测出座椅上的成员是儿童还是成年人，他们系好的安全带以及所处的位置是怎样的高度？通过采集这些数据，由电子计算机软件分析和处理控制安全气囊的膨胀，使其发挥最佳的信用，避免安全气囊出现不必要的膨胀，从而极大地提高了其安全防保作用。

智能安全气囊比普通型主要多了两个核心元件，即传感器与之配套的计算机软件。

目前使用的传感器主要有：重量传感器，根据座椅上的重量感知是否有人，有大人还是小孩；电子区域传感器，能在驾驶室中产生一个低能量的电子区域，测量通过该区域的电流测定乘客额存在和位置；红外线传感器，根据热量探测人的存在，以区别于无生命的东西；光学传感器，如同一台照相机注视着座椅，并与储存的空座椅的图像进行比较，以判别人体的存在和位置；超声波传感器，通过发射超声波，然后分析遇到的物体后的反射波探明成员的存在与位置。

设计开发智能安全气囊的另一个重要工作就是编制计算机软件。一般地说，计算机软件要能根据成员的身材、体重、是否系好安全带、人在座椅上所处的位置、车辆碰撞时的车速以及撞击程度等，并在一瞬间就做出反应，调整安全气囊的膨胀时机、速度和程度，使安全气囊对乘客提供最合理和最有效的保护，特别是减少对儿童等身体矮小者的伤害。

57. 成员头颈保护系统（WHIPS）

一般设置于前排座椅。当轿车收到后部的撞击时，头颈保护系统会迅速充气膨胀起来，其整个靠背都会随乘坐者一起后倾，乘坐者的整个背部和靠背安全稳定地粘近在一起，靠背则会后倾以最大限度地降低头部和前甩的力量，座椅的椅背和头枕会向后水平移动，使身体的上部和头部得到轻柔、均匀地支撑与保护，以减轻脊椎以及颈部所承受的冲击力，并防止头部向后甩所带来的伤害。

58. 盘式制动器

盘式制动器又称碟式制动器，顾名思义是根据其形状而取名的。它由液压控制，主要零部件有制动盘、分泵、制动钳和油管等。制动盘有合金钢制造并固定于车轮上，随车轮转动。分泵固定在制动器的地板上固定不动，制动钳上的两个摩擦片分别装在制动盘的两侧，分泵的活塞受油管输送来的液压租用，推动摩擦片压向制动盘发生摩擦制动，动起来就好像用钳子钳住旋转中的盘子，迫使它停下来一样。

盘式制动器散热快、重量轻、构造简单以及调整方便。特别是高负载时耐高温性能好，制动效果稳定，而且不怕泥水侵袭，在冬季和恶劣路况下行车，盘式制动比鼓式制动更容易在短时间内令车停下。有些盘式制动器的制动盘上还开了很多小孔，以加速通风散热和提高制动效率。

59. 防抱死制动系统（ABS）

世界上最早的 ABS 系统是首先在飞机上应用，后来又成为高级轿车的标准配置，现在则大多数轿车都装有 ABS。

众所周知，制动时不能一脚踩死，而应分步制动，一踩一松，直至汽车停下，但遇到紧急制动时，常需要汽车紧急停下来，很想一脚到底就把汽车停下，这时由于车轮容易发生抱死不转动，从而使汽车发生危险，比如前轮抱死引起汽车失去转弯能力，后轮抱死让你容易发生甩尾事故等。安装 ABS 就是为解决制动时车轮抱死这个问题的，装有 ABS 的汽车，能有效控制车轮保持在转动状态而不会抱死不转，从而大大提高了制动时汽车的稳定性及较差路面条件下的汽车制动性能。ABS 是通过安装在各车轮或传动轴上的转速传感器等不断检测各车轮的转速，由计算机计算出当时的车轮滑移率（由滑移率来了解汽车车轮是否抱死），并与理想的滑移率相比较，作出增大或减小制动器制动压力的决定，命令执行机构及时调整制动压力，以保持车轮处于理想的制动状态。因此，ABS 装置能够使车轮始终维持在有微弱滑移的滚动状态下制动，而不会抱死，达到提高制动效能的目的。

60. 电子制动力分配系统（EBD）

EBD能够根据由于汽车制动时产生轴荷转移的不同，而自动调节前、后轴的制动力分配比例，提高制动效能，并配合ABS提高制动稳定性。汽车在制动时，四只轮胎附着的地面条件往往不一样。比如，有时左前轮和右后轮附着在干燥的水泥地面上，而右前轮和左后轮却附着在水中或泥水中，这种情况会导致在汽车制动时四只轮子与地面的摩擦力不一样，制动时容易造成打滑、倾斜和车辆侧翻的事故。EBD用高速计算机在汽车制动的瞬间，分别对四只轮胎附着的不同地面进行感应、计算，得出不同的摩擦力数值，使四只轮胎的制动装置根据不同的情况用不同的方式和力量制动，并在运动中不断地高速调整，从而保证车辆的平稳和安全。

61. 牵引力控制系统（TCS）

TCS又称循迹控制系统。汽车在光滑路面上制动时，车轮会打滑，甚至使转向时空。同样，汽车在起步或急加速时，驱动轮也有可能打滑，在冰雪等光滑路面上还会使转向失控而出现危险。TCS就是针对此问题而设计的。

TCS依靠电子传感器测出从动轮速度低于驱动轮时（这是打滑的特征），就会发出一个信号，调节点火时间、减少气门开度、降档或制动车轮，从而使车轮不再打滑。

TCS可以提高汽车行驶的稳定性，提高加速度，提高爬坡能力。原来只是豪华轿车上才安装TCS，现在许多普通轿车上也有。

TCS如果和ABS相互配合作用，将进一步增强汽车的安全性能。TCS和ABS可共用车轴上的轮速传感器，并与行车电脑连接，不断监视各轮转速，当在低速发现打滑时，TCS会立刻通知ABS制动来减低车轮的打滑。若在告诉发现打滑时，TCS立即向行车电脑发出指令，指挥发动机将成变速器降档，使打滑车轮不再打滑，防止车辆失控甩尾。

62. 自动变速器

自动变速器具有操作容易、驾驶舒适、能减少驾驶者疲劳的优点，已成为现代轿车配置的一种发展方向。装有自动变速器的汽车能根据路面状况自动变速变矩，驾驶者可以全神贯注地注视路面交通而不会被换挡搞得手忙脚乱。

汽车自动变速器常见的有三种形式：分别是液力自动变速器（AT）、机械无级自动变速器（CVT）、电控机械自动变速器（AMT）。目前轿车普遍使用的是AT，AT几乎成为自动变速器的代名词。

AT是由液力变矩器、行星齿轮和液压操纵系统组成，通过液力传递和齿轮组合的方式来达到变速变矩。其中液力变矩器是最重要的部件，它由泵轮、涡轮和导轮等构件组成，兼有传递转矩和离合的作用。

63. 自动变速器的档位

一般来说，自动变速器的档位分为P、R、N、D、2、1或L等。

P（Parking）：用作停车之用，它是利用机械装置去锁紧汽车的转动部分，使汽车不能移动。当汽车需要在一固定位置上停留一段较长时间，或在停靠之后离开车辆前，驾驶员应该拉好手制动及将变速杠推进"P"的位置上。要注意的是：车辆一定要在完全停止时才可以使用P位，要不然自动变速器的机械部件会受到损坏。另外，自动变速轿车上装置空挡起动开关，使得汽车只能在"P"或"N"位才能起动发动机，以避免在其他档位上误起动时使汽车突然前窜。

R（Reverse）：倒挡，车辆倒后之用。通常要按下变速杠上的保险按钮，才可将变速杆移至"R"位。要注意的是：当车辆尚未停定时，绝对不可以强行转至"R"位，否则变速器会严重损坏。

N（Neutral）：空挡。将变速杆置于"N"位上，发动机与变速器之间的动力已经切断分离。如果短暂停留可将变速杆置于此挡并拉出手制动杠，右脚可移离制动踏板稍作休息。

D（Drive）：前进位，用在一般道路行驶。由于各国车型有不同的设计；所以"D"位一般包括从 1 挡至高档或者 2 挡至高挡，并会因车速负荷的变化而自动换挡。将变速杆放置在"D"位上，驾车者控制车速快慢只要控制好加速踏板就可以了。

2（Second Gear）：2 挡位前进挡，但变速器只能在 1~2 挡变换，不会调到 3 挡和 4 挡。将变速杠放置在 2 挡位，汽车会由 1 挡起步，当速度增加时会自动转 2 挡。2 挡可以用作上、下斜坡之用，此挡段的好处是当上斜的负荷或车速的不平衡、令变速器不停地转挡。在下斜坡时，利用发动机低转速的阻力作制动，也不会令车子越行越快。

1（First Gear）：1 挡是前进挡，但变速器只能在 1 挡内工作，不能变换到其他档位。它用于严重交通堵塞的情况和斜度较大的斜坡上最能发挥作用。上斜坡或下斜坡时，可充分利用汽车发动机的转矩。

64. 手动/自动一体式变速器

手动/自动一体式变速器是在自动变速器的基础上配以手动换挡功能而成。装有手动/自动一体式变速器的汽车在任何时刻都可以进行自动换挡与手动换挡的切换。同时，在仪表板上显示挡次状态，从而可以自由选择自动变速器的舒适和手动变速器的动感。装有手动/自动一体式变速器的汽车，手动换挡不需要踩离合器，换挡是通过变速杆的推拉来完成的，使人们在推拉的瞬间即可享受手动换挡的驾驶乐趣。国产轿车中装有手动/自动一体式变速器的汽车有奥迪 A6（2.8 L）、帕萨特（2.8 L）及奥德赛等。

65. 悬架

悬架是汽车的车架与车桥或车轮之间的一切传力连接装置的总称，其作用是传递作用在车轮和车架之间的力和力矩，并且缓冲由不平路面传给车架或车身的冲击力，并衰减由此引起的振动，保证汽车能平顺地行使。

典型的悬架结构由弹性元件、导向机构以及减振器等组成，个别结构则还有缓冲块、横向稳定杆等。弹性元件又有钢板弹簧、空气弹簧、螺旋弹簧以及扭杆弹簧等形式，而现代轿车悬架多采用螺旋弹簧和扭杆弹簧，个别高级轿车则使用空气弹簧。

悬架是汽车中的一个重要总成，它把车架与车轮弹性地联系起来，关系到汽车的多种使用性能。从外表上看，轿车悬架仅是由一些杆、筒以及弹簧组成，但千万不要以为它很简单，相反轿车悬架是一个较难达到完美要求的汽车总成，这是因为悬架既要满足汽车的舒适性要求，又要满足其操纵稳定性的要求，而这两方面又是互相对立的。比如，为了取得良好的舒适性，需要大大缓冲汽车的振动，这样弹簧就要设计得软些，但弹簧软了却容易使汽车发生制动"点头"、加速"抬头"以及左右侧倾严重的不良倾向，不利于汽车的转向，容易导致汽车操纵不稳定等。

66. 非独立悬架

非独立悬架的机构特点是两侧车轮由一根整体式车架相连，车轮连同车架一起通过弹性悬架悬挂在车架或车身的下面。非独立悬架具有结构简单、成本低、强度高、保养容易以及行车中前轮定位变化小的优点，但由于其舒适性及操纵稳定性都较差，在现代轿车中基本上已不再使用，多用在货车和大客车上。

独立悬架

独立悬架是每一侧的车轮都是单独地通过弹性悬架挂在车架或车身下面的。其优点是：质量轻，减少了车身受到的冲击，并提高了车轮的地面附着力；可用刚度小的较软弹簧，改善汽车的舒适性；可以使发动机位置降低，汽车重心也得到降低，从而提高汽车的行驶稳定性；左右车轮单独跳动，互不相干，能减小车身的倾斜和振动。不过，独立悬架存在着结构复杂、成本高和维修不便的缺点。现代轿车大都是采用独立式悬架，按其结构形式的不同，独立悬架又可分为横臂式、纵臂式、多连杆式、烛式以及麦弗逊式独立悬架等。

67. 横臂式悬架

横臂式悬架是指车轮在汽车横向平面内摆动的独立悬架，按横臂数量的多少又分为双横臂式和单横臂式悬架。

单横臂式具有结构简单，侧倾中心高，有较强的抗侧倾能力的优点。但随着现代汽车速度的提高，侧倾中心过高会引起车轮跳动时轮距变化大，轮胎磨损加剧，而且在急转弯时左右车轮垂直力转移过大，导致后轮外倾增大，减少了后轮侧边刚度，从而产生高速甩尾的严重工况。单横臂独立悬架多应用在后悬架上，但由于不能适应高速行驶的要求，目前应用不多。

双横臂式独立悬架按上下横臂是否等长，又分为等长双横臂和不等长双横臂式两种悬架。等长双横臂式悬架在车轮上下跳动时，能保持主销倾角不变，但轮距变化大（与单横臂式相类似），造成轮胎磨损严重，现已很少用。对于不等长双臂式悬架，只要适当选择，优化上下横臂的长度，并通过合理的布置，就可以使轮距及前轮定位参数变化均在可接受的限定范围内，保证汽车具有良好的行驶稳定性。目前不等长双横臂式悬架已广泛引用在轿车的前后悬架上，部分运动型轿车及赛车的后轮也采用这一悬架结构。

68. 多连杆式悬架

多连杆悬架是由 3～5 根杆组合起来控制车轮的位置变化的悬架。多连杆能使车轮绕着与汽车纵轴线成一定角度的轴线内摆动，是横臂式和纵臂式的折中方案，适当地选择摆臂轴线与汽车轴线所成的夹角，可不同程度地获得横臂式与纵臂式悬架的优点，能满足不同的使用性能很小，不管汽车是在驱动、制动状态都可以按照驾驶员的意图进行平稳地转向，其不足之处是汽车高速时有轴摆动现象。

69. 纵臂式悬架

指车轮在汽车纵向平面内摆动的悬架结构，又分为单纵臂式和双纵臂式两种形式。单纵臂式悬架当车轮上下跳动时会使主销后倾角产生较大的变化，因此单纵臂式悬架不用在转向轮上。双纵臂式悬架的两个摇臂一般做成等长的，形成一个平行四杆结构，这样，当车轮上下跳动时主销的后倾角保持不变。双纵臂式悬架多应用在转向轮山。

70. 烛式悬架

烛式悬架的结构特点是车轮沿着刚性地固定在车架上的主销轴线上下移动。烛式悬架的优点是：当悬架变形时，主销的定位角不会发生变化，仅是轮距、轴距稍有变化，因此特别有利于汽车的转向操纵稳定和行驶稳定。但烛式悬架有一个大缺点就是汽车行驶时的倾向力会全部由套在主销套筒的主销承受，致使套筒与主销间的摩擦阻力加大，磨损也较严重。烛式悬架现已应用不多。

71. 麦弗逊悬架

麦弗逊悬架的车轮也是沿着主销滑动的悬架，但与烛式悬架不完全相同，它的主销是可以摆动的，麦弗逊式悬架是摆臂式与烛式悬架的结合。与双横臂式悬架相比，麦弗逊式悬架的优点是：结构紧凑，车轮跳动时前轮定位参数变化小，有良好的操纵稳定性，加上由于取消了上横臂，给发动机及转向系统的布置带来了方便；与烛式悬架相比，它的滑柱收到的倾向产奥迪、桑塔纳、夏利和富康等轿车的前悬架均为麦弗逊式独立悬架。虽然麦弗逊式悬架并不是技术含量最高的悬架结构，但它仍是一种经久耐用的独立悬架，具有很强的道路适应能力。

72. 主动悬架

主动悬架是近十几年发展起来的、由电脑控制的一种新型悬架。它汇集了力学和电学的技术知识，是一种比较复杂的高科技装置。例如装置了主动悬架的法国雪铁龙桑蒂雅，该车悬架系统的中枢是一个微电脑，悬架上的 5 种传感器分别向微电脑传送车速、前轮制动压力、踏动加速踏板的速度、车身垂直方向的振幅及频率、转向盘角度及转向速度等数据。电脑不断接收这些数据并与预先设定的临界值进行比较，选择相应的悬架状态。同时，微电脑独立控制每一只车轮上的执行元件，通过控制减振器内油压的变化产生抽动，从而能在任何时候，任何车轮上产生符合要求的悬架运动。因此，桑蒂雅轿车备有多种驾驶模式选择，驾车者只要扳动位于副仪表板上的"正常"或"运动"按钮，轿车就会自动设置在最佳的悬架状态，以求最好的舒适性能。

主动悬架具有控制车身运动的功能。当汽车制动或拐弯时的惯性引起弹簧变形时，主动悬架会产生一个与惯力相对抗的力，减少车身位置的变化。例如德国奔驰 2000 款 C1 型跑车，当车辆拐弯时悬架传感器会立即检测出车身的倾斜和横向加速度。电脑根据传感器的信息，与预先设定的临界值进行比较计算，立即确定在什么位置上将多达的负荷加到悬架上，使车身的倾斜减到最小。

73. 无内胎轮胎

就是没有内胎的轮胎。无内胎轮胎俗称原子胎或真空胎，这种轮胎式利用轮胎内壁与胎圈的气密层保证轮胎与轮辋间良好的气密性，外胎兼起内胎的作用。无内胎轮胎的特点是：无内胎，轮胎变得更轻，有利于汽车的高速行驶；由于轮胎气密层是一层内膜紧粘在轮胎内壁上，使轮胎在高速行驶中不易聚热，当轮胎受到钉子或尖锐物穿破后，还可以继续行驶一段距离。

74. 智能轮胎

智能轮胎内装有计算机芯片，或将计算机芯片与胎体相连接，它能自动监控并调节轮胎的行驶温度和气压，使其在不同情况下都能保持最佳的运行状态，既提高了安全系数，又节省了开支。估计若干年后的智能轮胎能探测出路面的潮湿后改变轮胎的花纹，以防打滑。

75. 四轮转向

指后轮和前轮一样具有一定的转向功能，不仅可以与前轮同方向转向，也可以与前轮反方向转向。其主要目的是增强轿车在高速行驶或在侧向风力作用下的操纵稳定性，改善低速时的操纵轻便性，在轿车高速行驶时便于由一个车道向另一个车道的移动调整，以减少调头时的转弯半径。

76. 非承载式车身

非承载式车身的汽车有一刚性车架，又称底盘大梁架。在非承载式车身中发动机、传动系统的一部分、车身等总成部件都是用悬架装置固定在车架上，车架通过前后悬架装置与车轮连接。非承载式车身比较笨重，质量大，高度高，一般用在货车、客车和越野吉普车上，也有部分高级轿车使用，因为它具有较好的平稳性和安全性。

77. 承载式车身

承载式车身的汽车没有刚性车架，只是加强了车头、侧围、车尾和地板等部分，发动机、前后悬架和传动系统的一部分等总成部件装配在车身上设计要求的位置，车身负载通过悬架装置传给车轮。承载式车身除了其固有的承载功能外，还要直接承受各种负荷力的作用。承载式车身不论在安全性还是再稳定性方面都有很大的提高，它具有质量小、高度低以及装配容易等优点，大部分轿车采用这种车身结构。

78. 侧门防撞杆

众所周知，当汽车受到侧面撞击时，车门很容易受到冲击而变形，从而直接伤害到车内乘客。为了提高汽车的安全性能，不少汽车公司就在汽车两侧门夹层中间放置一两根分厂坚固的钢梁，这就是常说的侧门防撞杆。防撞杆的防撞作用是：当侧门受到撞击时，坚固的防撞杆能大大减轻侧门的变形程度，从而能减轻汽车撞击对车内乘客的伤害。

79. 智能空调

智能空调系统能根据外界气候条件，按照预先设定的指标对安装在车内的温度、湿度以及空气清洁度传感器所传来的信号进行分析、判断，及时自动打开制冷、加热、去湿及空气净化等功能。在先进的安全汽车中，其空调系统还与其他系统（如驾驶员打瞌睡警报系统）相结合，当发现驾驶员精神不集中、有打瞌睡迹象时，空调会自动散发出使人清醒的香气。

80. 智能钥匙

奔驰 CLK 双门轿车已采用了智能钥匙，这种智能钥匙发射出红外线信号，既可打开一个或两个车门、行李箱和燃油加注孔盖，也可以操纵汽车的车窗和天窗，更先进的智能钥匙则像一张信号卡，当驾驶员触到门把时，中央锁控制系统便开始工作，并发射出一种无线查询信号，智能钥匙卡作出正确反应后，车锁便自动打开。只有当中央处理器感知钥匙卡在汽车内时，发动机才会启动。

81. 防炫目后视镜

一般安装在车厢内，它由一面特殊镜子和两个光敏二极管及电子控制器组成，电子控制器接收光敏二极管送来的前射光和后射光信号。如果照射灯光照射在车内后视镜上，如后面灯光大于前面灯光，电子控制器将输出一个电压到导电层上。导电层上的这个电压改变镜面电化层颜色，电压越高，电化层颜色越深，此时即使再强的照射光射到后视镜上，经防炫目车内后视镜反射到驾驶员眼睛上则显示暗光，不会耀眼。镜面电化层使反射光根据后方光线的入射强度，自动持续变化以防止炫目。当车辆倒车时，防炫目车内后视镜防炫功能被解除，右后视镜防炫功能被解除，右外后视镜自动照射地面。

82. 高位制动灯

一般的制动等式装在车尾两边，当驾驶员踩下制动踏板时，制动灯即亮起，并发出红色光，提醒后面的车辆注意，不要追尾。当驾车员松开制动踏板时制动灯即熄灭。高位制动灯也称为第三制动灯，它一般装载车尾上部，以便后车辆能及早发现前方车辆而实施制动，防止发生汽车追尾的事故。由于汽车已有左右两个制动灯，因此人们习惯上也把装在车尾上部的高位制动灯称为第三制动灯。

83. 雨量传感器

雨量传感器暗藏在前风窗玻璃后面，它能根据落在玻璃上雨水量的大小来调整刮水器的动作，因而大大减少了开车人的烦恼。雨量传感器不是以几个有限的档位来变化刮水器的动作速度，而是对刮水器的动作速度做无级调整。它由一个被称为LED的发光二极管负责发送远红外线，当玻璃表面干燥时，光线几乎是100%地被反射回来，这样光电二极管就能接收到很好的反射光线。玻璃上的雨水越多，反射回来的管线就越少，其结果是刮水器动作越快。

参 考 文 献

[1] 王泽生,高腾玲. 汽车销售实务[M]. 北京:北京理工大学出版社,2011.
[2] 刘建伟. 汽车销售实务[M]. 北京:北京理工大学出版社,2013.
[3] 吴常红. 汽车营销基础与实务[M]. 北京:北京邮电大学出版社,2013.
[4] 朱小燕,邓飞. 汽车销售实务[M]. 北京:机械工业出版社,2011.
[5] 刘亚杰. 汽车销售实务[M]. 北京:清华大学出版社,2012.
[6] 程艳,莫舒玥. 汽车销售实务[M]. 北京:北京理工大学出版社,2013.
[7] 顾燕庆. 汽车销售顾问[M]. 北京:机械工业出版社,2012.
[8] 吴翱翔. 汽车销售技术[M]. 北京:清华大学出版社,2012.
[9] http://wenku.baidu.com/view/8e33659eda38376baf1faea3.html.
[10] http://wenku.baidu.com/view/b4199a7ca26925c52cc5bfad.html.
[11] http://course.baidu.com/view/9a367bc25fbfc77da269b1db.html.
[12] http://www.pcauto.com.cn/.